U0085422

● 增訂新版 ●

外匯投資理財與風險

外匯操作的理論與實務

李麗 著

三民書局印行

國家圖書館出版品預行編目資料

外匯投資理財與風險／李麗著．-- 增
訂初版．--臺北市：三民，民85
　面；　　公分
參考書目：面287
含索引
ISBN 957-14-0027-0（平裝）

1.國外滙兌　2.投資　I.李麗著
563.2/845

國際網路位址　http://sanmin.com.tw

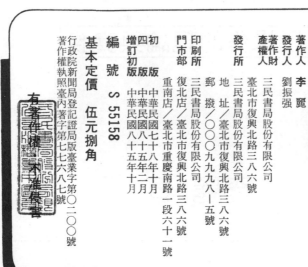

ⓒ 外匯投資理財與風險
——外匯操作的理論與實務

著作人　李麗
發行人　劉振強
著作財
產權人　三民書局股份有限公司
發行所　三民書局股份有限公司
　　　　地址／臺北市復興北路三八六號
　　　　郵撥／〇〇〇九九九八一五號
印刷所　三民書局股份有限公司
門市部　復北店／臺北市復興北路三八六號
　　　　重南店／臺北市重慶南路一段六十一號
初版
四版　中華民國七十八年十月
　　　中華民國八十二年二月
增訂初版　中華民國八十五年十月
編　號　S 55158
基本定價　伍元捌角
行政院新聞局登記證局版臺業字第〇二〇〇號

著作權執照臺內著字第七七六八七號

有著作權　不准侵害

ISBN 957-14-0027-0（平裝）

增訂版序

　　《外匯投資理財與風險》出版經年，為配合國內外金融環境的改變，三民書局囑附予以修訂。近年來，國際金融市場上發展最迅速，影響最廣泛，風險也最鉅大的金融商品，毫無疑問的為衍生性金融商品。因此，在本書增修訂之初，最先想到的，即是需要增加此一部份。然而，衍生性金融商品由於內容龐大、複雜又爭議頗多，實在需要詳細交待，因此最後決定單獨成書，交由三民書局另行出版。本書則仍維持原來的內容與風格加以增修。由於此次修訂之重點，主要為配合金融環境的改變，因此增訂版中除資料之更新外，重點在國內外金融市場的成長，尤其是國內持續的外匯開放、金融中心的籌建以及新金融商品的推出等。

　　事實上，《衍生性金融商品》與《外匯投資理財與風險》二書的討論主題是相同的，不外金融商品與風險，二書互相可作一個補充。

李　麗

八十五年九月

自　序

　　近年來外匯投資成為風氣，坊間此類書籍不少。本書是一本與眾不同的外匯投資理財書籍。作者著作本書的主要目的之一是正確的介紹外匯風險，提醒投資人莫過分「財迷心竅」。因為「外匯」與「投資」皆是專門知識與技巧，需要學習。本書介紹外匯操作所需的各種知識，外匯投資與理財的觀念、工具與環境，以及外匯風險。本書理論與實務並重，務使投資人理性、客觀、知其所為而為。本書不單介紹國際上的各種外匯投資工具與投資環境，且深入分析國內的外匯環境與投資工具。此外，與企業經營密切相關的外匯操作與風險管理，亦理論與實務並重的加以介紹。本書適合外匯投資人（或打算投資者）、工商企業、學生，以及對外匯、外匯市場或外匯操作有興趣的人士詳讀。

　　本書承蒙東吳大學于政長教授於百忙中予以審訂，十分感謝。作者學疏才淺，書中若有疏漏謬誤之處，尚祈指正。書中所有觀點均為作者個人看法，與工作機構無涉，全部文責由作者個人自負。

李　麗

外匯投資、理財與風險
——外匯操作的理論與風險

目　次

前 言

「臺灣錢淹腳目」形容臺灣的富有。臺灣經濟的發展在世界經濟發展史上是一項奇蹟。過去三十多年來，臺灣的人民辛勤工作，努力打拼，節儉儲蓄，加以政治金融穩定，因此近年來，很多人面臨的已經不是有沒有錢的問題，而是有多少錢和怎麼用錢的問題。這顯示投資理財的時代來臨了。

傳統上，大多數的人有了多餘的錢以後是用來上會、存入銀行或買一點黃金，這些理財方式不是偏重安全就是偏重保值。隨著經濟的發展、儲蓄的增加以及金融知識的普及，這些傳統理財方式，如今都已經不能完全滿足人們的需要，這顯示人們需要更多樣化的金融工具，來有效的運用金錢。

各種投資理財方式的報酬和風險不同，因此投資人需要根據本身的個性、資金的狀況、對投資工具的瞭解以及各種投資市場的效率性等，來擬訂適合自己的投資策略，以求在可以承擔的風險下，獲得最大的報酬。

七十六年七月十五日外匯開放（七十六年七月十五日政府停止部分外匯管制，一般輿論多以「外匯開放」或「外匯自由化」稱之，但實際國內所謂的外匯開放或自由化，與國際上一般所稱之開放或自由化在程度上有相當大的差別，詳見第十一章）， 開啟了國人外匯投資的新紀元，雖然數年來，或由於新臺幣升值，或由於國內股票、房地產狂飆，或由於國人外匯知識、技巧不足，有關資訊不充分以及中介

管道不暢通等主、客觀情勢影響，外匯投資並不很熱烈，但在國內股票投資風險太高、房地產所需資金龐大，而民間又游資充斥，苦無出路或為節稅等情形下，外匯投資是投資人應該考慮的另一片廣闊的投資新天地。

外匯投資具有匯率風險，這是外匯投資與其他方式投資最大的不同，也是外匯投資最大的特性。

國際貿易是臺灣經濟發展的命脈，因為新臺幣不是國際性貨幣，所以從事國際貿易的進出口廠商必定發生外匯的收支。在以前匯率穩定和嚴格外匯管制的時代，外匯交易非常簡單，進出口廠商只要（也必須）依照官價將出口所得外匯賣給銀行，或是從銀行購置進口所需要的外匯，外匯操作不需要什麼複雜的技巧，大部分時候匯率風險也很小。

但是近年來，尤其是七十六年以後，情形有了很大的改變。在一九八六年九月以後，國際美元暴跌，日圓、馬克大幅升值，新臺幣在外受美國要求升值，及內受貨幣供給額擴張，可能引致通貨膨脹的雙重壓力之下，也開始了前所未有的大幅升值。以七十六年為例，年初時出口廠商每一美元的外匯可以換回 35.46 元的新臺幣，而年底時每一美元的外匯只能換回 28.55 元的新臺幣，這表示出口廠商的實質新臺幣所得減少了 20%。假如出口廠商不能相對的提高出口商品的美元售價，或者降低生產成本，同時又未曾採取必要的避險措施，那麼 20%的匯率損失足以消蝕掉絕多大數企業的利潤，使企業生命無以為繼。

同樣的情形也可能發生在外匯投資人的身上。光華環球基金（我國國內發行的第一個海外投資基金）在發行時（七十七年十二月），曾引起熱烈搶購，該基金以投資日本股市為主，正式操作後明明日本股市大漲，該基金淨值卻萎縮，原因就在於同一段時期內新臺幣對日圓

大幅升值了（七十八年開年後），因此若以日圓計算，該基金是賺錢，但換算成新臺幣後就賠錢了。

由以上例子可知，匯率變動不僅對企業生存有關鍵性影響，對外匯投資亦相同。（然而外匯投資人與進出口廠商所承擔的匯率風險卻也有著很大的不同。外匯投資人的匯率風險是自找的，進出口廠商卻不得不承擔匯率風險。） 匯率變動可能帶來損失，因此構成了危機，但匯率變動也可能帶來利潤，因此形成機會。匯率變動到底是危機還是機會，正考驗企業及外匯投資人外匯理財與外匯操作的能力。

對於大多數外匯投資人來說，在國內的外匯市場上進行外匯投資，是開始外匯投資的第一步。國內合法的外匯投資方式很有限，目前只有外匯指定銀行的外匯存款，基金公司發行的海外投資基金，以及銀行辦理的所謂「指定用途信託資金投資國外有價證券業務」（目前其實就是代銷國外發行的共同基金）。 國內外匯投資開放已有一段時間，但國人外匯投資的知識仍感缺乏，尤其對匯率風險缺乏正確認知，因此常迷惑於地下投資公司或期貨公司的誇大宣傳而將外匯投資與金錢遊戲混淆。有鑒於此，本書除希望幫助投資人建立外匯風險的正確認知外，並特別著重正確、合法的外匯投資觀念，與投資管道的介紹。

近年來投資理財突然變成很熱門的話題，彷彿一下子大家都很有錢，又不知道怎麼用錢。於是，許多地下投資公司趁機興起，他們以高得不尋常的利息吸收資金。至於他們如何付得起那麼高的利息，則最通常的說法是「外匯投資」， 外匯投資究竟是什麼？外匯投資果真能獲取高利嗎？

事實絕不是如此。外匯投資如同其他國內投資，利潤伴同風險，而高利潤即需承擔高風險，這二者無法兩全。除此之外，外匯投資比

國內投資風險更高（卻不一定利潤更多）， 因為外匯投資必有匯率風險。

許多人（包括一些政府官員、進出口廠商、投資大眾，以及大眾傳播業者，甚至部分的學者專家）都誤會了匯率風險，因此亦歪曲了外匯操作。提到外匯操作，多數人會連想到「投機」， 例如國內的遠期外匯市場曾被稱之為「投機客的樂園」，而一度遭關閉。總之，「投機」二字在傳統觀念中是不好的，是有罪的，因此只要涉及於此，政府的立場總是「防弊重於興利」。

然而在浮動匯率制度下，匯率風險是實質風險，換言之，匯率風險因浮動匯率制度而自然存在。外匯投機者只是利用了匯率風險而已，他們並未創造匯率風險。雖然，許多人仍會責怪投機者，因為他們的投機行為「加重」了匯率風險。惟事實是，投機者雖確能使匯率風險加重，但亦必須是因為「某些現象」已經存在（或即將存在）， 例如「熱錢」的流動就是明顯的例子。熱錢不受歡迎，因為它被認為是投機性資金，加重一國貨幣管理的困難，加重貨幣變動（升或貶）的壓力。但我們不要忽略了一個事實，熱錢絕不會在一個經濟均衡、金融安定、貨幣無變動機會的國家進出。熱錢只是利用了一個國家本身不均衡或不安定的現象而已。七十六年是外匯存底增加最快速的一年（自七十五年底之 470 億美元，增加到 760 億美元），這其中熱錢佔了相當比例，為什麼？因為新臺幣升值。但新臺幣升值並非熱錢造成，熱錢只是「利用」了機會而已。所以，若有罪，有罪的不是這些投機性操作，而是「機會的提供者」。 另一方面，投機行為是市場流動性的最大提供者，使避險者得以順利將風險轉嫁。以這一角度觀之，投機者是市場中的「必要之惡」。

外匯投資與投機二者很難清楚界分，因為匯率風險對二者相同，

甚至當匯率風險改變時，投資與投機二者需要互易角色，不得拘泥。

外匯投資（機）在國內近年來雖然熱門，但多數是廣告宣傳。這些廣告文字經常誇大了獲利而同時卻有意無意的少提了風險，因此錯誤的引導了投資（機）者。

除外匯投資（機）以外，外匯避險更為重要。因為投資（機）者可以不投資（機），就沒有匯率風險。而進出口廠商除非不進行國際貿易，否則必有匯率風險（不要忘了，國際貿易是我國的經濟命脈），如何避險或操作外匯，已成為進出口廠商的「救亡圖存」之事。總括來說，外匯操作不外投資、投機與規避風險（而這三者有密切關係）。

外匯開放開啟了外匯投資的大門。但外匯開放後，趨向多樣化與專業化的外匯操作，使外匯風險亦更為顯著。外匯操作極需有整體的管理。否則，外匯投資大門開啟後，投資人可能未蒙其利先受其害。

教育是另一項極需的工作。外匯操作，不論投資(機)或避險，是需要學習與練習的。所希望者，莫不是學習的學費與練習的代價不要太高。而這亦與政府的管理有著極大的關係。

自從外匯開放後，作者即陸續為文介紹外匯操作與外匯風險。尤其是匯率風險與避險操作，更是近年來的研究重點。對於外匯投資，因為國內投資環境實在不良，而地下投資公司又實在令人印象惡劣，因此寫作的興趣不大，甚至因為工作機構的關係，刻意避諱。

然而，一念之間，作者想法改變了，與其讓諸多廣告宣傳錯誤的引導外匯投資(機)者，不如正確的、誠實的介紹外匯投資(機)與匯率風險。這種想法的改變，使作者不但接受了《財星日報》上「外匯投資、理財與風險」的專欄工作，並且更進一步的寫成本書。

本書以外匯投資、外匯理財及外匯風險管理為主要內容，全書分為上、中、下三篇。上篇介紹外匯投資理財與風險的基本概念，外匯、

匯率、避險措施與匯率預測，以及金融市場與金融工具等；中篇介紹外匯投資、理財的工具與操作實務，分為外幣存款、共同基金、證券投資（股票與債券）、期貨、選擇權、黃金與不動產等；下篇介紹國內外的金融環境，我國的外匯市場、匯率制度與外匯管理，以及國內的外匯投資理財管道與避險工具等。

　　解除金融管制，步向金融自由化，是全世界金融發展無法阻擋的趨勢。自由化使國與國之間的界限模糊，全世界趨於整合，金融不僅走向國際化甚至是全球化了。投資、理財與避險亦需具備全球化的眼光，來追求最大的比較利益。外匯投資理財與避險的大門已啟，新時代的投資人與避險者應該隨時做好準備，以便時機來臨時能加以掌握。

上篇

第一章

外匯投資理財與風險的基本概念

第一節　外匯投資理財與風險的意義

一、外匯投資的意義

外匯投資是投資方式的一種。投資是指購買某種有形或無形的資產，希望「日後」該項資產能為投資者帶來「利益」。投資的目的固是為了獲取利益，但投資也可能未得到利益反而遭致「損失」（損失的可能性即為風險）。由此可知，投資包含了三要素，即時間、報酬(Return)和風險(Risk)。

投資的時間或長或短，長可達數年甚至十數年，短亦可僅為一日或數日。投資者犧牲目前確定財務可帶來的利益，換取日後不確定的財務所得，當然是冀圖某種好處，也就是報酬。報酬佔原始投資額的百分比稱為報酬率 (Rate of return)。報酬率高低是評估一項投資好壞的重要指標之一，另一項重要指標為風險的大小。投資後所能獲得的財物是不確定的，這個「不確定性」就是風險的來源。

購買有形的資產，如股票、房地產、黃金、債券、銀行存單或古董、字畫等固是投資，付出學費接受教育，花費金錢購買知識等亦是投資。唯一般所謂的投資多是指購買有形的資產，並希望經由該資產

的增值、分派股息或股利等而獲得報酬。

投資可以在國內進行也可以在國外進行,在國內投資所使用的貨幣自然是以新臺幣為主,以銀行存款為例,大多數投資人是開立新臺幣存款帳戶,但也可以用新臺幣向外匯銀行購買美元或日圓等外幣,存入銀行的外幣存款帳戶。在國外投資所使用的貨幣是國際性貨幣,而新臺幣並非國際性貨幣,在國外投資時不能使用,因此所有在國外投資所用的貨幣都是外國貨幣。最普遍的投資貨幣是美元,其次是馬克、日圓、瑞士法郎等。不論投資行為是在國內或國外進行,只要投資所支付的或記帳的貨幣是外國貨幣,即成為外匯投資。因此,在國外的投資固然全為外匯投資,在國內的外匯存款或購買外匯共同基金等也是外匯投資。

投資的目的是為了報酬,但也可能遭致損失。簡單的說,投資等於報酬加風險。遺憾的是,報酬和風險通常是相伴的,高利潤即代表高風險,很難兩全。因此,如何在可以承擔的風險下,獲取最大的利潤,或如何在利潤最大的情形下使風險降至最低程度,就是投資學或投資技巧要分析討論的範圍。因為外匯投資所使用的貨幣是外國貨幣,最後必須折算為本國貨幣才能確定投資盈虧,因此「匯率風險」是所有外匯投資共有的風險。匯率風險也是其他的本國貨幣投資所沒有的風險。

如上所言,外匯投資的最大特性是具有匯率風險。風險的相對即報酬,匯率變動可能是風險來源,也可能是報酬來源。因為匯率變動對外匯投資的成敗有關鍵性影響,因此外匯投資需特別重視匯率風險的管理,這是外匯投資與一般投資最大的不同。

二、外匯理財的意義

理財(Finance)是指資金的籌集及運用。外匯理財即為外匯資金的籌集與運用，換言之，如何滿足外匯資金的需求以及如何運用外匯資金即是外匯理財的內容。對於自有資金的投資人來說，因為已無資金籌集的問題，因此理財與投資的差別很小。然而投資資金不一定全是自有資金，也可能是借入資金。若不僅考慮資金的運用，還考慮資金的調度時，就需要全盤的理財計畫了。

個人理財的重點通常即為個人投資。公司企業理財則範圍廣泛，除資金的調度與運用外，還包括資本的籌集、債券的發行、應收及應付帳款的處理、銀行借貸以及企業財務併購等。外匯理財是理財工作的一部分，與一般理財最大的不同，在於外匯理財需特別著重匯率風險的管理。許多外匯理財方式與技巧，主要目的即在於規避外匯風險，如遠期外匯、外幣期貨、外匯選擇權及提前與延後結匯等。

三、外匯風險的意義

國際貿易與資本流動（即外匯投資與投機活動等），產生了外匯交易，因外匯交易而產生的風險，即外匯風險。

風險指①損失、毀壞或傷害的機會，②資產報酬的不確定性，及③損失的或然率。任何投資都無法保障必有報酬，換言之，所有投資都有風險。投資風險主要包括：價格風險、信用風險、流動性風險、購買力風險、利率風險及匯率風險等。

雖所有投資都有風險，不僅外匯投資如此，然唯獨外匯投資才有匯率風險，因此外匯投資較一般本國貨幣的投資風險更大。

匯率風險有自發性的，如國際貿易所產生者。國際貿易必伴隨匯率風險，只不過匯率風險可能是買方承擔（如以出口國貨幣計價），可能是賣方承擔（若以進口國貨幣計價），也可能是雙方均承擔（若以

第三國貨幣計價)。

匯率風險也有製造性的,如金融性交易所產生者。金融性交易指非實質的商品或勞務性交易,例如國際投資與投機活動即是。金融性交易所產生的匯率風險與國際貿易所產生的匯率風險不同,前者是投資人(或投機者)自願承擔的,換言之,該等匯率風險純是因為投資(機)者的外匯操作行為而產生,與國際貿易者的被迫承擔匯率風險不同。如國人因澳幣升值之預期,而自願以新臺幣購買澳幣存外幣存款,此時存款人就自己製造並承擔了匯率風險。這與因進行國際貿易才產生外匯收付,因而發生匯率風險的性質不同。這二種匯率風險發生的原因不同,處理起來的方式也就差別極大。對貿易性匯率風險(自發的)而言,外匯操作以避險措施為主,對金融性匯率風險(製造的)而言,外匯操作卻主要以預測和因應匯率的走勢為主。前者視匯率變動為「風險」的成分較重,後者卻視匯率變動為「機會」的成分較重。

最主要的外匯風險就是匯率風險。除此之外,所有的投資風險亦都包含於外匯風險之內。例如,外匯投資的利率風險主要是發生在債券投資上,當利率上漲時,債券價格即下跌。利率風險與匯率風險比較起來,通常利率風險較小。但一九九四至一九九五年間國際金融市場上一連串的巨額外匯虧損案例,如美國橘郡政府破產案、臺灣華僑銀行投資失利案等,卻是因為利率風險而導致。另在外匯資金的調度(外匯理財)上,常遇資金收付的到期日不相同的情形,例如有一筆六月三十日到期的外匯債務,另有一筆七月三十日到期的外匯收入,二者到期日不能配合,在資金的籌措上就產生了利率風險。

外匯投資的地區若是外國,那麼投資除受本國有關法律的規範外,還受他國(投資地)法律的規範或影響,若他國政府有不利於外國人投資的措施(如凍結資金或禁止本利匯回等),則投資可能受損,

此為外匯投資的國家風險。此外，國內不合法或尚未合法的外匯投資（如地下期貨或紙黃金交易等）很多，這些未納入正規管理體系的投資工具，具有很高的信用風險。再如，房地產投資的變現能力較低，因此流動性風險較高。銀行存款、債券投資等的購買力風險較高，因為通貨膨脹會使這些固定本息的投資工具的實際購買力降低。股票投資的市場風險（即價格風險）較高，因為不論基本經濟情勢變動或投資人心理變動，都會影響股票價格。若將外匯風險與一般投資風險比較，外匯風險包括一般投資所沒有的匯率風險及國家風險，屬於高風險的投資活動。

四、外匯投資、投機與賭博

從表面上要判斷外匯投資與投機是有困難的，同時，明確區分亦無必要。當一九七三年，國際上幾種主要的貨幣紛紛浮動以後，匯率風險加大，但同時也造成許多投機的機會。尤其是到了一九八〇年代以後，金融性外匯交易成為外匯交易的主流，外匯投資或是外匯投機就更加難以區分了。外匯投資與投機均為外匯市場上的必要行為，外匯投機者的投機行為使避險者的風險得以順利轉嫁，是市場流動性的主要來源。

以外匯操作立場言，外匯投資、投機或賭博的最主要差別是在決策做成上面。外匯投資是一種理性行為，必有充分的資訊、知識做為決策的基礎，而外匯投機，尤其是賭博，則主要是憑藉感覺，帶有很重的僥倖的成分。這其中，外匯投機者雖不如外匯投資者的資訊充分，知識豐富，評估完備及行事謹慎，但一般而言，外匯投機者仍然具備相當的知識及資訊，亦仍然會對未來情況加以分析和評估，並非全然的盲目。投資者和投機者表面上最大的區別可能在於投機者較願承擔

更大的風險，亦更相信自己的運氣。至於賭博者，則是極端的風險愛好者，沒有足夠的資訊和知識做為決策的基礎，憑藉直覺行事，並希望能僥倖獲致成功。

對於匯率風險的處理方式亦是外匯投資與投機的主要區別。在浮動匯率制度下，匯率變動是一種既存的事實，因此任何方式的外匯操作都具有匯率風險。惟匯率變動除為風險外，同時又是機會，若視其為風險而規避之，即為避險，若視其為機會而利用之，即為投機。外匯投資者不論投資於那一種投資工具上，其主要目的多不在於謀取匯率變動的利益，因此投資者亦是避險者。外匯投機的主要目的則在謀取匯兌利益，因此匯率變動提供了機會。

通常投資決策是在很完整的收集過資料，很仔細的分析過風險與報酬率之後所採取的。因為這種評估通常都是基本面與整體面的，因此投資行為自然傾向於長期方式。外匯投機卻不一定如此，匯率變動通常是在短期內迅速發生的，因此，外匯投機亦通常是採短線操作。匯率變動是上上下下的，長期持有通常不會使匯率風險加大，反而會緩和匯率風險。同時，時間愈長，資金的利息收益愈多，所能承擔的匯兌損失也就愈多。因此，在匯率預測實際上很困難的情形下，長期間的外匯投資行為，更注重整體經濟面的評估，而非單純的匯率風險，這與通常採取短線操作的外匯投機行為幾恰相反。

國際上有大筆的資金奔逐於各個國家或地區間做短期的進出，其目的即純粹是為想獲取匯率變動的利益，這種資金，我們稱之為「熱錢」。 熱錢能夠獲利的必須條件是對匯率的預測正確，否則相對就會產生損失。匯率預測是否正確事先並不知道，雖然有很多因素可以幫助判斷（特別是當一國政府有很明顯的匯率政策時）， 但是不確定的隨機因素非常多，而人的心理又時常改變，因此匯率預是否正確，是

相當程度要靠運氣的。這也就是為什麼我們把熱錢視為投機資金的緣故。

外匯投資者既然是在充分收集資料、仔細評估結果後才形成投資決策，其決策自然不隨便改變。這種情形下，外匯投資者的資金運用目的，多會傾向於以長期的資本利得或穩定收益為主。外匯投機者資金運用的目的，卻大多在於獲取短期的匯兌利益，亦即希望很快的在買賣外匯之間賺取差價。

以行為來看，外匯投資較傾向長期資金的運用，並對風險採規避態度；外匯投機則較傾向短期操作，並對風險採取承擔態度。外匯投資所根據的資訊必求充分足夠，再加仔細評估，因此外匯投資者不承擔不必要的風險，亦只冀求合理的報酬，態度較為保守。外匯投機所根據的資訊不一定充分，投機者較相信自己的感覺，願意承擔更大的風險，也冀求較大的報酬率。基本上外匯投資者資金運用的目的在獲取長期的、穩定的、合理的資金收益或資本利得，外匯投機者則主要在獲取短期的買賣差價。

雖然外匯投資與投機有以上基本面的諸多差異，但二者通常仍然很難區別，或其差別只是一線之隔。因為匯率風險是實質風險（即已經存在的風險），　不會因為投資者心態、資訊或持有期間的差別而改變。在外在環境可能變化的情形下，操作方式及決策是要視情形加以修正的。尤其是當趨勢已明顯顯示出匯率風險有成為真實損失可能時，操作策略必須改變（投資改為投機，或投機轉為投資）。　一九八五年九月以後，美元的暴跌，以及明顯的美元長期走軟的趨勢，使美元投資者損失慘重，就是一個活生生的例子。

若從風險來源來看，賭博與投機（或投資）二者則有明顯區別。賭博行為所承擔的風險完全是賭博者創造的,風險本身原先並不存在;

而投機行為所承擔的風險則本就存在，投機者只是對原已存在的風險加以利用而已。例如匯率投機行為是對匯率風險加以利用，不論投機者是否投機，匯率風險原已存在。因此理論上來說，外匯操作中沒有賭博行為，只有投資與投機行為❶。一般大眾，以及政府有關當局經常會將金融失序歸罪於「投機」，甚至將投機視為賭博，其實這是錯誤或偏頗的看法。因為基本上要投「機」，必需有「機」可投，而這個「機會」是已經存在或即將存在的。至於「機會」的造成，根本上投機者無此能力（惟投機行為可能會使金融失序程度加深），因此投機者無所謂功過。

第二節　外匯投資理財的基本考慮

一、安全性、流動性與獲利性

任何投資理財行為的基本考慮因素都是安全性、流動性及獲利性。投資是「將本求利」的行為，先求本金安全再求最大獲利，是所有投資的目的。因此，對絕大多數投資行為而言，安全性應要優先考慮。

流動性指各種投資工具相互間轉換的難易程度。現金最容易轉換成各種方式的投資工具，因此現金有最大的流動性，而其他投資工具

---

❶　正規的外匯操作只有投資與投機，並無賭博。但臺灣卻有。臺灣的地下金融活動，尤其是期貨業中所發生的「對賭」行為，即使投機成為賭博。正規運作的期貨交易非賭博行為，只是投機行為（若非為避險目的），但非正規下單至國際市場（期貨交易所）的對賭方式，便成為賭博行為（請參考第八章）。

的「變現性」（即變成現金的難易程度），就成為流動性大小的衡量標準了。

　　現金❷雖有最大的流動性，但現金不能生息，不能增值（遇通貨膨脹反會減值），換言之，持有現金既無資金報酬（利息），又無資本利得（增值），毫無獲利性可言，當然不符合投資的要求。高獲利性，不論是來自資金報酬──如黑市借貸，或資本利得──如股票買賣，均是許多吸引人的投資工具之所以吸引人的重要原因。

　　需要特別一提的一點是，投資報酬應指投資人實際可享用的報酬而言，因此它指的是稅後純利。為求投資報酬最大，必須在投資之前先對投資地區的稅法規定瞭解，並做好租稅規劃。外匯投資的獲利性決定於三率，即匯率、利率和稅率（詳見第十四章）。

　　安全性、流動性及獲利性很難三全，換言之，安全性、流動性及獲利性三者是互相抵觸的。沒有一項投資工具同時具備高安全性、高流動性又高獲利性的條件。投資人在不能面面俱到的情形下，必須有所抉擇，也就是說，投資人必須依據自己本身的條件及客觀的投資環境，謹慎的考慮這三「性」中那一項對自己最重要，而有所取捨。譬如一個企業暫時的閑餘資金應以流動性為最優先考慮，否則一旦發生週轉不靈可能危及企業生存，因此其閑餘資金用來購買變現性很高、利率又較銀行活期存款為高的貨幣市場票券就很合適。又如一個退休公務人員用來維持基本生活的退休金，應以安全性高又能產生固定收益的方式運用，因此定期儲蓄存款或信託基金的方式，就較適合。而對於風險有正確的認識又具備證券投資知識的投資者，就可以在股票

---

❷　現金指庫存現金與支票存款，有的銀行付予支票存款戶很少的、象徵性的利息，有的銀行反向支票存款戶收取支票處理費用，但大多數的銀行對支票存款戶是不付息的。

市場上運用資金了。

具有賭徒性格的風險愛好者，常會不顧一切的把獲利性擺在最前面，但誠如前文所說，投資應是「將本求利」的理性行為，若一味追求高利而忽視風險，所得到的恐怕是「血本無歸」的結果了。

因為安全性、流動性及獲利性的需要是因人而異的，所以形成了各種方式的投資組合，最常使用的投資組合是所謂「三分法」的，或「金字塔式」的投資方式。所謂三分法是將資金分成三份，三分之一投資於安全性高的資產，如不動產、貴金屬、政府公債及信託基金等，三分之一投資於流動性高的資產，如銀行存款、貨幣市場基金等，另三分之一投資於獲利性高的資產上，如股票、期貨等。所謂金字塔式的投資組合，是指資金的分配有如一金字塔，底部是安全性投資，上面是風險性投資，風險愈大的投資商品所佔的分量愈少，也就愈接近金字塔的頂端。在這種投資方式下，在金字塔下部的是銀行存款、保險、政府公債、信託基金等，往上去則是房地產、貴金屬、股票等，最上面就是期貨了。

二、機會成本(Opportunity Cost)

相對於人類無窮的慾望，「錢」是一種稀少寶貴的資源。因為資金是有限的，因此如何分配運用就是一門學問。舉例來說，同樣一筆錢買了外匯就不能買股票，那麼是買股票好呢？還是買外匯好呢？假設買股票和買外匯的風險是一樣的，而預期買股票的報酬率是30%，買外匯（如美金）的報酬率是10%，那麼顯然的，投資人會選擇買股票。本例的決策十分容易，因為從正面來看就知道買股票所得報酬較高。然而，投資人也可以從「反面」來看，若選擇買美金，就等於放棄買股票，而股票的報酬率較高，換句話說，放棄股票就等於放棄較

好的機會，也就是付出了較高的「機會成本」❸。

　　機會成本表示我們採取某種決策時，「相對」所放棄的他種選擇機會的代價，或犧牲的代價。如上例，投資美金的機會成本是 30%(因為放棄買股票)，投資股票的機會成本是 10%（因為放棄買美金），買股票的機會成本較小，表示犧牲較少，因此投資人會選擇買股票。

　　就投資而言，機會成本表示當資金投資於該項投資商品時，相對放棄的其他投資商品的報酬。任何投資除了需要考慮該項投資可能帶來的報酬以外，並應考慮該項投資的機會成本。機會成本的觀念可以幫助投資人在擬定投資策略時顧及全面性。

　　各種投資都相對有其機會成本，所以一種投資是否最佳，並不能單純從該種投資方式本身來評估，還應該考慮是否犧牲了其他更佳的投資方式，也就是所付出的機會成本有多大。外匯投資以機會成本的觀點來看，不一定對所有投資人都是一項最好的投資方式，外匯投資只是投資方式的一種，亦即外匯投資為投資人提供了另一項選擇。

三、內部與外部限制

　　投資人在選擇投資方式及投資工具時，應該從主客觀雙方面，或內部與外部限制雙方面來考慮。

　　在主觀方面，投資人需考慮自己本身的條件，例如資金多少，資金有沒有特殊的限制或要求(安全性、流動性與獲利性的優先順序)，

---

❸　實際的投資選擇並不會像上面的例子一樣簡單，原因是：第一、報酬率不是確定的，它只會是預期的，第二、投資股票和外匯的風險並不一樣。投資的報酬率和投資風險，二者都充滿了不確定性，這使得投資決策變得困難複雜，除了知識技巧和資訊以外，還要運氣。本例故意將投資選擇單純化，用意是在解釋機會成本和幫助讀者瞭解機會成本的觀念。

是否具備投資有關的專門知識，能夠承擔的風險和希望獲得的報酬率等，這些是投資人內部的限制。

客觀方面，投資人需要考慮投資的環境，以外匯投資為例包括：其他投資方式是否更好（即外匯投資的機會成本如何）、外匯投資有關的資訊是否充分、資料的取得是否容易、是否有優秀的中介機構可提供諮詢，以及是否有足夠的投資商品可以提供選擇等，這些是投資人的外部限制。

一般說來，從投資的基本考慮因素——安全性、流動性及獲利性而言，外匯投資是良好的投資方式。但是對於個別廠商或投資人來說，外匯投資是否為最好的或最適的投資方式，卻仍需要視個別廠商或投資人的內部與外部限制而定。綜合言之，內部與外部限制包括有以下幾點：

1.投資人是否瞭解外匯投資的風險？外匯投資除了含有「貨幣購買力降低風險」（通貨膨脹）、「流動性風險」（資金週轉不靈）及「信用風險」（金融機構或投資公司倒閉）等與國內新臺幣投資相同的風險以外，還增加「國家風險」與「匯率風險」。

2.外匯投資是否較其他投資方式更為有利？投資人應從機會成本的觀點出發，將資金的運用分配做妥適的規劃安排。

3.投資人是否具備外匯方面的知識與運用能力？

4.有關的資訊是否公開、充分與容易取得？

5.是否有良好的中介機構與足夠的投資商品？

四、 時機(Timing)

投資決策一旦達成，何時採取行動，即為「時機」的選擇。因此，所謂時機即指行為的最佳時間。

在任何實際的投資行為中（已完成投資決策），時機都非常重要。外匯投資尤其要注意時機，因為外匯投資的最主要風險——匯率風險受時機影響很大。以七十六年外匯開放後的投資活動為例，雖然「外匯開放」開啟了外匯投資的大門，但總括來說，卻不是外匯投資的時機。主要原因為：

1.新臺幣大幅升值，擴大了匯率風險。

2.國內股票、房地產獲利驚人。

上述兩個主要原因，一從外匯投資本身來看，一從外匯投資相對的機會成本來看，都使外匯投資不具有吸引力。此外，外匯投資的內部與外部限制仍多存在，顯示國內外匯投資的環境尚未十分成熟。

外匯投資時機的判斷與匯率預測關係密切。外匯投資的最大風險——匯率風險通常是投資人主動製造出來的，投資人製造該風險時必定已對它仔細評估過。雖如此，匯率風險仍然存在，因為「預測」是就目前已知的所有情報，及對未來的種種假設，在某些限制條件下，所做的分析判斷。對於目前已知的情報之蒐集是否充分，未來假設是否正確，瞭解和解釋是否無誤等，皆使「預測」變得複雜，而人為的干預及市場已存在的均衡遭受人為干預的破壞等，更使「預測」複雜的程度加重。而任何錯誤的預測即可能遭致錯誤的決策。

除「預測」本身不容易以外，「匯率」預測更加困難。匯率預測是十分專業的，需要專業的知識、技巧與經驗。除此之外，任何預測都還需要運氣。

短期的外匯投資較長期投資更需斟酌時機。因為匯率變動常是在短期內迅速發生的，匯率若在一年之內變動 40%，並不表示半年之內變動 20%，或一季之內變動 10%。一九八五年九月二十三日G5協議❹

───────────

❹　一九八五年九月二十二日，美、日、西德、英、法等五個主要工業國 (The

達成以後，美元在一日之內就暴跌了 5%。匯率變動是上上下下的，時間拉長不一定會使匯率風險加大，通常反而會緩和匯率風險。但短期間的外匯投資則一定要注意匯率風險，也就是短期間的外匯投資更需選擇時機。在匯率預測實際上很困難的情形下，短期間的外匯投資通常被視為投機性資金，其原因亦在於此。愈短期間的資金流動（資金進出或買賣）愈被視為帶有投機性，甚至成為完全追逐匯率變動而流動的熱錢。

國內的外匯投資時機如何？就長期與基本面而言，新臺幣已大幅升值了 40%以上，外貿順差顯著改善，投資有停滯現象，國內經濟發展一向賴以為發動力的出口產業有成長減退現象，外匯資金的金融性交易（資本交易）增加，抵消了經常帳順差（出超）， 使市場超額外匯供給縮減，市場外匯買賣趨於均衡；上述種種現象，使新臺幣再升值的空間已經有限。因此，長期與基本上，外匯投資的匯率風險大為降低。

Group of Five，簡稱 G5）的財政部長和中央銀行總裁在紐約集會，決定聯合干預外匯市場以促使美元下跌。

G5協議聯合干預促使美元下跌的背景是：自一九八〇年後，全世界投資人對美元表現了強大的信心，資金自世界各地紛紛流入美元市場追求較高利率，使美元需求大增，造成美元自一九八〇年下半年開始，連續五年長期強勢。

美元利率居高不下肇因於美國的雙赤字（貿易與預算赤字）， 國際投資與投機資金奔向美元追求高利率的同時，亦使美元價位長期高估。這種結果，使美元價值嚴重偏離了基本的經濟情勢，亦因此形成美元大幅下跌的根本原因。（詳細情形請參考拙著《外匯風險管理》， 時報出版公司。）

此外，中央銀行自七十八年四月三日開始實施外匯交易的新制度（請參考第十二章第二節），外匯市場與外匯交易更進一步的自由化。自由化程度愈深，市場機能愈能發揮，換言之，政府的匯率政策不再能完全控制新臺幣匯率。新臺幣匯率將不再像以前一樣表現一路升值或一路貶值的走勢，匯率預測亦再也不會像以前一樣容易。在此情況下，不論國際貿易或外匯投資都需加強風險評估的能力與外匯操作的技巧。因此，風險時時存在，時機亦時時存在。

五、風險規避

貿易性匯率風險與金融性匯率風險因風險來源不同，處理的態度自然相異。金融性匯率風險的風險承擔者(Risk Taker)通常並不進行避險，因為匯率風險早在定投資策略時即已仔細評估了，至於投機性外匯操作者更是以承擔匯率風險為獲取利潤的機會。

貿易性匯率風險的風險承擔者對風險的處理態度就並非如此。貿易性匯率風險因國際貿易（包括有形和無形貿易）而產生。換言之，國際貿易除了和國內貿易一樣有付款風險和資金週轉風險以外，它還有匯率風險。匯率風險使國際貿易的成本與收益皆不確定，增加了國際貿易的困難，是國際貿易的阻礙。因此各國政府都儘量去除這一項不確定因素，維持匯率的穩定，使國際貿易能順利進行。

從「貿易」本身的立場來看，利潤應來自正常營業的運作（即製造、銷售、或買入、賣出），國際貿易亦然。對於國際貿易併帶發生的匯率風險，若有途徑加以去除，自應加以去除，而使其成本與利潤確定。換言之，自貿易立場言，企業體自然不應亦最好不必承擔不必要的風險。因此，貿易性匯率風險承擔者（國際貿易者）的風險處理態度，趨向以「避險」為目的。

以上傳統的貿易性匯率風險的管理哲學，在近年來有相當大的改變。對於國際貿易的匯率風險，管理考慮的角度已逐漸從保守的規避轉為合理的承擔。當然，這種轉變亦意味企業承擔的風險增加了。

對於國際貿易所產生的匯率風險，管理者不再僅從「貿易」本身的立場來考量，管理者轉為從「風險」本身的角度來評估。那麼，貿易性風險與金融性風險一樣，是不一定要進行避險措施，亦不一定要被動承擔的。以這個觀點出發，除非「避險成本」低於「風險」本身，或「避險效益」大於避險成本，否則不必多此一舉。此外，如果外匯操作技巧優秀，亦可藉風險承擔增加企業利潤。

這種觀點的改變，造成企業經營方式亦有了改變。在以前傳統觀點下，企業經營以生產力為主，八〇年代以後（臺灣則為七十五年以後），則企業經營的「財務力」愈來愈形重要。至於企業理財與風險規避的方式將於第十三章詳細介紹。

第三節　外匯投資理財的管道

一、合法的外匯投資

政府在七十六年七月十五日廢除許多管理外匯的規定，使外匯的取得與使用較前大為自由方便。相對於過去數十年嚴格的外匯管制而言，該次演變是相當大的開放行為，因此輿論把它稱為外匯自由化或外匯開放。但是，基本上我國仍然是一個外匯管理的國家，政府訂有「管理外匯條例」、「外匯收支及交易申報辦法」等幾項辦法與其他幾種規定。投資人在開始進行外匯投資時，應先瞭解有關的法令規定，知道自己的權利與義務。

　　「合法」進行投資活動是極為重要的，不合法的投資活動必定風險很大。就因為不合法的投資活動需要承擔很大的風險，因此也經常併隨著很高的利潤。惟投資人未必瞭解此點（或雖瞭解，但仍抱持投機或僥倖心態），　換言之，投資人經常因為外匯知識不夠、資訊不充分或惑於投資公司的宣傳文字而忽略了外匯投資風險。

　　其實，投資人必須謹記「高報酬高風險」幾乎是定律。就因為非法投資活動需要付出很高的風險成本，因此也才有可能獲得很不合理的高報酬。投資人應瞭解投資的安全性、流動性與獲利性是互相抵觸，無法三全的，投資人在看到「獲利率高、安全可靠、變現容易」等類似的投資介紹時，即應提高警覺，不要掉入了廣告陷阱裏。

　　近年來，臺灣地下投資活動非常盛行。所謂地下投資活動包括下述情形：① 公司不合法，② 公司合法但所從事的業務不合法，及 ③公司及業務均不合法。地下投資公司在盛行時高達四百家以上。法務部調查局指出這些公司行號大都以金融投資或管理顧問的名義招徠客戶，由於業者未經合法登記核准，又良莠不齊，一旦經營發生問題，或業者圖謀不軌，客戶的權益即無從保障，甚至血本無歸。

　　未合法的投資活動中又以期貨交易最為嚴重。期貨交易在國際市場上是很重要的一種避險與投資工具，但也可以做為投機工具。參與期貨市場的人士因其動機之不同，可以分為避險者、投資者、套利者與投機者。若以參與人數來看，期貨交易的參與者大部分是投機人士，就因為期貨交易帶有濃厚的投機色彩，因此期貨市場常被視為一投機市場。

　　外匯投資的第一步是合法的進行。投資人在開始外匯投資時必需已瞭解下述各點：

　　第一、現階段外匯投資的合法性、政府的外匯管理規定及國內外

匯投資的環境。

第二、買賣外匯的途徑，有些什麼限制。

第三、如何辦理手續，有無中介服務機構。

第四、有那些投資商品，如何選擇。

二、 有關外匯操作的法令規定

規範外匯操作的主要法規包括「管理外匯條例」（附錄一）、「外匯收支及交易申報辦法」（附錄二）、「指定銀行辦理外匯業務應注意事項」（附錄三）及其他等多種。

基本上，我國仍為外匯管理國家，「管理外匯條例」為外匯管理的母法。實際與外匯操作者關係為較密切者為外匯規定的執行細節，尤其是民間匯出款項與匯入款項的有關規定。

「指定銀行辦理外匯業務應注意事項」中規定了指定銀行可以辦理的外匯業務以及辦理應注意事項，其中與外匯投資者最為有關者是外匯存款的規定。「外匯收支及交易申報辦法」規範民間匯出款項與匯入款項的有關結匯事項，其中與外匯投資者最為有關者是自由結匯額度的規定。

三、 指定銀行

有關當局（中央銀行與財政部）的外匯法令規定是透過指定銀行來執行，國內外匯投資人與避險者的外匯操作亦需經由指定銀行來進行。指定銀行是外匯市場的主角，是政府執行外匯管理、與外匯操作者進行外匯操作的中介機構。

「指定銀行」為中央銀行指定辦理外匯業務的銀行之簡稱。換言之，必須是經過中央銀行「指定」的某些「銀行」才能辦理外匯業務。

指定銀行可以辦理的外匯業務包括：出、進口業務，匯出、入款業務，外匯存款業務，外幣貸款業務，外幣擔保付款的保證業務，及其他經中央銀行另行許可的業務（如外匯定期存單或指定用途信託資金投資國外有價證券業務）等。

由於「管理外匯條例」的規定，所有外匯業務均需經由指定銀行辦理，換言之，透過指定銀行進行的才是合法的外匯交易。這種指定銀行制度下，外匯投資人必須瞭解以下幾點：

1.必須經由指定銀行才能進行外匯交易，換言之，一般公司行號或金融機構不能辦理外匯業務，民間私下亦不能買賣或轉讓外匯。

2.未經中央銀行核准擅自買賣外匯或代客買賣外匯都是違法的。

3.除指定銀行以外，其他機構都只能提供外匯的諮詢或顧問業務。

迄八十五年三月三十一日止，國內辦理外匯業務的金融機構共有1,576個單位，包括指定銀行690家（其中本國指定銀行628家，外商指定銀行62家）；辦理買賣外幣現鈔及旅行支票業務的金融單位847家及郵匯局39家。

外匯操作需要專業知識與技巧、豐富的資訊、迅捷方便的通訊與電腦設備，及互相信任的關係。這些都與指定銀行關係密切，換言之，指定銀行的品質與效率對外匯操作影響很大，操作者不能不慎選指定銀行。本國指定銀行與外商指定銀行的歷史背景不同，業務型態不同，專業程度不同，客戶定位也不同。外匯操作者有需要對本國與外商銀行做一番瞭解，再根據自己的需要選擇。關於指定銀行另將於第十二章第一節（我國的外匯市場）中補充說明。

四、外匯的來源

外匯投資必須要有外匯，外匯的來源有幾方面：

1.出口商出口貨物，服務業提供勞務，或其他因營業行為而取得之外匯。

2.國外捐贈。

3.以新臺幣購得。

4.其他：如國外投資的收入。

上述除了第3項（以新臺幣向指定銀行購買的外匯）以外，其他的外匯來源都可以相對視為自備的外匯。這些自備外匯可以留在國外，自行運用，毫無限制。

至於結購而得的外匯，根據中央銀行目前規定，國內年滿二十歲的國民以及團體，均可在五百萬等值美元的額度（一年累計）之內以新臺幣結購外匯。公司、行號等則可在一年累計二千萬美元的額度內結匯（該項五百及二千萬額度即一般所稱之自由結匯額度）。結購時只需填具申報書查核未超過額度，手續即完成，不像以前不論出國、留學、就醫、購買書報雜誌，或是其他任何原因需用外匯時，都需檢具證件申請核准。

以新臺幣結匯取得的外匯，即是最主要的用來做外匯投資的外匯來源。由於這項自由結購的外匯額度非常寬裕，人民在需用外匯上幾乎可達到隨心所欲的程度。

外匯投資人有了外匯以後，可以匯出國外或存入外匯存款帳戶。若是匯出國外，則用途不受限制，可以做任何方式的外匯投資，換句話說，一旦外匯到了國外，如何使用悉聽尊便，政府沒有任何限制，投資人亦無需向政府報告。但若存入外匯存款帳戶，就需要注意政府的有關法令規定與各經辦指定銀行自行的限制約束。

外匯存款帳戶的開戶，在法令上沒有限制，最低開戶金額與存款

利率、期限等都由指定銀行自行規定。外匯存款的來源為上述自備外匯或新臺幣結購來的外匯。外匯存款除有利息收入外，還可以做幣別轉換（由一種外幣轉成另一種外幣），支付進口貨款、匯出到國外，或是結售為新臺幣。

外匯投資人之外匯來源若是來自新臺幣購入者，最好妥慎保存此購買外匯時原結購銀行所發之「外匯水單」。因為當外匯投資人將投資的外匯本利匯回，欲結售成新臺幣時，若金額超過一年累計核准額度，可以檢具原結購時的外匯水單向中央銀行外匯局匯款科申請核准。

五、外匯投資的方式──直接投資與間接投資

可以投資的外匯商品很多，尤其是在國外。除了任何在我國國內可以投資的商品，如股票、房地產、債券或銀行存款等，在國外投資市場中亦都具備外，在主要的國際市場上還有許多新式的金融商品是國內所沒有的，如期貨、選擇權等。簡單的說，外匯投資與本國投資最主要的不同，是投資地點的不同。就因投資地點的不同，使外匯投資複雜困難了許多，因為外匯投資的投資天地由國內擴及國外。國外的投資天地十分廣闊，但對絕大多數投資人來說卻也十分陌生，接觸上也十分不方便。這也成為外匯投資的最大阻礙──不瞭解與不方便。

外匯投資人在具備外匯後即可進行外匯投資。此時投資人可以自行直接投資，亦可以透過中介機構間接投資。直接投資是投資人自行運用自己的資金，如直接把錢（外匯）匯出國外購買外國股票。間接投資則是將資金交由他人來運用，例如購買共同基金（或基金公司所發行的受益憑證）。直接投資是自行投資，當然自行承擔投資結果。間接投資雖未自行運用資金，卻仍需自行承擔投資損益，除此之外，

間接投資亦需支付中介機構佣金（或手續費）。

　　既然間接投資與直接投資一樣需自行承擔投資結果，而間接投資尚需支付額外費用，那麼投資人為何要採用間接投資呢？

　　任何投資都有風險，外匯投資風險更大。外匯投資除具有國內投資所有的風險以外，還增加國家風險與匯率風險。大多數的投資人都沒有評估國家風險與匯率風險的能力。任何投資都需要專業知識與技巧，更需要足夠的資訊，而大多數的投資人都沒有足夠的國際金融知識和資訊，更缺乏外匯操作的經驗，再加上大多數投資人對外國的不瞭解與溝通上的不方便，均構成了間接投資方式的需要。換言之，大多數的外匯投資人事實上都沒有能力直接投資。

　　假如投資人或投資環境不適合直接投資的方式，那麼可採行間接投資的方式。投資人若採用間接投資方式，則如何選擇一個好的中介機構，即為最重要的投資注意事項了。

六、外匯投資理財顧問

　　投資理財顧問的工作是提供其專業知識與充足訊息幫助投資人做最適當的投資選擇。國際投資市場非常遼闊，投資工具又五花八門，投資人假如不是專家的話，不論是打算直接投資或間接投資，都會有無從下手的感覺。投資理財顧問可以提供這方面的幫助。

　　投資理財顧問應以客戶利益為依歸，換言之，好的投資理財顧問必會針對客戶的個別情形及特殊需要，提供其專業意見與「最適合客戶需要」的建議。資金運用的方式將因投資人資金的多寡、投資人對資金流動性的要求、對風險的承擔能力以及對投資報酬的期望等之不同而產生差異。顧問公司的工作即在提供意見，幫助投資人做出最適合的投資決策。因此，投資的成敗與投資理財顧問的好壞關係密切。

好的投資理財顧問能提供高品質的諮詢服務，所謂高品質的諮詢服務需要符合以下的條件：

1.提供充分的訊息或情報：投資人受限於本身的時間或能力、傳播工具的不足，或市場的不開放等因素，常無法獲得足夠的、或正確的訊息，因此好的顧問應能提供充分且正確的訊息或情報。

2.足夠解釋訊息的能力：通常訊息的本身並無重大價值，但是訊息所代表的意義則可能非常有價值，因此好的諮詢者除能提供訊息外，尚應有能力將訊息加以解釋分析。

3.判斷未來發展動向的能力：市場上時常同時間存在多種正反面的訊息，而不同的訊息代表不同的未來發展動向。好的諮詢者應有能力分析每一訊息的重要性及影響力，並判斷未來發展的動向。

4.提供策略的能力：對不同的投資人、不同的投資環境與不同的發展變化，均有不同的投資理財策略，例如匯率升值情況下的投資理財方式，及升值到何種水準時應該採取的應變方式等，好的諮詢者應能提供策略。

5.建議的能力：雖然諮詢者不代替投資者做決定，但一個好的諮詢者除應提供各種清楚、明確又完整的可能性分析及選擇策略外，亦應提出建議，幫助投資人做決策。

好的顧問能增加投資人獲利的機會，減低投資風險。當然投資人對於顧問服務應支付合理費用。投資人若能因獲得高品質的諮詢服務而獲利（或減損），自然願意付出合理費用。

七、外匯投資理財中介機構

外匯投資理財中介機構為代替外匯投資人操作資金的機構。在很多情形下，投資人會選擇經由中介機構來運用資金(即間接投資方式)。

中介機構除需具備經理資金的技術與能力外，本身亦應為投資理財顧問。換言之，中介機構若本身不具備一個好的諮詢者的各項條件，即無法勝任中介機構的角色。這一點是投資人在選擇中介機構時應該注意的地方。

國外許多著名的投資銀行、證券公司、信託公司、投資理財機構等即一方面提供投資顧問的諮詢服務，一方面代為經理投資資金，成為在國外外匯投資理財的中介機構。

在國內，有許多名為投資顧問或財務顧問的公司，從事未經有關主管機關核准的中介機構業務。投資顧問的報酬應為顧問費用，投資顧問公司不能經手投資資金的收付。若顧問公司向客戶收取的不是顧問費而是佣金或手續費等費用，且顧問公司經理投資人的投資資金，那麼該顧問公司就逾越顧問角色，而非法從事中介機構業務了。

八、 國內外的外匯投資理財顧問與投資中介機構

國內有許多名為投資顧問或財務顧問的公司，實際從事的卻是地下投資業務，例如充斥臺灣市場的地下期貨公司即大都使用顧問公司的名義設立營業。此外以投資公司名義經營地下錢莊者亦不乏許多有名的例子。這些地下投資活動因為業務不合法及手段欠公正，連帶的使真正的投資理財顧問公司的形象也大受影響，致使許多人一聽到投資理財顧問公司，就想到地下金融活動。其實，這是臺灣的特殊現象。

由於指定銀行辦理外匯業務，自然就成為國內最主要的外匯諮詢提供者。指定銀行有幾百家（包括大小分行）， 提供外匯諮詢的能力良莠不齊，有些更是連政府的基本外匯法規都搞不清楚。一般說來，外商指定銀行提供外匯諮詢的能力及諮詢服務品質較高。但外商銀行只有少數，且集中於臺北，對於廣大的中小企業來說，往來較為方便

的仍為本國指定銀行。

外匯開放不僅對一般企業及投資者是很大的衝擊，對指定銀行也同是。金融國際化的影響，銀行業務不但更趨複雜，亦更趨專業。本國銀行長期以來即在高度保護的金融環境與限制重重的公營體制下，外匯開放對它們是一個挑戰。在臺的外商銀行均為國際上的知名銀行，具備較多的聯行關係，擁有較多的外匯人才，較進步的觀念，和較豐富的資訊。此外，外商銀行的制度和業務型態都較有彈性。這些差別在外匯開放以後更為明顯。

民國七十五年開始，中央銀行同意臺銀、中信局、中國等幾家指定銀行辦理指定用途信託資金投資國外有價證券業務。這是首次國人可以間接方式進行外匯投資。以後中央銀行又陸續核准數十家金融機構辦理是項業務。這些金融機構可用吸收來的信託資金投資於國外的股票、債券或共同基金等有價證券❺。

在國內外匯投資人除可經由金融機構開辦的指定用途信託資金業務間接投資於國外有價證券外，亦可經由光華、建弘、中華、國際、花旗等多家證券投資信託公司（一般簡稱為基金公司）間接投資。

實際上，目前這些國內合法的中介機構也還沒有自行直接運用資金的能力，他們亦均與國外的著名投資集團合作，或經由國外投資集

---

❺　理論上所謂「指定用途」信託資金，應是由投資人來指定資金的用途，中介機構應居於提供或建議各種投資商品或投資組合的地位。但目前實際上已辦理該種業務的國內金融機構，均是與國外的投資集團或國內的外商銀行合作，推出他們的共同基金。換言之，這些金融機構只是在代銷海外基金而已。例如農民等銀行代理怡富基金，中國等銀行代理富達基金，臺北市銀等銀行代理花旗基金等。以上看來，目前的國內外匯投資理財中介機構尚未具備自行操作的能力。

團再投資，或乾脆只代銷國外發行的共同基金。以投資人的立場而言，資金透過的中介機構愈多，需付出的中介費用就愈高，換言之，成本就愈貴。惟相對的，投資人所得到的便利也較多，譬如，投資人若是經由國內中介機構來間接投資，至少在語言溝通上和手續處理上就方便很多。

除在國內經由上述方式間接投資外，投資人亦可在國外進行直接或間接外匯投資。面對廣大陌生的海外市場，直接投資不是容易的事，間接投資則面臨如何選擇中介機構的問題。國外的中介機構非常多，比較容易又具體可行的挑選方式是參考排名順位來選擇。以美國一九八七年前五名的投資理財公司為例，他們是：① 所羅門兄弟(Salomon Brothers) , ② 第一波士頓(First Boston) , ③ 美林公司(Merrill Lynch) , ④ 摩根史坦利(Morgan Stanley)，⑤ 葛門沙(Goldman Sachs)。

投資人在國外可直接與著名的中介機構接洽，在國內則亦有一些國外著名的中介機構在臺設有分公司或代表人辦事處。唯投資人需注意的一點是，目前政府並未全面開放投資理財機構的設立，因此這些國外機構在臺多以顧問公司的型態出現，換言之，應只能提供投資顧問服務，而不能直接經理資金。目前在臺的外商投資顧問公司均基本上是以推銷其母公司的基金為目的。因此，其是否仍維持顧問公司的客觀立場，依個別投資人的條件給予建議及為投資人的利益打算，就需要投資人注意了。

第四節　私人銀行業務

私人銀行業務又稱為個人銀行業務 (Private Banking 或 Individual Banking)，是指銀行針對某一特殊的個人所提供的金融服務。這項業

務有幾個特點：① 是一對一的金融服務，② 是針對個別投資人的條件而設計，完全符合投資人個別需要的投資組合或理財方案，③ 投資金額較大。

外匯存款或共同基金等投資方式的對象，是一般社會大眾，單位投資金額較低。「私人銀行業務」則是針對少數投資人量「財」適「性」的大額投資理財服務。對於投資人來說，前者有如購買平價成衣，後者則為量身訂製。

在外匯開放前，國內就已經出現私人銀行業務。外國著名的證券商、投資集團、保險公司等經常派員來臺，例如日本的大和、美國的美林等，估計約在四十家左右。而國內外商銀行如花旗、大通等亦私下提供這項服務。這段期間，私人銀行業務並不熱烈，一方面是因外匯管制，使該業務不能公開推行，再方面特定的顧客群有限。而外匯投資的環境亦未成熟，國內投資人本身外匯投資理財的資訊不足，加上國外來的私人銀行業務代表所提供者全為外文資料，這些均形成溝通障礙。加以國外代表在臺無常設機構，空中飛人式的服務對投資人來說也缺乏安全和信任感。

外匯開放後，外匯投資理財的觀念普遍興起，資訊較前充分，海外投資已無需私下進行，而對大額資金投資人最為方便的是，國內已有一些外商指定銀行開辦了私人銀行業務。開辦是項業務的外商銀行本身在國外均為該行業中的佼佼者，在全世界各地設有分支機構，對投資人的資金調度與運用，提供很多方便之處。

在外匯開放以前，私人銀行業務通常只是應客戶的要求，提供在國外銀行開戶或購買國外股票等項服務。隨著外匯開放及一些外商銀行設立私人銀行辦公室以後，服務的項目擴大許多，一般說來，除包括外幣存提款、轉帳、信用卡、外幣買賣等業務外，還有黃金、債券、

股票、選擇權、期貨、房地產的買賣。除上述一般性業務之外，各家銀行尚因本身專長的不同，各有自己的特色，投資人可應本身需要做選擇，例如花旗銀行隸屬花旗集團，擁有基金經理公司、投資銀行等多種投資機構，投資人可獲得較多樣性的服務，包括貸款；信孚銀行專長於投資銀行業務，標榜海外雄厚的投資信託機構陣容，對投資人可提供靈活的投資組合；大通銀行有專人聯絡海外銀行蒐集各種金融投資商品，時常介紹新投資商品給客戶；漢華銀行除有海外投資銀行為基礎外，對美、日、香港等地股市甚為熟悉。

　　私人銀行業務因為是一對一的理財服務，服務成本高，因此所要求的最低投資金額較高。通常在五十萬或一百萬美元以上。

第二章

外匯概論

第一節　外匯與匯率

一、外匯的意義

「外匯」是國外匯兌(Foreign Exchange)的簡稱。可以是動詞，表示國際間債權人與債務人，或資金供給人與需要人，透過兩地間的金融機構劃撥資金，藉以清結債權、債務或資金供需的關係。這是外匯的原意。但外匯最通常的解釋是做為名詞，表示以外國通貨計值的銀行存款、有價證券、外國票據或外國鈔券等❶。

在外匯市場中，當述及外匯交易時，所謂外匯是指「以外國貨幣計值的銀行帳上餘額」(Bank balances denominated in foreign currency)，簡稱為外國貨幣。範圍更為具體，所謂外匯交易即外國貨幣的買賣，所謂外匯市場即外國貨幣買賣的場所，外國貨幣買賣的價格即匯率。

二、匯率的意義

「匯率」是一國貨幣以他國貨幣來表示的價格，亦即本國貨幣與

---

❶　依我國「管理外匯條例」第二條之規定，外匯包括外國貨幣、票據及有價證券。

外國貨幣的兌換比率。是一種相對的關係。

匯率的表示方法有二種，一為直接報價法 (Direct quotation)，另一為間接報價法(Indirect quotation)❷。直接報價法是用一單位（或一百單位）外幣等於多少本國貨幣來表示的方法。例如一塊錢美元等於二十七塊錢新臺幣的報價方式，即是直接報價法。大多數的國家都採用此法，譬如，在我國外國貨幣的價格是以新臺幣表示，在日本則是以日圓表示，在德國就變成以德國馬克表示。但少數國家的情形例外，如英國。在英國，是用一英鎊等於多少外國貨幣來表示，例如 1 英鎊等於 1.75165 美元。此為間接報價法。所謂間接報價法是一單位本國貨幣等於多少外國貨幣的報價方式。國際上只有少數貨幣採用此法，如英鎊、澳幣、紐西蘭幣等。

在美國國內，仍採用直接報價法，亦即用一單位外幣等於多少美元的方式報價。但美國銀行在國際市場中進行外匯交易時，則仍遵循國際慣例的報價方式。

國際市場上進行外匯交易時，所用的報價方式與上述國內市場所用不同。國際性外匯交易是以美元為基礎，所報者基本上都是美元匯率（見表一）， 例如一美元等於多少日圓、西德馬克、瑞士法郎、加拿大幣、港幣或法國法郎等（但英鎊、澳幣等少數貨幣是用間接報價法，亦即一英鎊等於多少美元）。 在這種情形下，銀行間的外匯報價都是美元與其他貨幣間的匯率，若銀行交易員或一般客戶想要知道美元以外之兩種貨幣的匯率，即要經過一番換算，此即所謂的交叉匯率

---

❷ 直接報價法又稱為「價格報價法」。 因為直接報價法是直接把外國貨幣的價格用本國貨幣表示出來，與國內其他商品的價格表示方法一樣。
間接報價法又稱為「數量報價法」。 因為間接報價法是用一個本國貨幣可以購買多少數量的外國貨幣的方式報價。

(Cross rate)或稱套算匯率。例如某銀行某日的即期匯率如下：

　　$\$/\yen = 130$（即 1US\$ = 130¥）

　　$\$/DM = 1.80$（即 1US\$ = 1.80DM）

表一　全球美元即期匯價表　　　　（1989年2月1日）

市　　　　　　場	下午價	開盤價	上次收盤價	漲跌金額 (⊕⊖)	漲跌幅度 (%)
日圓（東京）	130.40	130.58	129.13	⊕　1.27	0.98
韓元（漢城）	680.7	—	680.6	⊕　0.10	0.01
英鎊（倫敦）	1.7480	1.7480	1.7520	⊖ 0.0020	0.11
法國法郎（巴黎）	6.3750	6.3730	6.33925	⊕0.03575	0.56
瑞士法郎（蘇黎世）	1.5958	1.5950	1.5905	⊕ 0.0053	0.33
德國馬克（法蘭克福）	1.8730	1.8740	1.8700	⊕ 0.0030	0.16
澳元（雪梨）	0.8915	0.8875	0.8880	⊕ 0.0035	0.39
港元（香港）	7.8100	7.8000	7.8005	⊕ 0.0095	0.12
加拿大元（渥太華）	1.1845	1.1840	1.1840	⊕ 0.0005	0.04
荷蘭基爾德（阿姆斯特丹）	2.1140	2.1154	2.1100	⊕ 0.0040	0.18
比利時法郎（布魯塞爾）	39.23	39.4150	39.25	⊖ 0.0200	0.05
義大利里拉（米蘭）	1368.60	1369.50	1363.00	⊕　5.6	0.41

註：　1.除倫敦英鎊係指一英鎊兌美元及澳元係指一澳元兌美元匯價外，餘均為
　　　一美元兌換其他通貨之匯價。

　　　2.日圓、韓元、港元及澳元下午價即為收盤價。

我們根據上述匯價可求出日圓與馬克之間的交叉匯率如下：

　　　130¥ = 1.80DM

∴　　1¥ = 0.013846DM

　　or 1DM = 72.22¥

又如　　　$/SFr. = 1.60（即 1$ = 1.60SFr.）

　　　　　£/$ = 1.75（即 1£ = 1.75US$）

那麼，SFr.和£之間的交叉匯率是多少❸？

三、升值或貶值的意義

在金本位的固定匯率制度下，一國貨幣的價值用黃金來表示，所謂貨幣的升、貶值，是指該國貨幣以黃金表示的價值的變動，有非常客觀和一致的標準。

但在浮動匯率制度下，幣值並無一定的標準，因此所謂的升、貶值亦無一定和一致的標準。因為匯率只是兩種貨幣之間相對的關係，因此匯率變動只代表相對的兩種貨幣之間的兌換關係改變。換言之，所謂一國貨幣的升、貶，只是相對另一國貨幣交換價格的變動而言。例如，美元對日圓貶值，是指美元可以兌換的日圓減少，至於美元與其他國家貨幣之間的兌換關係是否改變，則又另當別論（例如同時間美元可能對新臺幣是升值的）。

明白這種相對關係之後，就會瞭解：一國貨幣以不同國家的貨幣來表示時，可能對甲國為升值，對乙國為貶值。

第二節　匯率的過去、現在與未來

一、固定匯率制度的崩潰

匯率制度始於英國。一八一六年英國正式開始實施金本位制度 (Gold Standard System)，其後各國相繼仿行。各國藉著金幣的自由鑄

---

❸　請讀者自己算算看。答案是：1£ = 2.80014SFr. 或者 1SFr. = 0.357125£。

造、熔燬與輸出、輸入，來達成匯率的自動調節與穩定，成為一種固定匯率制度。這種制度實施直到第一次世界大戰時為止。

第一次世界大戰發生後，各國曾採行浮動匯率。戰後，各國力圖恢復金本位制。至一九三〇年美國股市崩潰，全球性經濟危機與大蕭條時期來臨，各國又相繼放棄金本位制度。

一九四四年七月聯合國代表們在布列敦莊園舉行的國際貨幣金融會議，開啟了匯率制度上的一個新紀元。此後直到一九七一年八月為止，布列敦森林制度(Bretton Woods System)主宰了二十餘年間國際貨幣的支付體制。

布列敦森林制度是一種透過美元與黃金維持一定關係的金匯本位制 (Gold Exchange Standard System)。該制度下，各國貨幣採「平價」制度，所謂平價是指各國貨幣以黃金或美元表示的價值。如民國五十九年九月四日新臺幣平價為每元新臺幣合純金 0.0222168 公克，或每一美元合新臺幣 40 元。

在布列敦森林制度下，各會員國中央銀行需維持匯率的波動幅度在平價上下 1% 幅度內。會員國未得基金允許不得改變平價，惟只要調整幅度在10%以內，基金通常會允許，因此在這種「可調整的固定匯率制度」下，匯率風險被稱為「百分之十風險」。

一九七一年八月美國宣布停止以美元兌換黃金，美元與黃金之間的連繫中斷，導致布列敦森林制度瀕臨瓦解。同年十二月史密松寧協議(Smithsonian Agreement)達成，將各國通貨浮動範圍由上下 1% 擴大至上下 2.25%，企圖藉浮動範圍之擴大，維持此「可調整的固定匯率制度」，但仍未獲成功。

一九七二年英國改採浮動匯率，一九七三年美元貶值（第 2 次），國際間主要匯率紛紛浮動的局面於是形成。

二、 美元成為關鍵貨幣

很明顯的，布列敦森林制度能否維持，美元居關鍵地位。因為美國承諾願意無限制的以一定價格（一九四四年時是一盎斯黃金合 35 美元）與其他國家的貨幣當局買賣黃金，布列敦森林制度才得維持。在這種情形下，各國貨幣當局除了黃金以外，亦願意持有美元做為準備（因為持有美元還有利息收入）， 因此美元成為準備貨幣，此為美元成為關鍵貨幣的最主要原因。當美國停止美元與黃金的兌換關係後，布列敦森林制度下的固定匯率時代也就結束了。

一九七〇年代以後，國際貿易上使用美元為清算貨幣者已達 50% 以上，而時至今日，由於美國強大的政治、經濟和貿易力量，國際貿易使用美元為計價貨幣的達 80% 左右。銀行間的外匯交易亦習慣上全以美元為基礎。

美元是國際經濟、金融中的關鍵貨幣，雖然近年來美元的大幅貶值使日圓、馬克的使用增加，但美元關鍵貨幣的地位仍未動搖。

三、 管理的浮動匯率時代來臨

一九七一年八月十五日美國尼克森總統宣布防衛美元的新經濟政策，停止以美元兌換黃金，使國際間以美元為中心的金本位固定匯率制度崩潰。於此之前，加拿大幣、馬克、荷蘭幣等已開始浮動，於此之後，日圓、英鎊、瑞士法郎等均開始浮動。一九七一年十二月美元第一次貶值，一九七三年二月美元第二次貶值。

一九六七年英鎊貶值後，美元取代英鎊成為關鍵貨幣，一方面是因為英國在經過兩次世界大戰後，政治、經濟地位均為美國取代，及英鎊長期疲軟，投資人失去信心之故；另一方面是因為美元已經大量

流通在外。

　　美元之大量流通在外，始因於大量戰費支出，對外軍經援助及嗣後的貿易逆差。到一九七一年六月底時，外國官方持有可向美國兌換黃金之求償權已達 330 億美元，而美國黃金存量僅有 105 億美元，美國不得不停止黃金之兌換，接著美元貶值。

　　然而美元經過兩次貶值後，國內的基本情勢並未根本改變，因此美元仍有貶值壓力。一九七八年八月至十月間，美元相對馬克、瑞士法郎、日圓等強勢貨幣大幅貶值，一時之間美元做為國際關鍵貨幣的信心大受打擊。

　　一九八〇年後，在雷根總統強勢美國的政治下，雖美國基本情勢並未好轉，但全世界投資人對「雷根美元」表現了空前的信心，資金紛紛流入美元市場追求高利收益，美元需求大增，造成自一九八〇年下半年開始，連續五年長期強勢。直至一九八五年九月的暴落。

　　美國的貿易赤字和預算赤字使美元利率長期居高不下，國際投機資金奔向美元追求高利率的同時，亦使美元價位高估了很長一段時期，對美國經濟產生嚴重損害。

　　一九八五年九月二十二日，美、日、西德、英、法等五個主要工業國(G5)的財政部長和中央銀行總裁在紐約集會，決定聯合干預外匯市場以促使美元下跌。五國聯合干預的方式是一方面以言論影響匯市心理，一方面在外匯市場上直接干預。干預金額相信超過一百億美元。

　　在 G5 決議後第一個交易日，美元即暴跌約 5%。此後，美元除偶爾反彈外，繼續跌落。一年之後（一九八六年九月二十三日）， 日圓由一年前的 241.95 升至 153.60，升值 57.5%，西德馬克由 2.8430 升至 2.0310，升值 40%。

　　一九八六年五月，七國高峰會議（G7 為 G5 加加拿大、義大利）

在東京舉行，會中美國提出監視經濟政策計畫以穩定匯率。一九八七年二月，六國（G6為G5加加拿大）的財政部長在巴黎集會，再度重申各國將採取政策協調與合作，以促進國際經濟與匯率穩定（此外，G6中亦提及將要求新興工業化國家或地區的匯率反映其基本經濟情勢等）。

經過這幾次會議後，一般人不禁會問：管理的浮動匯率時代來臨了嗎？國際匯率制度的未來是否已不可能再回復到單純的固定匯率或浮動匯率制度？

從國際上匯率制度變動的歷史裏，我們可以清楚發現，在經濟穩定的平時，各國莫不採行或力圖恢復固定匯率制度，而在戰亂或經濟蕭條時期，各國被迫放棄固定匯率。似乎固定匯率制度是一個理想，而浮動匯率的實施則很無奈。為何如此？最主要的原因是，固定匯率對於國際貿易與投資的確較為有利。但固定匯率的維持必須付出相當的代價，其中最主要的代價就是國內貨幣政策的穩定性和自主性。換言之，為維持對外匯率的穩定，一國國內之貨幣政策可能無法自主或無法穩定。此外，為干預市場，政府需持有大量的外匯準備，當外匯準備消耗將盡時，亦不得不調整匯率。浮動匯率的最大好處（或說擁護浮動匯率者的最大希望）是經由匯率浮動而使國際收支自動均衡，並維持國內貨幣政策的自主性。但自普遍浮動後，這個願望並未實現。

現實世界裏，純粹的固定匯率制度和浮動匯率制度皆不存在。金本位制度方式的真正固定匯率制度早已一去不回頭，布列敦森林制度已演變為「可調整的」固定匯率制度，普遍浮動後的浮動匯率制度，亦皆是「管理下的」浮動匯率制度，只是各國管理的或干預的程度深淺不同而已。在已具備健全外匯市場的英、美等國，政府原則上並不對市場干預，只有在市場失去秩序或匯率明顯偏離均衡水準時才進場

干預。而開發中國家之實施浮動（或稱機動）匯率制度者，則雖然口頭上亦宣稱「匯率由市場決定」，但實則匯率始終是在政府的嚴密管理之下。

一九八五年 G5 以後，原本匯率最市場化的美國已有匯率政策轉變的跡象，一方面由「不干預」走向「合理干預」，他方面希望藉各國的政策協調與監視經濟政策體制，來達成匯率的穩定。換言之，國際匯率制度已是「管理的浮動匯率」時代。

值得大家注意的是，美國的匯率政策，至少在目前美國國際收支仍呈鉅幅逆差，且導致其國內保護主義情緒高漲之今日，是偏向較強硬的態度，而在上述現象未大幅改善的情形下，和美國經濟休戚相關的各國，即不得不配合美國的政策意向。

第三節　國際匯率制度

一、國際貨幣基金會員國的匯率制度

國際貨幣基金(International Monetary Fund, IMF)❹，將所有參加

---

❹ 國際貨幣基金（IMF）係一九四四年七月依據布列敦森林協議（Bretton Woods agreement）而成立的國際貨幣組織。是國際貨幣關係的最高機構與最高準則，對國際貨幣的安定，國際貿易的擴張與世界經濟的發展有很大貢獻。該組織成立之初的目的為：①要求各會員國設定其本國貨幣的平價；②以提供短期資金融通方式協助會員國維持短期國際收支的穩定；③處理各會員國國際收支長期失衡問題。為達成上述目的，基金由各會員國按其攤額(quotas)出資共同籌組，各國攤額的大小取決於各該國的貨幣準備、貿易量、國民所得及人口比重等。

會員國（除高棉外，因資料欠缺）的匯率制度分成三大類：

㈠釘住匯率(Currency pegged to)：即釘住一種或多種通貨的組合（一籃通貨）。 此類國家通貨與被釘住通貨（或通貨組合）之匯率，維持在一種固定或變動範圍極小（上下1%左右）的關係。

大部分此類國家所選用的釘住通貨是美元，次為法國法郎等，共計五十餘國。釘住通貨組合者（含 SDR）亦有四十餘國，如新加坡。總計採行釘住匯率的國家計佔全部會員國的60%以上。

㈡對一種通貨或一籃通貨作有限度的變動(Limited flexibility)：此類國家又有兩種：

1.對一種通貨作有限度之變動：此類會員國之通貨對另一會員國之通貨（全為對美元）的匯率，於某一既定水準上下2.25%的範圍內變動。

2.合作匯率安排(Cooperative arrangements)：此即為歐洲貨幣制度（詳見本節三）。

㈢較有伸縮性的匯率制度(More flexible)：此類會員國之通貨對其他單一通貨或一籃通貨或一組指標之匯率變動範圍逾上下2.25%。此類下再分三小類：

1.依一組指標調整者(Ajusted according to a set of indicators)。

2.獨立浮動(Independently floating)：此類國家匯率由外匯市場之供需決定，政府縱使干預，目的亦僅在避免匯率之過度波動，而非謀求匯率固定於某一水準。列入此類之基金會員國有美、加、英、日等十餘國。

在一九七一年八月美國停止美元與黃金的兌換關係後，該組織幾乎崩潰，其後經數年重建，目前仍為國際上最重要的貨幣組織。至一九九五年八月十五日止，IMF會員國共計179個，我國於一九八○年四月退出。

3.其他管理浮動 (Other managed floating)：凡不屬於以上各類的國家均屬之。列入此類者有韓國等二十餘國。

由以上分類觀之，採取釘住匯率，尤其是釘住美元的國家最多。開發中國家大都採用釘住匯率，已開發國家（除歐洲貨幣制度參加國外），則為獨立浮動。

我國在一九七九年一月底以前，在國際貨幣基金的分類中列入釘住匯率（釘住美元）。 民國六十八年二月一日起（我國建立外匯市場改採機動匯率制度）， 改列於其他類下，直至我國退出國際貨幣基金為止。

二、工業國家與開發中國家浮動匯率制度比較

一國究應採取何種匯率制度並無準則。國際上採用固定或浮動匯率制度的國家均有。以國際貨幣基金會員國的匯率制度觀之，已開發國家除歐洲數國採行聯合浮動外，其餘工業先進國家的匯率係獨立浮動。這些國家雖為少數，但主宰了國際金融、貿易與投資活動❺。在國際上佔大多數的開發中或未開發國家則大都採用釘住匯率制度（即與某一種貨幣或數種貨幣之組合，維持固定匯率）。 理論上，固定與浮動匯率各有優缺點。當外匯交易以國際貿易和投資所引起之外幣的結算需要為主時，匯率固定的重要性（使結算價格確定）非常顯而易見。換言之，此時期固定匯率制度較為理想。

布列敦森林制度崩潰後，國際上幾種主要通貨匯率的變動頻繁劇烈，引起匯兌風險，但亦造成投機機會。這種情勢下，更多人參與外

---

❺ 此類國家雖不在多數（佔最多數的是釘住匯率國家）但主宰世界經濟、金融與貿易，故當這些國家採行浮動匯率時，國際匯率制度就被稱為「普通浮動(General Floating)」。

匯交易，進行交易的動機更複雜，資金流轉的速度更快，外匯市場因此變廣變深。而當市場規模超過各國的外匯準備甚多時，市場就再也不是中央銀行可以人為控制的。

在工業先進國家的中央銀行實際上已無法控制外匯流動與外匯市場的擴張後，放寬管制成為必然趨勢。市場機能因自由化而得以真正發揮，在其他電腦、資訊、技術、知識等條件的配合下，這些國家內的市場逐漸發展成為「有效率的外匯市場(Efficient Market)」。

有效率的外匯市場是實施浮動匯率制度的先決條件。何謂有效率的外匯市場? 其條件為:

1.各項影響價格（匯率）的訊息能迅速且充分的被市場參與者認知並反應。這其中最重要的條件，是市場供應充足的情報，而人人可以公開、方便、迅速和低成本的獲得。

2.市場上供需雙方可以自由進出。這表示 ① 市場上存在足夠的自由競爭空間，無壟斷者; ② 資金可以在各個不同地區、不同貨幣種類的財產間相互轉換。

3.資金的供需可充分的以價格表現。資金的價格包括匯率和利率，因此健全的貨幣市場亦為必要。

外匯市場若具備上述條件，則很明顯的，有若干特徵:

1.政府無管制或很少管制的市場;

2.資訊制度化、電腦化與經紀商導向的市場;

3.國際化的市場;

4.貨幣與資本市場皆具備的市場。

中央銀行在外匯市場上干預，乃所有國家共有現象，唯干預程度不同，干預指標有別、干預目的各異以及干預方式和技巧優劣而已。先進工業國家的中央銀行雖亦不能完全放棄干預，唯一般認為: 匯率

除去交由有效率的市場自行決定外，別無他法。而實務上，在有效率的市場形成後，中央銀行要有效的干預亦非常困難。因此這些國家的中央銀行通常並不干預市場，即使干預亦為宣示效果，並不積極。

開發中國家的情形就大不相同：這些國家通常都有嚴格的外匯管制（外匯價格與數量兩方面），外匯市場以市場機能而言，是有名無實的。理論上，開發中國家的外匯交易仍以進出口結算需要為主，自然以穩定的匯率較為適宜。實務上，這些國家因為外匯管制，亦較易以人為方式控制匯率。然而最主要的，在開發中國家之所以無法真正的實施浮動（或機動）匯率的原因，是這些國家內並不存有實行浮動匯率制度所必需的「有效率的外匯市場」。因此，開發中國家的匯率事實上大都由政府設定，或受政府管理，而不論其表面上是採行固定或浮動匯率制度。

雖一般說來，工業先進國家多採行浮動匯率制度，但完全不受他國影響而自由浮動亦是十分困難。因為美元是最主要的關鍵貨幣，美國在國際貨幣制度中居主導地位，以致任何一國完全獨立的貨幣浮動，事實上並不可能。

採行浮動匯率制度國家的中央銀行，不論其為已開發或開發中國家，通常均宣稱干預的目的在維持市場秩序。至於什麼是有秩序的外匯市場及何種情形為無秩序，卻無一定的標準。而以結果觀之，已開發與開發中國家對市場秩序的認定，看法有極大的差距。在已開發國家中，一天內匯率變動 1% 左右，是稀鬆平常之事；而開發中國家(如我國)若一天內匯率變動超過 0.2% 或 0.3%，即算是市場「大亂」了。因此，在已開發國家的外匯市場上匯率風險較大。

因已開發國家多採行由市場決定匯率的浮動匯率制度，政府穩定匯率的措施不顯著，因此若非市場本身均衡，否則匯率風險較大。在

此條件下，避險方式（或投機方式）與避險（或投機）工具的發展較早、較多樣化與專業化。

三、歐洲貨幣制度簡介

上節中所述國際匯率制度演變的歷史，也就是英、美等主要工業國家匯率制度演變的經過。除此之外，歐洲貨幣制度亦必需說明。

史密松寧協議（一九七一年十二月）訂立後，匯率波動幅度由2%（中心匯率的上下1%）擴大至4.5%（中心匯率的上下2.25%），但歐洲經濟共同體（European Economic Community, EEC, 俗稱歐洲共同市場）❻，為穩定其體制內之通貨的幣值，協議縮小「彼此間」幣值波動幅度為2.25%，但各會員國通貨「對美元」的波動幅度則仍維持4.5%，因此形成所謂「坑道中的蛇」（Snake in the tunnel, 簡稱Snake）。坑壁（坑道的上下限）即是中心匯率的上下2.25%之處。EEC各會員國之通貨可在坑道內波動，但會員國間強勢與弱勢貨幣的差距不能超過2.25%，為坑道高度的一半。

一九七三年二月美元第二次貶值後，國際間中心匯率制度（布列敦

---

❻ 歐洲共同市場（EEC或EC）係德、法、義、荷、比、盧於一九五八年一月一日依據羅馬條約(Treaty of Rome)協議成立的經濟體。其目的為：①逐漸消除各會員國間之關稅配額及其他貿易限制；②建立共同的對外限制；③會員國間勞工、資本與企業自由移動；④原則上禁止卡特爾(Cartel)及類似組織的成立；⑤追求共同的農業政策；⑥設立投資資金及社會基金等。目前歐洲共同市場除包括上述成立之時的六國外，尚包括了英國、愛爾蘭、丹麥（一九七三年一月加入）、希臘（一九八一年一月加入）、西班牙、葡萄牙（一九八六年四月加入）及奧地利、瑞典、芬蘭（一九九五年一月一日加入）共計十五國。

森林制度）崩潰。因為中心匯率已消失，因此 Snake 之坑道亦消失，惟 EEC各國仍維持彼此間匯率的變動幅度在 2.25%以內，故稱為「沒有坑道的蛇」(Snake without tunnel)或「湖中的蛇」(Snake in the lake)。

　　一九七三年三月歐洲貨幣制度 (European Monetary System, EMS) 成立，取代了Snake。EMS 繼承 Snake 為EEC各國間之貨幣制度，在 EMS中歐洲通貨單位(European Currency Unit, ECU)扮演了關鍵性角色，如同黃金或美元──在布列敦森林制度中的地位。ECU是由十二種歐洲通貨組成的通貨組合，各國通貨權數決定標準為：各國之國內生產毛額(GDP)、區內相互貿易額及各國在 EMS下短期及中長期融通制度內的配額。各國通貨權數，每五年調整一次。下表表示 ECU中各通貨的相對權數。

表二	DM	（馬克）	30.1(%)
	Ffr.	（法國法郎）	19
	£	（英鎊）	13
	Lit	（義大利里拉）	10.15
	Dfl.	（荷蘭幣）	9.4
	BFr.	（比利時法郎）	7.6
	Pta	（西班牙披索）	5.3
	Dkr.	（丹麥克羅那）	2.45
	I£	（愛爾蘭鎊）	1.1
	Dr.	（希臘幣）	0.8
	Esc	（葡萄牙幣）	0.8
	Lfr.	（盧森堡法郎）	0.3
			100.00

　　EMS各國的通貨與ECU有一平價（或中心匯率），經由EMS各國對ECU的平價可以計算出每兩個國家的交叉匯率（或雙邊匯率）。除義

大利以外,EMS 各國應維持其通貨於平價上下 2.25% 的範圍內變動,義大利里拉則允許於上下 6% 範圍內。該變動的最大範圍即各國央行的上下干預點。當 EMS 會員國通貨間的雙邊匯率變動達上下干預點的 75% 位置時（此即為「警戒性偏離指標,Divergence indicator」),會員國即需採取調整措施。調整措施包括干預外匯市場、更改中心匯率及修正貨幣與經濟政策等,以免匯率變動達到干預點。此種匯率穩定機能(Exchange Rate Mechanism, ERM)為EMS的最大特色。

EMS在成立初期,穩定匯率的成效比一般預期為佳。至一九八一年初為止,僅馬克的中心匯率調整過一次、丹麥克羅那調整過二次。但嗣後緊張的局面就時常出現,會員國干預的金額大幅增加,中心匯率的調整亦告頻繁。惟大體說來,在一九九三年八月以前EMS的匯率穩定機能是成功的,因此成為今日嘗試區域經濟合作與追求匯率穩定的榜樣。唯一九九三年八月二日,除荷蘭與德國仍維持 2.25% 的波動範圍外,其餘國家的匯率的上下波動幅度一律擴大為中心匯率上下各 15%,ERM的運作已名存實亡。

一九九一年十二月歐洲共同市場為達成進一步統合,於荷蘭馬斯垂特(Maastricht)集會簽訂歐聯條約(Treaty on European Union),又稱馬斯垂特協議(Maastricht Agreement),經歐市各國通過後於一九九三年十一月一日起實施。該協議議定分三個階段完成:

第一個階段自一九九〇年七月一日起,為準備階段,各國均加入ERM。

第二個階段自一九九四年一月一日起,設立歐洲貨幣機構(European Monetary Institute, EMI),取代歐洲貨幣合作基金。EMI設於德國,參加各國應致力於拉近彼此經濟水準,包括通貨膨脹率、利率及政府預算赤字等。多數國家達到標準後,即可進入第三階段。

第三個階段，預計自一九九七年一月一日起實施，推動採行單一貨幣取代各國貨幣之流動，籌設歐洲中央銀行，希能於一九九九年達成。

四、日本匯率制度簡介

日本為外匯開放較晚的工業先進國家。戰後日本於一九四九年十二月一日公布「外匯及對外貿易管制法」（簡稱外匯法），是外匯管理採取「原則禁止」法律體系的國家。由於日本實施外匯管制，所有外匯由政府集中運用，並採官訂匯率，致無外匯市場可言。當時日圓對美元的官訂匯率為 1 美元兌 360 日圓（此一匯率維持到一九七一年十二月十九日美元第一次貶值時為止）。

一九五二年六月，日本外匯管制放寬，准許外匯銀行保有定額外匯部位，外匯市場乃重新建立。

一九五九年九月，日圓對美元匯率得於「平價」上下各 0.5% 之範圍內變動，一九六三年四月放寬變動幅度至 0.75%。

一九六四年四月，日本成為 IMF 第 8 條款國家 ❼ 及加入經濟合作暨發展組織 (OECD) ❽ 後，對經常帳及資本帳交易之管制逐漸放寬。

---

❼　接受 IMF 協定第八條款規定的國家即稱為「第八條款國家 (Article VIII Status)」。上項規定為：① 各會員國原則上對於經常交易不得實施外匯管制；② 各會員國不得實施差別性通貨措施（即複式匯率）；③ 各會員國對外國人經由交易取得之本國貨幣不得加以限制。

❽　經濟合作暨發展組織 (Organization for Economic Cooperation and Development, OECD) 成立於一九六一年九月，係取代歐洲經濟合作組織 (Organization for European Economic Cooperation, OEEC) 地位的國際組織，由美、加、日本、西班牙及原參加 OEEC 的 17 國（共 21 國）共同組

一九六五年起，由於國際貿易大幅順差，對外匯管制更進一步放寬，外匯市場的規模因而迅速擴大。

一九七一年十二月，美元第一次貶值後，日本放棄 1:360 的固定匯率制度，史密松寧協議訂定後，日圓對美元升值 16.88%(即 1:308)，並改採可調整的固定匯率制度。一九七三年二月，美元第二次貶值後，日圓改採浮動匯率制度。

一九八〇年十二月一日，日本的新「外匯及對外貿易管制法」(Foreign Exchange and Foreign Trade Control Law)生效。日本根據該法改採「原則自由」的法制體系，在外匯自由化上邁出革命性的一大步。

一九八四年四月一日，日本開放金融性遠期外匯交易的操作，並將即期交易之交割日改為Value Spot，以符國際慣例（日本原為Value Tomorrow）❾。

一九八四年五月起，大藏省解除對外匯換匯交易（Foreign Exchange Swap)的限制。六月起，取消對外國銀行以外幣兌換日圓的數量限制。七月起，准許銀行間日圓對美元以外之通貨可不經由外匯經紀人而進行直接交易。一九八五年二月起，美元交易亦可進行直接交易。

一九八六年十二月一日，日本成立境外金融市場。東京逐漸成為

成。 OEEC 係戰後美國為援助西歐重建而於一九四八年四月成立。OECD則致力於國際經濟資源之開發、生產力的提高、農工業的發展等，並圖減少貿易障礙，追求充分就業和恢復各國經濟穩定及信心。

❾ Value Spot 為國際間即期外匯交易(Spot Transaction)的交割方式。即成交後的第 2 個營業日交割。

Value Tomorrow 為成交後次一營業日交割的方式。

一重要的國際金融中心。目前東京已有國際上最大的債券市場，並與紐約、倫敦在國際金融市場形成鼎足三立的局面。

五、韓國匯率制度簡介

韓國自一九八〇年二月二十七日起放棄釘住美元的匯率制度，改由多種貨幣組合籃及其他因素（如通貨膨脹及國際收支情況）決定匯率。韓國銀行（韓中央銀行）依上述指標每日設定韓圜對美元匯率。韓圜對美元以外之其他國家貨幣，則由外匯銀行依據每日國際市場行情計算。

一九九〇年三月一日起，韓國開始實施「市場平均匯率制度」，以取代由中央銀行根據一籃貨幣按日設定匯率的上述措施，同時放寬南韓公司持有外匯的限制。自是日開始，韓圜的中心匯率將改按前一營業日各銀行間交易價格的加權平均值訂定。

一九九五年十二月一日起，韓國銀行放寬韓圜對美元的每日變動幅度，並宣佈將自一九九六年下半年起，將「市場平均匯率制度」轉換為自由變動（浮動）匯率制度。

一九九六年二月一日起，即期外匯交易之交割日改為 Value Spot，以符國際慣例。

一九九六年十月一日起，開放韓圜對日圓交易，隨後並擬開放韓圜對馬克交易。

目前韓財金當局業已提出一個三階段金融改革方案，除放寬個人持有外匯的管制外，並擬擴大開放外人投資該國資本市場。該項改革計畫預定一九九九年完成，最後目標是讓南韓外匯及資本市場能夠脫離政府管制及支配，這對該國成為已開發經濟體具有關鍵意義。

六、香港匯率制度簡介

香港自與中國的銀本位制脫離聯繫後，即成為英鎊區之一員。一九七二年七月起英鎊開始浮動，港幣改為釘住美元，中心匯率訂為一美元兌5.65港幣。

香港的外匯管制於一九七〇年初全面廢止。一九七四年十一月二十五日起，港幣開始浮動。一九八三年十月十七日起，香港再度採行釘住美元的匯率制度。

目前香港釘住美元的匯率制度，是一種「聯繫匯率制度」。其操作方式為兩家發行鈔票之銀行（匯豐及渣打銀行）於增發鈔票時，須按一美元兌 7.80 港幣之固定匯率向政府外匯基金 (Government Exchange Fund)繳交美元換取負債證明書(Certificates of Indebtedness)，當鈔票發行減少時亦同樣繳回負債證明書，按此固定匯率換取美元。在這種安排下，其他銀行亦需以同一匯率向兩家鈔票發行銀行買賣美元（若非如此，則市場上必產生套利機會，在套利行為下，市場及官訂匯率將很快趨於一致）。

原則上，港幣匯率仍決定於市場供需，惟因受鈔票發行與繳回時固定匯率的影響，美元對港幣的匯率一直維持在 7.80港幣上下之極小幅度以內。香港因無外匯管制，所以很早就成為重要的金融中心，但一九九七大限為其未來展望上的陰影。

七、新加坡匯率制度簡介

新加坡原為英鎊區一員，適用英國外匯管制法。一九五三年頒行外匯管制條例取代原金融法規。一九七〇年修改外匯管制條例，一九七二年英鎊浮動後，新加坡亦於一九七三年六月採行浮動匯率制度。

在新幣浮動以前，銀行間交易僅限於軋平顧客買賣部位，銀行間雖掛牌買賣，但因牌價卡特爾(Cartel)制度 ❿ 致使銀行間並無競爭，此項限制於一九七三年六月解除後，外匯市場才發展起來。一九七八年六月新加坡解除外匯管制。

　　新加坡雖採行浮動匯率，理論上匯率由市場供需決定，但新加坡貨幣管理局 (Monetary Authority of Singapore, MAS) 經由干預而使新幣維持穩定，因此在 IMF的匯率制度分類中，新幣被歸類於釘住匯率。

　　新幣對美元匯率取決於主要貿易對手國通貨組成之一籃通貨，以貿易比重為加權之權數。美元以外之其他貨幣的匯率則參照國際市場行情透過美元折算。銀行間可自由從事任何貨幣之即期和遠期交易。MAS在一九六八年成立境外金融市場，是第一個典型的由政府規劃設立的境外金融市場。目前新加坡已成為國際第四大金融中心，僅次於倫敦、紐約、東京。

第四節　國際外匯市場

一、外匯市場的意義、參與者及形態

　　由於國際貿易與資金流動之故，沒有那一個國家的國內金融活動是完全不與其他國家的金融市場發生關連的，因此使用不同貨幣的兩個市場間就產生了貨幣兌換，這就是外匯交易。換言之，外匯交易發生的原因是國與國之間產生資金往來的需要，而他們所使用的又是不

❿　在一九七三年六月以前，新加坡銀行協會 (The Association of Banks of Singapore, ABS)決定銀行對顧客的買賣匯率，由於絕大部分的銀行皆為ABS的會員，因此形成銀行間掛牌價格一致的牌價卡特爾制度。

同的貨幣。那也就是說，假如國與國之間使用的是相同的貨幣的話，就沒有外匯交易這回事了。

外匯交易進行的市場即外匯市場，簡言之，外匯市場即外匯買賣的市場。外國貨幣（外匯）的價格以匯率來表示。

外匯買賣的市場即外匯市場，這是廣義的說法，而通常外匯市場往往是指狹義的外匯市場，即銀行間市場(Interbank Market)。

任何自然人或法人，只要將一國貨幣兌換成另一國貨幣（外匯交易）， 或是在兌換過程中擔任中介或管理角色，即為外匯市場之參與者。具體言之，外匯市場之參與者包括：個人、廠商、外匯銀行、經紀商及中央銀行等。

個人或廠商進行外匯交易之原因為：①商品交易，②勞務交易，③片面移轉或捐贈，④資本移動。

外匯銀行指辦理外匯交易之銀行，其發生外匯交易的原因為：①賺取利潤，②服務顧客，③銀行資金的運用。

經紀商(Brokers)指介於銀行與銀行之間仲介外匯買賣者。其目的為賺取佣金或手續費。

中央銀行負責維持本國貨幣之對內及對外價值，在固定匯率制度下，中央銀行決定匯率，在浮動匯率制度下，中央銀行在外匯市場上的最主要功能，在於維持市場秩序。

個人或廠商是外匯市場的基礎，是原始的外匯供需者。外匯銀行是外匯市場的主角，事實上，是外匯銀行為外匯供需者提供了市場。中央銀行是外匯市場的監督者，使市場能公平有效的運作。

從不同的角度來看外匯市場，可將外匯市場分為下列五類：

⑴以外匯市場的參與者來看，可分為銀行與顧客間交易的「顧客市場」；以及銀行間相互交易的「銀行間市場」。

⑵以外匯管理的角度來看，可分為原則上自由的「自由市場」；以及政府對外匯買賣嚴加管制的「管制市場」。

⑶以外匯交易的交割時間來看，可分為交易完成後兩個營業日交割（即期交易）的「即期市場」⓫；與兩個營業日後交割（遠期交易）的「遠期市場」。即期交易與遠期交易均為單純的買斷或賣斷交易 (Outright Transaction)，外匯市場上還有一種同時買入及賣出等額之同一貨幣，惟交割日不同的外匯交易，稱為換匯交易 (Swap Transaction)，交易的市場稱為「換匯市場」。

⑷以交易的地區或對象來看，可以分為在一國內進行交易的「國家市場（或地方市場）」；或國與國間進行交易的「全球市場（或國際市場）」。

⑸以有無交易的場所來看，可以分為有具體交易場所者，即參與者在一定時間集合於一定地點買賣外匯的「有形市場」；與參與者利用電訊工具完成交易，沒有固定的交易場所的「無形市場」。有形與無形市場僅指銀行間市場（狹義的外匯市場）而言。

我國的外匯市場是一個管制市場、國家市場、無形市場。我國的外匯市場亦分為顧客市場與銀行間市場，亦具備即期市場、遠期市場與換匯市場（詳請參考第十二章第一節）。

二、紐約外匯市場簡介

美國境內有許多外匯市場，但以紐約外匯市場最為重要。如今紐約不僅是美國國內外匯交易的中心，亦是世界各國外匯結算的樞紐，並與倫敦並列為國際上最主要的金融中心。

⓫　依國際慣例，即期交易是指 Value Spot 的交易，但我國情形特殊，我國的即期交易一般是指 Value Tomorrow 者。

紐約外匯市場是經紀商導向(Brokerage-Oriented)的市場，亦即銀行間的交易大都經由經紀商中介完成。紐約是一個國際性外匯市場(外匯交易員同時在國內外尋求最佳報價)， 是一個無形市場（交易經由電話、電報等工具完成）。在紐約外匯市場上外匯交易以馬克、日圓、英鎊、瑞士法郎等較多，其次為加拿大元、法國法郎、荷蘭幣等（以上交易均為對美元）。 營業時間約為上午九時至下午四時半，與歐洲地區僅有約兩小時重疊。交易種類有即期、遠期、換匯與選擇權及期貨交易等，以即期交易為主，換匯交易次之。即期交易依國際慣例是採 Value Spot，但美元與加元習慣上採 Value Tomorrow。

美國的外匯市場是「自由市場」，資金的進出基本上無任何限制。

三、 倫敦外匯市場簡介

倫敦外匯市場為世界上最大的國際性外匯市場，同時是「歐洲通貨」❷交易的中心。

倫敦外匯市場與紐約外匯市場相似，是無形市場、經紀商導向市場、自由市場等。

倫敦地理位置適中，以倫敦金融區之外匯交易為例，通常上午 8 時開始營業，正值亞洲市場收市時間（香港、新加坡為下午 4 時，東京為下午 5 時），隨後可與中東、非洲、中歐及西歐進行交易，至下午 2 時（紐約上午 9 時）以後，復可與北美洲進行交易。比之紐約外匯市場，顯然有較佳之時區(Time Zones)。

四、 法蘭克福外匯市場簡介

西德有五個主要的外匯市場，分別位於法蘭克福、慕尼黑、漢堡、

---

❷ 歐洲通貨詳見第三章第四節。

西柏林及杜塞道夫，其中以法蘭克福為最重要。

　　西德外匯市場與美、英最大之不同，是西德有有形的外匯市場。西德在上述五個城市內設有外匯交易所(Exchange)，而以法蘭克福為中心。五個交易所分別由立場客觀公正、領有官方執照之經紀人（稱為官方經紀人Official Broker）主持。交易所經紀人分別以專線電話連繫各地銀行，提供外匯買賣之匯率及金額，由法蘭克福交易所立刻計算彙總。各主要銀行及聯邦銀行（德中央銀行）派有代表參加法蘭克福交易所，經由公開競價的方式，決定美元、英鎊、日圓、法國法郎、加拿大幣、瑞士法郎等十七種通貨及黃金的設定匯率(Fixing Rate)。設定匯率是銀行與顧客小額外匯交易的計價標準，但無強制性，換言之，銀行與顧客可使用任何雙方協議的匯率。德國聯邦銀行雖亦派有代表前往交易所參加設定匯率的訂定，但原則上是不進場干預的。設定匯率的訂定在每日（星期一至星期五的銀行營業日）下午一點舉行，約一小時結束，所決定的匯率是以後24小時顧客與銀行小額即期電匯交易的參考匯率。交易所內面對面的交易僅佔全部外匯交易的一小部分，大部分的銀行間外匯交易仍是藉電訊工具連絡完成。

　　法蘭克福外匯市場除具備有形的交易所式的外匯交易，是一特性外，其餘均與紐約、倫敦類似，是一經紀商導向，原則自由的國際外匯市場。

五、東京外匯市場簡介

　　日本的外匯市場位於東京、大阪及名古屋，但以東京外匯市場最為重要。東京外匯市場由授權外匯銀行、外匯經紀商及日本貨幣當局組成，並由日本銀行代表日本貨幣當局執行外匯市場操作。

　　日本外匯市場自一九八〇年十二月日本政府修訂外匯法，允許資

金原則自由移動後，才逐漸成為一國際性的外匯市場。東京外匯市場的交易時間與紐約、倫敦均不重疊，較為孤立，是其不利的地方，但隨著日本經貿金融力量的強大，日圓國際化的壓力日深，在外匯市場上的交易量日趨加大，東京外匯市場亦逐漸與紐約、倫敦外匯市場成為鼎足三立的局面。

東京外匯市場上，銀行與顧客的交易時間為早上九時至下午三時。銀行間交易時間原分為前場（上午九時至十二時）與後場（下午一時半至三時半）。 週六休市。目前銀行間交易時間限制已取消，東京匯市已是 24 小時交易。

日圓匯率原則上由銀行間市場的外匯供需決定。外匯交易以美元為主（對日圓）。交易種類以即期交易與換匯交易較多。

東京外匯市場的開盤價常受紐約外匯市場日圓收盤價的影響（雖然東京的時間在前）， 但東京市場的收盤價亦會轉而影響歐洲及美國外匯市場的行情。經由相互影響，全球匯價緊密相連，很少有套利的機會。

以上幾個主要的國際外匯市場都有一些共同的特徵：經紀商扮演重要角色、交易主要藉電訊工具進行、交易種類以即期與換匯交易為主，原則上匯率由市場供需決定以及基本上資金可自由進出等。

第三章

金融市場與金融工具

第一節　市場與市場機能

一、市場與金融市場

市場是需求者（買方）與供給者（賣方）能夠獲得滿足（即達成交易）的場所。金融市場為資金的需求者（借款人）與供給者（投資人）能夠達成交易的地方。資金需求者與供給者是金融市場的基本組成者，其他金融市場的參與者或為中介機構（如銀行、投資公司、證券商等），或為管理機構（如中央銀行等貨幣當局）。當然中介機構與管理機構都很重要，因為中介機構使資金需求者與供給者相遇，增加交易達成的機會。而管理機構則使市場在有秩序的狀況下運作。然而不論中介機構或管理機構其功能均在提供一種「服務」，而服務的對象即資金的供給者與需求者。

二、市場機能

「市場」是供需雙方「做成交易」的場所，它是以「市場機能」的立場而言。若是以「形式」而言，則市場只是一個買賣的「場所」。我們在談論金融市場時，不論所言是本國市場或國際市場，所言是貨

幣市場或外匯市場，均是就市場機能的立場而言（讀者必須先認清這個觀點，如此方能較容易瞭解許多在我國特殊的現象，例如為什麼政府說遠期外匯市場已完全自由，但是很多人卻說，我們沒有遠期外匯市場？此即因為，以政府所訂定的法規而言，遠期外匯市場已完全自由化。這是就「形式」而言。若就市場機能而言，我們卻沒有遠期外匯市場）。

何謂「市場機能」？ 交易達成有兩個必要的條件：一為價格，一為流通。這兩個條件均能充分滿足的話，即為有效率的市場。在有效率的市場上，經自由交易而形成價格，同時使「商品」移轉。若商品不能順暢移轉，則自然價格會調整，直至商品能順利移轉，此即「價格機能」或稱「市場機能」。因此就價格機能而言，「價格」與「流通」二者缺一即不成為市場。政府的干預雖常使商品的價格表面上看來很穩定，或表現有秩序的調整，但另一方面，政府的價格干預必然會阻撓流通，而妨礙交易達成，原因就在於價格機能或市場機能遭受破壞，在此種情形下，黑市交易通常反而能反映正常的市場價格。

第二節　國內市場、國外市場與境外市場

資金供給者（投資人）與需求者（借款人）是市場的基本組成者，我們從資金供需者所在的國家或地區，可以將市場分為國內市場、國外市場與境外市場（這對外匯投資人很重要，因為外匯投資可以在國內市場進行，可以在國外市場進行，也可以在境外市場進行）。

國內市場是國內投資人與國內借款人達成交易的市場。下圖表示國內市場上的資金流動關係：

（國內市場）

國外市場是國內資金供需者與國外資金供需者達成交易的市場。
下圖表示國外市場上的資金流動關係：

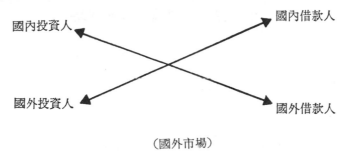

（國外市場）

境外市場是國外資金供需者雙方達成交易的市場。下圖表示境外
市場上的資金流動關係：

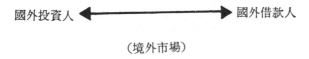

（境外市場）

我們再把上面三個市場上的資金流動情形，以下圖表示出來：

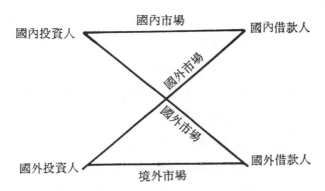

外匯投資若在國內市場進行，則目前合法管道只限於外幣存款與購買外匯共同基金兩種方式。若在國外市場或境外市場進行，則不受任何投資方式的限制（但外匯來源若是以新臺幣結購而得，則受結匯額度限制）。

第三節　國際金融市場

一、金融市場與金融活動

金融市場是資金融通或買賣的場所。金融市場可分為貨幣市場、資本市場及外匯市場（包括期貨市場與選擇權市場）。

或許許多人不知道金融市場(Financial Market)這個名辭，但卻幾乎沒有人不參與金融市場的活動。因為去郵局或銀行存款、買股票或儲蓄券，或者去銀行結匯等，這些行為都屬於金融活動。

更進一步說，上述行為都已經進入了貨幣市場（如銀行存款）、資本市場（如買股票）或外匯市場（如結匯）。　因此可知，金融市場不是一個單純的市場，而是許多市場的組合，金融市場是一個總稱。

國內金融市場發展到某一種程度以後，可能成為國際金融市場。成為國際金融市場必需具備很多條件，如經濟高度發展、金融完全自由、法規與制度健全、人才與設備齊整，以及交通與電訊發達等。國際著名的金融市場如倫敦、紐約、東京、香港、法蘭克福、新加坡等都具備上述全部或絕大部分條件。

國際金融市場由於有優秀的操作人才、有效率的行政體系、自由又低成本的經營環境、無障礙的語言能力、進步的資訊科技以及國家政治安定、經濟實力強大等主、客觀的條件配合，因此能吸引眾多國

際性的經紀商、世界性的銀行、各國的中央銀行以及多國籍大企業與
政府機構等的參與。

二、境外金融中心

要成為國際金融市場必須要能夠在國際間與其他市場競爭，否則
在精明的國際投資者、借貸者與投機者追求最大金融比較利益的情形
下，是無法成功的。因此，許多國家在本身國內市場無法滿足上述條
件的情形下，設立「境外金融中心」來吸引國際上的資金供給者與需
求者。換言之，有些國家為了有較佳的金融競爭能力，而同時又不放
棄對國內的金融管制，即以另設境外市場（境外金融中心）的方式來
解決。

境外市場雖地理上仍是位置在一國領土之上，但不受該國的金融
法規管制，而且該國在這裏免除種種稅捐與規費❶。享有許多優惠條

---

❶　一國政府為達成國內的金融政策常以各種法規管制金融，例如一國實施
　　外匯管制、利率管制、信用管制或者對金融機構與金融業務做許多限制
　　等。這種種的金融管制會阻礙一國金融的發展，形成非常不利於與他國
　　競爭的金融環境。在境外市場上，則一國政府將種種管制都予撤銷，並
　　免除多種稅捐與規費，如不必提存法定存款準備金、存款保險費、減免
　　營業稅、印花稅與利息所得稅等。這些優惠措施使得境外市場的營運成
　　本降低，競爭性大為增強。同時，境外市場因為營運成本較低，付給投
　　資人的報酬（利率）也就較高。而投資人除了可以得到較高的報酬以外，
　　還不用繳交利息所得稅（就源扣繳）。因為這些優惠條件與較佳的經營
　　環境，境外金融中心成為國際上最主要的資金融通（存款與借款）市場。
　　有些國家的本國市場內本來就沒有金融管制，其境外市場與本國市場未
　　區隔，如英國、香港。大部分國家的境外市場是與其本國市場區隔的，

件的境外市場具備了較佳的競爭環境，因此較易發展成為一個國際金融市場。這是許多國家，包括我國❷，設立境外市場的原因。

境外市場是國外投資的重要市場。因為在境外市場投資（如銀行存款）除了可得到較高的收益（利息）以外，還有稅捐上的優惠（不必扣繳利息所得稅）。

第四節　貨幣市場與資本市場

一、貨幣市場與資本市場的意義

貨幣市場(Money Market)是短期資金融通或買賣的場所。這樣解釋也許有些咬文嚼字，因為我們每一個人幾乎都參與貨幣市場活動，例如去郵局存款就已經是貨幣市場中的一員了。

在貨幣市場中交易的是「貨幣」或「準貨幣」，形態很多，包括現金、支票存款、國庫券、銀行承兌匯票、商業本票、銀行可轉讓定

這是典型的境外市場，如新加坡、美國、日本及我國等國的境外市場都是。上述國家的境外市場都是實體的市場，也就是說，這些市場是真實的由資金供需者組成的市場。另外有些市場只是記帳中心。設立用意在利用稅捐減免吸引公司設立以增加收入，並無實際資金的進出，例如巴哈馬(Bahama)、開曼(Cayman)等地區。

❷ 我國境外市場（在我國稱為「國際金融業務」）成立於七十三年六月，是一個「外對外」（請參考第二節的第三圖）的市場，換言之，只限國外投資人與借款人才能進入我國「國際金融業務分行」。因此，國內投資人反而不能存款於我國的境外市場（即國際金融業務分行），但可存款或投資於他國的境外市場。

期存單等。

　　以上貨幣市場的交易工具（我們通常稱之為金融資產、金融商品、金融工具或金融票據等）一般到期日在一年以內。換言之，我們通常將交易工具的到期日短於一年的「短期」資金交易市場，稱之為貨幣市場；而到期日在一年以上的「長期」資金交易市場，即為資本市場(Capital Market)，資本市場工具包括有公債、公司債及股票等。惟廣義的貨幣市場定義亦包括資本市場在內。

二、利率與資本報酬率

一般個人參與貨幣市場或資本市場的動機（目的）為：

1. 投資或投機：用來做為獲利工具。

2. 交易：用來做為支付工具。

3. 暫時的價值儲藏：以保持資金的流動性為主，供日後做其他用
   　途。

　　貨幣市場（或資本市場）會成為投資（或投機）的市場是因為資金具有價格，及資金價格會變動之故。例如100元的貸款，一年後需償還110元，這多出來的10元，即借款人使用100元一年的代價，亦即「100元」一年的「價格」。資金的價格即「利息」(Interest)。

　　利息代表著使用資金一段時期的成本或報酬。金融市場是由資金供需雙方構成，在貨幣市場上，資金的需求者（借款人）必需付出代價以取得使用資金一段時期的權利，而資金的供給者（貸款人或投資者）則因出讓此一權利而獲得報酬。此項代價或報酬即為利息。

　　利息常使用百分率來表示，此即利率(Interest Rate)。利率通常用年率(Per Annum, P.A.)來代表。然而利率有時（尤其是民間借貸時）亦使用月息甚至日息來表示。這二者均可與年息互相換算。例如月息

1分(1%)即代表年率 12%(1%×12)，日息1分則代表年率 365%(1%×365)。因為計息的基礎（以年、月或日計息）不同會產生很大的差異，因此在計算時必需注意。為方便資金供需者比較各種資金工具的成本或報酬，通常利率若未特別聲明時，皆指年率而言。

資金價格的支付可以在期初，可以在期末，也可以在期中。資金價格支付時間的不同會影響真實的利率，因為利息亦會產生利息，這就是「複利」的計算❸。通常將期初支付利息的方式稱為「貼現」(Discount)，而貼現時的利率稱為「貼現率」(Discount Rate)。如上例的借款人，若在借款當時並未收到100元，只收到90元，而在一年到期時需償還100元，這就是「貼現」，「貼現率」為 10%❹。

因為利息有各種不同的支付方式，使表面的利率並不一定代表真實的利率，此即為「表面利率」(Explicit Interest Rate)與「有效利率」

---

❸ 付息方式的不同會使表面利率與實質利率不同。例如①年率5.5%，到期一次支付本息的一年期銀行定期存單，②年率 5.5%，每半年付息一次的中央銀行儲蓄券與③年率 5.5%，每月付息一次的銀行存款，投資何者較佳？上述三者的表面利率相同，均為年率5.5%，但三者付息方式不同，有每月付息者，有半年付息者，有一年付息者。由於付息時間的不同，使三者的實質利率與票載利率產生差異，亦即先付息者產生了利息的利息（利上滾利）。因此事實上經過「複利」計算後，而每月付息的實質利率為 5.64%，每半年付息的實質利率為 5.57%，而一年付息的實質利率仍為 5.5%。經由實質利率的比率，上述三者以銀行存款最為有利，次為中央銀行儲蓄券。

❹ 該借款人的實際借款條件相當於：90元的本金，借款期間為一年，到期需償還 100元。在此條件下，實際利率為 11.12%。

$$90 + （90×利率×1） = 100$$
$$利率 = 10/90 = 0.1112 = 11.12\%$$

(Effective Interest Rate)或「名目利率」與「實質利率」產生差異的原因。

對資金的供給者言，100元在一年之後會變成110元，這多出來的10元是資本（100元）的報酬。若將報酬佔資本的比例以百分率的形式表示，即為「資本報酬率」(The Rate of Return)。此例中報酬佔資本的比例為1/10，化成百分率後即10%，換言之，資本報酬率為10%。在資本市場中，常用資本報酬率來顯示資金運用（投資）的良窳。

三、國外貨幣市場或歐洲通貨市場

在一國國內貨幣市場上交易的金融工具是用該國的法定通貨來計值的。例如我國貨幣市場交易的金融工具即以新臺幣計值。如果一國的貨幣市場工具在該國以外的市場上進行交易的話，就形成了一個「國外貨幣市場」或「歐洲通貨市場」(Euro-currency Market)。例如我國貨幣市場上以新臺幣計值的金融工具若在我國以外的地方交易，就形成了一個新臺幣的國外貨幣市場，或歐洲新臺幣市場（此例只是假設而已並不真的存在，因為新臺幣只是一個地方性貨幣，並未在臺灣以外的地方形成市場，有一天假如新臺幣國際化了，則新臺幣的國外貨幣市場或歐洲新臺幣市場就可能出現）。

雖然歐洲通貨市場即是國外貨幣市場（「歐洲」等於「國外」），但仍需特別解釋一下這個市場的意義。此處所謂「歐洲」並非地圖上的歐洲，而是泛指一切本國（貨幣發行國）以外的地區。「歐洲通貨」亦即在本國以外地區的貨幣，如美國以外地區的美元，稱為歐洲美元；德國以外地區的馬克稱為歐洲馬克，同樣的情形亦產生出來歐洲日圓、歐洲英鎊、歐洲瑞士法郎等。有時候也把亞洲幾個國際金融中心如新加坡、香港、東京等地所交易的歐洲美元稱為亞洲美元。亞洲美元仍

為歐洲美元的一部分。（有一天，假如新臺幣成為國際性貨幣，那麼臺灣以外地區的新臺幣就可以稱為「歐洲新臺幣」了。）

　　歐洲通貨市場亦是境外市場，享有境外市場的優惠條件與良好競爭條件，因為如此，歐洲通貨市場常能同時成為資金供給者與需求者雙方面都能獲得好處的地方❺，歐洲通貨市場因此而能生生不息的迅速擴大。歐洲通貨市場以倫敦為中心，歐洲通貨交易以美元為主流(因此歐洲通貨又常被稱為歐洲美元)。

第五節　金融工具

一、金融工具的意義

　　金融工具是金融市場上交易的工具，換言之，在金融市場上，資金的融通或買賣是透過金融工具來進行的。

　　金融工具有長期與短期的不同。短期金融工具如國庫券、銀行承兌匯票、商業本票、銀行可轉讓定期存單等，又稱為貨幣市場工具。

---

❺　傳統上銀行是資金供需雙方的中介橋樑。存款與放款業務是傳統上銀行的主要業務，而存放款的利率差距即為銀行最主要的利潤來源。銀行存放款利率水準主要決定於銀行的經營成本，在歐洲通貨市場上銀行的經營成本較低，資金供需者因此常能獲得較佳的貸借條件。此外，歐洲通貨市場上金融證券化 (Securitization) 程度較深，以發行證券方式取得資金，及以購買證券方式運用資金的情形甚為普遍。在證券化影響下，傳統銀行存放款業務逐漸式微，而投資人與借款人因無需支付銀行中介費用（如存放款的利率差距），　通常亦能獲得較傳統存放款方式為佳的借貸條件。

長期金融工具如公司債券、政府公債或股票等，又稱為資本市場工具。

　　如果是兩種不同幣別的金融工具在金融市場上進行交易，那麼就成為外匯交易，外匯交易的市場即外匯市場。例如進出口商的結匯即是本國貨幣與外國貨幣之間的交易，此外，匯出入款項及外幣存款等都是屬於外匯市場的交易範圍。

　　金融市場可以在貨幣市場、資本市場與外匯市場的大分類之下，復因各種金融工具的不同，而細分為國庫券市場、商業本票市場、股票市場、債券市場、……等等。由上可知，金融市場不是一個單獨的市場，而是許多市場的總稱。

二、　幾種主要的金融工具

　　金融工具很多，其中主要的幾種是：

　　㈠股票：現代投資的主要對象是金融證券，而金融證券中以股票最為重要。一般說來，股票投資的報酬率較高，但風險也較大。購買國外股票即是外匯投資的重要方式之一。

　　㈡政府債券：債券是債務人（借款人）向債權人（投資人）舉借款項，承諾在到期日償還，並支付利息的證券。債務人是政府機構者即為政府債券。外匯投資中債券是很重要的投資項目之一，尤其是美國政府債券。

　　㈢公司債：債券的債務人若是公司即為公司債。通常公司債因風險較政府債券為大，故利率較政府債券為高。

　　㈣歐洲債券：歐洲債券是在歐洲通貨市場上買賣的債券，通常期限長，利率固定，最低單位金額很高。歐洲債券的利率一般較本國市場利率為高。

　　㈤浮動利率本票：浮動利率本票是採浮動利率計息的歐洲債券。

歐洲債券期限長又利率固定，使利率風險提高，浮動利率本票因此相應而生。

　㈥共同基金：一群特定目的的投資人將資金集合起來，即成為共同基金。由於外匯投資的專業程度較高，共同基金的投資方式成為廣受歡迎的一種。

　㈦外匯存款：非以新臺幣記帳的存款帳戶即外匯（或外幣）存款帳戶。外匯存款帳戶的用途很多，可用來投資，亦可用來避險，是我國外匯開放以來，較為普遍的一種外匯投資方式。

　㈧金融期貨：期貨是買賣雙方以約定的數量、約定的價格及約定的交割日簽訂的一紙合約。期貨有商品期貨與金融期貨。商品期貨如黃豆、玉米等，金融期貨如歐洲美元存款（利率）、股票指數、外幣等。

　㈨選擇權：選擇權是一項權利。買方在付出權利金後，可獲得一個在一特定時間內要求賣方依一特定價格履約買入或賣出某項商品（如外幣）的權利。

　㈩存託憑證：存託憑證是外國公司為使其股份能在他國境內流通，委託他國境內的金融機構在當地發行的一種替代證券。

第四章

外匯風險管理

第一節　匯率風險的產生

一、交易產生

國際貿易與資本流動產生外匯交易，外匯風險因外匯交易而產生。外匯風險包含信用風險、國家風險、流動性風險及匯率風險等，其中匯率風險最為重要。

二、折算產生

投資者或公司、企業的各種以外幣計價的資產或負債，如：外幣存款、外匯基金、外幣的應收、應付帳款及外幣現金等，在未實際處分以前，可能因為編製會計報表的需要，須將這些以外幣計價的資產負債折算成本國貨幣來表示。在折算時，所使用的折算匯率若與原來匯率（即成本）不同，即會有損失或利益。這種損益並未實際發生，只是帳面上發生而已，因此這種風險稱為折算風險 (Translation Risk) 或會計風險(Accounting Risk)。

會計風險雖未實際發生，但會影響帳面或會計報表，對於帳簿或報表的閱讀或使用者產生影響。因此，會計風險的管理亦相當重要。

為了避免匯率不利方向之變動，對於報表結果產生不利的影響，會計人員亦會進行某些避險措施。惟無論如何，這些會計風險僅反映匯率變動對於外幣帳戶（外幣資產或負債帳戶）的帳面價值的影響，而非其真實價值的變動。

匯率風險的管理最重要的是控制匯率變動對企業或投資的真實價值的減損,亦即那些會影響現金收支的交易風險(Transaction Risk)。因此會計風險雖然亦不得忽視，但最值得重視及本章欲繼續討論的是指交易產生的匯率風險（即交易風險）。

第二節　匯率風險的性質

一、固定匯率制度下的匯率風險

固定匯率有益於國際貿易與投資，是較理想的匯率制度，然而固定匯率制度不是靠「建立一個制度」或「由政府訂定匯率」就能維持，必須是在國際間經濟與貨幣情勢安定時，固定的或穩定的匯率關係才能維持。換言之，匯率是整體經濟金融表現的結果。由國際金融歷史中（請參考第二章第二節）， 我們很清楚的發現，每遇經濟恐慌或戰亂發生，固定匯率制度必然崩潰，浮動匯率制度即取而代之。但一段時期後，匯率變動對於國際貿易與投資的阻礙，尤其是投機性短期資金流動所造成的外匯市場的混亂，和對經濟的傷害，又必然使得國際間反對浮動匯率的呼聲大起。一九四四年七月，布列敦森林會議就是在這種情勢下召開，有聯合國的四十四位會員國參加。從此，布列敦森林制度（可調整的固定匯率制度）主宰了二十餘年國際間的貨幣關係。

最早的固定匯率制度是金本位制，藉著金幣的自由鑄造、熔燬與自由輸出入，國與國之間的匯率是固定的（匯率固定在黃金輸出點與黃金輸入點之間）。 黃金不再被使用為貨幣後，固定匯率也不再是神聖不可侵犯的了。布列敦森林制度是一種金匯兌本位制，各國貨幣與美元維持一定的關係（即平價或中心匯率）， 美元再與黃金維持一定的關係，在此制度下，平時各會員國有義務維持該國匯率在其平價上下 1%的幅度內（嗣後擴大為上下 2.25%）。各會員國只有在國際收支發生基本失衡(Fundamental Disequilibrium)時，才得提議變更其通貨平價。因此，此時的固定匯率制度並非沒有匯率風險，而是一段時期內（平價未變更時）沒有匯率風險或匯率風險很小（平價的上下 1%或 2.25%）。在這種可調整的固定匯率制度下，一國變更其通貨平價之幅度若在 10%以內，通常可獲得 IMF（國際貨幣基金）之同意。因此，該制度下的匯率風險，又稱為「百分之十風險」， 表示匯率風險程度在百分之十以內。

二、 浮動匯率制度下的匯率風險

固定匯率制度崩潰後，普遍浮動時代來臨。在各主要工業國家均採行浮動匯率制度之今日，匯率風險的性質與程度均和以前固定匯率時期大為不同。

在固定匯率制度下，匯率是由政府當局訂定的，國際貿易與投資者平時無需考慮匯率風險。而一旦遇到政府有調整匯率可能時，那些與本身利益有關的進出口商與投資者通常都能發覺，並能正確把握住調整的方向。此因為，在固定匯率制度下，政府通常都是在壓力下調整匯率，壓力的形成必有原因，壓力的累積亦需相當時期，而政府在最後不得不調整匯率以前，通常亦會採取一些紓解壓力的措施。因此，

在固定匯率時期，政府調整匯率的方向很容易正確測知。

然而，在浮動匯率制度下，匯率非由政府訂定，而是由「市場」決定。市場組成分子複雜，各種影響匯率的因素非常多，尤其是心理因素很難掌握。短期性投機資金的迅速移動，更使匯率變動的方向難以捉摸。

至於匯率變動的幅度，在固定匯率時期，匯率風險一般被稱為「百分之十風險」，而浮動匯率時期，這種相對的貨幣穩定關係不存在了。自一九七三年至一九八五年間，匯率每年變動的平均幅度大於 15%，變動最激烈的一年可達 40%左右，最平穩時亦有 5%左右。換言之，自普遍浮動以後，匯率風險已不再是百分之十風險而已。匯率經常一日內變動即在 1% 以上。一九八五年九月二十三日五國財金首長會議舉行以後，美元在一日之內即暴跌約 5%，一年後，美元已貶值 40%以上，其中日圓由一年前的 241.95 升至一年後的 153.60，升幅達57.5%。這就是浮動匯率制度下的匯率風險。

對於浮動匯率下的匯率風險，避險者需要注意的，不是以前風險有多大或未來風險有多大，而是在自己的風險存續期間（如投資期間或應收、應付帳款期間）內匯率風險有多大。避險者需要規避的風險程度（即避險程度）在每個時期可能不同，風險愈高，避險程度亦愈高。避險程度需隨風險程度大小而彈性調整。

第三節　避險態度與避險成本

一、外匯投資的避險態度

匯率風險有實質性和金融性兩種。前者由於國際貿易而自動發

生，後者則是因為金融行為而產生。外匯投資的匯率風險即屬後者。對於實質性匯率風險，除非避險邊際成本高過避險邊際效益，否則，原則上是應該採取避險措施的。金融性風險的承擔者(Risk Taker)則不一定進行避險措施，尤其是外匯投機者，通常大多不進行避險措施，因為匯率風險應早在做投資（或投機）決策時，即已仔細評估了。換言之，他們希望以持有部位(Keep Position)來獲利。

二、國際貿易的避險態度

國際貿易必有匯率風險，可能是買方承擔，可能是賣方承擔，也可能是雙方均承擔❶。匯率風險的大小，和計價所使用的貨幣有關。我國雖亦採用浮動（機動）匯率制度，但實際上新臺幣大致是釘住美元的，因此通常以美元計價相對以其他貨幣計價之匯率風險較小。換言之，以美元以外的其他外幣計價之外匯交易，通常匯率風險相對較大。但這並不表示我國廠商或投資人在和美國以外之國家、地區貿易或投資時，應以美元計價而排斥其他幣別。因為匯率風險原木存在，不論由那一方承擔，都應已包含在價格因素內。

影響國際貿易計價幣別的因素很多，如買賣雙方的市場力量、交易的習慣、匯率的走勢、廠商的外匯操作能力、金融市場的發展情形等。在美元取代英鎊之國際地位後，美元即成為國際貿易中最普遍使用的交易貨幣，約 80% 的國際貿易以美元計價。在一九八五年九月以

---

❶　進出口廠商也許以為計價貨幣是本國貨幣，因而避免了匯率風險的承擔。其實，這只是表面上的。兩國之間只要不是固定匯率，則兩國貿易的匯率風險總是存在著的。因此，進出口商必須明白，只要匯率風險存在，則不論由那一方承擔，都應該已經包括在商品的價格因素內。換言之，承擔匯率風險的一方，必儘可能的將匯率風險轉嫁於價格內。

後，美元長期走軟，日圓和馬克的使用有增加趨勢，尤其是日圓。

進出口廠商在選擇計價貨幣時，尚需考慮到本國外匯市場的發展情形，尤其是遠期外匯市場。因為遠期交易基本上是進出口廠商最主要的避險途徑。

若僅從匯率風險的角度來考慮計價貨幣的選擇，最基本與最簡單的做法即出口人選擇強勢貨幣，進口人選擇弱勢貨幣，因為出口人將收到的貨款是資產，進口人將付出的貨款是負債。持有「強勢資產與弱勢負債」是外匯操作的基本法則之一。

對於國際貿易必有的匯率風險，進出口廠商的避險態度可分為兩種。一種是從「風險」本身的角度來考慮，將風險與避險成本加以比較，除非風險大於避險成本，否則無需多此一舉，因此匯率風險是不一定要加以規避的。另一種是從「國際貿易」的角度來考慮，以「貿易」本身的立場而言，利潤應來自正常運作（即製造、銷售或買入、賣出等過程）。匯率風險使貿易的成本與利益變成不確定，增加了貿易的困難。因此若有途徑可以去除這項不確定因素，自然應該加以去除，去除的費用應視為正當的保險費用。另一方面，假如因這項避險行為而額外有利潤（匯兌利益），則亦為營運外的利潤。這種以貿易立場出發的避險態度，目的在使企業的成本與利潤確定，不謀求正常營運外的利潤，亦不使企業承擔不必要的風險，屬於保守的避險態度。

若從風險立場來考慮避險，則企業採取選擇性避險措施，即當匯率風險大於避險成本時，進行避險。若從貿易立場來考慮避險，則企業採取完全的避險，亦即對任何一筆外匯交易都進行避險。

三、風險觀念

風險觀念影響外匯投資人或企業負責人對於外匯投資或國際貿

易所產生之外匯風險的避險態度。換言之，投資人或廠商對於風險的偏好、看法、經驗與認知程度等，形成其風險觀念。風險觀念、操作技巧及外部的避險環境決定其避險措施。因此，投資人或廠商的避險態度受其風險觀念影響很大。

若是一個風險偏好者，他可能採取承擔較大風險，賺取較多利潤（也可能是較大損失）的政策。若是一個極端保守者，則可能採取完全的避險措施。大部分人對於風險的偏好是中間性的，亦即在合理的（或可容忍的）範圍內，承擔風險。

外部的環境會影響投資人或廠商對風險的認知程度。以我國為例，民國七十五年以前，新臺幣匯率長期穩定在 40 元（對1美元）的水準上，匯率風險在實際經驗中相當缺乏。在此種情形下，廠商對匯率風險的認識與瞭解不但淺薄而且不正確。國際美元暴落，加上國內新臺幣升值後，廠商對匯率風險雖認識較多，但長期單向的升值方式與偏頗的匯率制度仍扭曲廠商對匯率風險的認識。而外匯管制與無效率的外匯市場使正常的避險措施大多無法進行，這些都使國內廠商對風險的正確認知、經驗與技巧發展很慢。直到民國七十八年四月外匯交易自由化的新制度實施以後，由於匯率風險一下加大許多，外匯投資（機）與貿易人士才開始對匯率風險有了較深刻的認識。

四、避險成本與效益

避險成本有直接成本與間接成本。直接成本與避險方式有關，如遠期外匯有訂約保證金、手續費與買賣差價等，外幣選擇權有權利金等；此外，避險者為進行避險，需付出時間、精力、金錢等，這些是間接成本。

避險行為是經濟行為的一種，有成本亦有效益，因此需從本益角

度來考慮。然而風險原本為「不確定的」虧損的機會,如何比較其成本與效益?因此,避險行為絕對離不開匯率預測,而任何錯誤的預測,將使決策在事前看來最適,在事後看來卻並不如此。自普遍浮動後,國際上匯率變動的幅度和方向非常難以掌握,匯率預測十分艱難,同時預測結果又時常不能令人滿意,因此避險行為雖十分必要,但避險效果卻難定論。

恰當的避險操作是為使正當投資利潤或企業經營利潤得以確保,若過分謀求匯兌利益,而使投資或企業的經營暴露於不必要的匯率風險裏,這種做法並不足取。惟避險行為亦是經濟理性行為,若為追求完全的無風險,而未顧及避險成本,則亦不足取。因此,恰當的避險行為,是選擇性的、理性的、專業的外匯操作技巧。

外匯操作技巧並非短時期內就學得會的。外匯操作技巧是情報(Information)、智識(Intelligence)與經驗(Experience)的綜合訓練,需要經過學習階段,而學習的最佳時機就是匯率變動劇烈的時候。原因很淺顯,因為沒有人會對無切身利害關係的風險投以真正的關心。當然,學習通常是要繳「學費」的,而這也是一種「投資」。

第四節　外匯風險管理

匯率風險是外匯風險中最主要的。惟除匯率風險外,外匯交易所涉及的風險尚包括國家風險、信用風險、流動性風險等。

一、國家風險

國家風險(Country Risk)又稱為主權風險(Sovereign Risk或Cross Border Risk),是因一國(或地區)政治、經濟或社會情況發生不利

變化而產生，其中以政治因素最為重要。換言之，國家風險的產生多來自一國政府對他國資金的不利態度。因此，國家風險又被稱為政治風險。

國家風險依其發生原因可分為：

1.政治風險：與一國的政治發展及政府政策有密切關係。例如一國政變，在新政府取代舊政權以後，對舊政權下的負債或保證拒絕繼續履約。又如，一國政府由於外匯短缺而限制外匯的匯出，甚至關閉外匯市場。再如，一國政府對外匯、工資、商品價格、租稅、盈餘分配等各方面的管制。

2.經濟風險：由於投資地區的經濟衰退或其他嚴重的經濟問題而產生的風險。如產油國家的石油價格下跌，中南美國家的外債累積，或某些開發中國家嚴重的通貨膨脹等。

3.社會風險：由於投資國家（或地區）的社會、文化、風俗習慣等而產生的風險。如社會不安定、民族性懶散、不守法、不負責或民族歧視、不友善等。

以上國家風險，小則會增加投資的成本、減低投資的利益，大則會使投資泡湯。

根據以上國家風險產生的原因，一般在分析和評估國家風險時，所用的指標有：

1.政治指標：政治制度、當政者的能力、政府效率、法律規定、國際關係等。

2.經濟指標：經濟成長率、通貨膨脹率、國際收支情況、幣值穩定性、外匯準備等。

3.社會文化指標：社會安定程度、人民工作態度、守法性、責任感、道德感、民族性等。

國家風險的評等十分專業化，一般投資人受限於資料的取得、計算的方式與技術，以及分析評估的能力等，多無法親自為之，而實務上亦無此必要。許多國際性組織、各國中央銀行、國際性銀行及某些專業服務機構內，設有專門人員或部門做國家風險的評估，一般投資人只要參考它們的評等報告即可。

美國《機構投資者》雜誌 (*Institutional Investor*) 的國家風險評等報告即為最普遍被參考者。該專業機構採用全球 75 到 100 個國家的知名銀行對全世界各國信用評分的資料為依據，再比較各國信用的情勢後做成評等報告。此報告每六個月發佈一次。換言之，每六個月時各國做一次信用評等。被列入評等的國家計有北美、亞太、中東、西歐、非洲、東歐及拉丁美洲等地區之一百多個國家。

大體而言，北美、西歐與日本的信用評等一向很高。亞洲四小龍（新加坡、我國、香港、韓國）的評等名次則在 20 名前後。澳洲因地理位置離我國較近，是我國投資人士（尤其是投資移民）非常有興趣的地方，該國信用評等雖優於我國，但因貿易逆差使評估分數呈下降趨勢，故我國有興趣前往投資人士仍需持續加以注意。

在所有投資方式中，不動產的投資最需注意國家風險，因為不動產的流動性最低，而受國家政治、社會與經濟影響最大。

二、信用風險

信用風險主要因為交易對手之信用不良而發生。例如存款銀行倒閉；公司債發行者破產；期貨經紀公司吞沒保證金或房地產仲介公司一屋二賣等。

一九七四年六月二十六日，德國赫斯特(Herstatt)銀行因投機匯率失敗而倒閉，因該行在營業日當中倒閉，故導致許多已付款給該行的

銀行亦連鎖倒閉。這種因全球各地時區(Time Zone)的不同,產生時差,以致產生的付款時間不一致,能導致一種特別的信用風險,稱為「交割風險」(Settlement Risk)。Herstatt 銀行事件在外匯史上非常有名,因為它促使德國修改銀行法,規定銀行可以持有的外匯淨部位,使銀行的外匯業務不致過分暴露在匯率風險裏。並且,在此事件後,除管理當局更注重風險管理外,各銀行亦將部位控制視為外匯風險管理最重要的事。此事件是因Herstatt銀行的匯率風險太大,並不幸投機失敗而產生,其他許多更不幸的銀行卻因交割風險(信用風險)而受波及。

公司債、房地產的投資方式中,信用風險要格外注意。此外,在臺灣目前現狀下,黃金及期貨操作者亦需格外注意信用風險(請參考相關各章)。

三、其他風險

除匯率風險、國家風險與信用風險以外,外匯風險還包括一些其他的風險。

流動性風險受投資市場的流動性影響。一般而言,外幣存款、共同基金、期貨、選擇權、黃金等投資方式的流動性風險都很小,因為各相關的市場都很活潑;但公司債與不動產投資市場則流動性較小。此外,債券投資要特別注意利率風險;政府債券的信用風險很小,但公司債則需注意發行者的信用;固定本息的銀行存款與公債等投資需注意購買力風險;股票的價格變動頻繁,有較大的價格風險(市場風險)。

四、外匯投資人的避險措施

外匯投資人的避險措施因風險種類而不同:

1. 國家風險：參考國家風險評等報告，選擇排名在前，國家風險小的國家或地區，尤其是進行不動產投資時。

2. 匯率風險：外匯投資人的匯率風險是自願承擔的，在承擔以前應已經評估過可以承擔的匯率風險程度，因此如何正確的預測匯率，是外匯投資人最重要的避險措施。此外，期貨與選擇權都是經常使用的避險工具。

3. 信用風險：對於公司債、不動產投資以及臺灣目前的黃金與期貨操作等信用風險較大者，事先仔細評估交易對象或仲介者的信用，是最重要的避險措施。

五、進出口廠商的避險措施

進出口廠商的外匯風險因國際貿易而併帶產生，因此除非避險成本太高（或風險太小）， 否則，原則上，是應該採取避險措施，以確定成本與利潤，方便貿易的進行。

國際貿易雖亦有國家風險與信用風險，但一般而言，我國進出口的國家主要為美國和日本，國家風險很小。此外，進出口貿易多採取信用狀方式，信用風險轉移給往來銀行承擔，因此信用風險亦不大。對進出口廠商而言，最主要的外匯風險是匯率風險，其避險措施多針對匯率風險而為。主要的避險措施如下❷：

1. 設立內部匯率：即在報價時即將匯率風險因素考慮在內，亦即將可能發生的匯率損失包含在價格因素內轉嫁出去。

2. 訂定匯率條款：即在貿易契約中議訂匯率計算的水準或範圍。

3. 採取風險抵銷及分散措施：即選擇恰當的資產組合，使不同風險互相抵銷。

---

❷ 進出口廠商的避險措施，請參考拙著：《外匯風險管理》，時報公司出版。

4.投保匯率變動保險：即以保險方式將匯率風險轉嫁予保險公司或銀行。

5.進行遠期外匯、外幣期貨或外幣選擇權交易。

6.改變付款方式：即以改變付款方式來達到提前或延後結匯目的。

7.運用外幣帳戶：即運用外幣資產帳戶（如外幣存款）或外幣負債帳戶（如預售外匯外銷貸款）。

8.提前與延後結匯：即調整結匯時間的先後。

9.改進議價的技巧：即爭取對自己最為有利的結匯價格。

10.其他：即從行銷、生產、人事、財務等各方面來強化企業體質，以求對匯率風險有更大的承擔能力，並進而能在匯率變動中獲取利益。事實上，強化企業體質（降低成本、提高生產效率）才更是根本的避險途徑，因為理論上的諸多匯率避險措施在實際市場上是否可行，常是另一回事。

理論上，企業可經由多種方式來降低匯率風險，惟實務上，企業之各項避險措施是否成功，需視企業個別情況與外部避險環境而定。例如設立內部匯率與訂定匯率條款二者，並不是一個缺乏競爭力的廠商可以辦到的。風險抵銷或分散亦通常為多國籍公司才能使用。遠期外匯、期貨與選擇權方式受限於外部避險環境，如國內遠期外匯市場名存實亡，合法的期貨與選擇權市場則根本沒有。

總括來說，對進出口廠商最有幫助與切合實際需要的，是外匯知識、資訊與操作技巧。這些可經由學習與經驗而獲得。

第五節　匯率預測

一、匯率預測的必要性

對從事國際貿易的進出口廠商而言，有兩種情形可以不用預測匯率，一為使用本國貨幣報價者，另一為所有交易均以遠期匯率來確定價格者。這兩種情形在我國貿易實務上均不可能，因此實際上國內的進出口廠商可以說全部都有匯率風險。廠商對於這種因國際貿易而產生的匯率風險，不論以何種避險方式來規避或減低風險程度，均需先對匯率的變動加以預測。例如買賣遠期外匯，宜先預測匯率再比較遠期匯率；設定內部匯率即是以預測之匯率來計算價格；選擇計價貨幣，需先對數種貨幣之未來走勢加以預測；提前或延後結匯是在比較利率和匯率兩方面的得失，亦須先預測匯率。

對外匯投資（機）而言，匯率預測不似進出口商那麼被迫，因為匯率風險對他們來說，是經過評估以後製造出來的（即製造外匯部位），匯率預測的正確性，是他們能否獲利的主要關鍵。通常投資時間愈短，愈需注意匯率的變動，而時間愈長，愈需比較匯率和利率之間的相互抵補關係。在一個均衡且有效的外匯市場，如歐洲通貨市場 (Euro-currency Market) 中，兩種貨幣之間，通常匯兌損益剛好為利息差距所抵補，所以「無風險的套利行為」❸ 便成為無利可圖的事，因此要賺取利潤就需要持有外匯部位，也就必須對匯率加以預測了。

---

❸　利用兩種通貨之間利率差距和換匯匯率（遠期匯率與即期匯率之差）之不相等，所進行的套利操作，因為不發生匯率風險，因此稱為無風險的套利行為(Covered Interest Rate Arbitrage)。

二、匯率預測的困難性

由以上分析可知，匯率的預測對有些人是主動的，有些人是被動的。前者製造外匯部位和匯率風險，後者接受外匯部位和匯率風險。匯率預測的準確與否，對所有這些需要預測匯率的人都有相當的影響，惟程度有異。預測匯率的能力與預測者之知識、經驗及所得情報深廣有關。由於充分且迅速的取得各項有關的情報，並不是很容易的事，而完全正確的分析和解釋更加不易，因此完全正確的預測是相當困難的，期間愈長，不能把握的隨機因素愈多，匯率的預測也就愈困難。

在我國，大多數的外匯操作者並未正確及深刻的認識匯率風險。我國國際貿易90%以上以美元計價，過去長久以來在中央銀行幾近釘住美元的政策下，進出口廠商實際承擔的匯率風險很小，因此不論避險措施或匯率預測均不十分重要。此外，我國的外匯操作者，即使需要預測匯率，亦多不覺得預測工作困難，惟實際上，這是一種浮淺與錯誤的感覺。國際上匯率預測實在是一項很困難的工作，國際著名經濟分析師在年初時對一年內匯率的預測，在年底證實時，預測正確的平均值僅在20%左右。國外實際的訪問調查也顯示，進出口廠商對於他們不得不進行的匯率預測工作，表示滿意的少之又少。類似德國Herstatt銀行，因為匯率預測失敗而倒閉或嚴重虧損的例子，世界各地銀行幾乎年年發生。匯率預測對包括銀行的外匯交易員這種專家，都不是容易的事，那麼，為什麼我國的進出口廠商反而多不覺得困難呢？那完全是因為我國貨幣當局有一個非常明顯的匯率政策，使匯率的不確定性（即匯率風險）大為減低的緣故。

實際上，除非政府提供了一個非常明顯的匯率政策，否則絕大多數的外匯操作者並無預測匯率的能力。這一方面是因為預測工作本身

的專業性，另一方面是因為相關情報無法充分迅速的取得。大多數廠商從事匯率預測的情報來源是往來銀行，除此之外，許多專業性外匯貿易或財務管理等諮詢機構及報章、雜誌、期刊等，也都是重要來源。一項國外調查統計顯示，78%的公司採行經常性的匯率預測，16%不定期預測。對於預測結果，大多表示並不滿意。對於情報來源，大多表示來自銀行。

三、匯率的決定與漲跌

「外匯」亦如其他商品，其價格由供需決定。當外匯供給大於需求時，外匯價格下跌（即外國貨幣貶值或本國貨幣升值），反之，當外匯需求大於供給時，外匯價格上漲。因此，什麼因素影響供需，以及為什麼供需會改變，成為關心匯率者想要知道和需要知道的重要事情。

匯率的決定因素和漲跌因素非常多，這些因素具有時間性與空間性。那是說，某些因素在某段時間內對匯率具有決定性影響，但其他時期則非。又，某些因素在某些國家或某種匯率制度下能發揮很大的影響力，但在其他國家或其他的匯率制度下則非。通常沒有那種單一因素就能影響匯率，而是多種因素彼此相互或共同影響。

理論上，有關匯率的決定理論很多。最廣為人知的，有國際收支餘額說、購買力平價說及預期心理說。國際收支說認為一國對外匯率決定於國際收支的均衡點，若國際收支不均衡，則匯率會調整。國際收支產生盈餘時，外匯供過於求，該國貨幣應升值（我國即為此種情況），反之則貶值。購買力平價說認為兩國貨幣的交換價格（即匯率），決定於兩國貨幣的購買力（即物價），即兩國匯率應維持在購買力平價的水準。若兩國物價發生變動，則高通貨膨脹率之貨幣將因購買力

降低,而對低通貨膨脹率之貨幣貶值。上述二說偏重客觀經濟事實,且將複雜的經濟行為單純化。預期心理說則從主觀心理解釋匯率的變動。影響主觀心理的因素非常多,如國際收支的變動、購買力平價的變動、通貨量(貨幣供給額)的變動、國家政治和政策的變動、國際關係的變動,以及人們主觀看法的改變等。可以說,匯率是一種整體結果(包括過去、現在、甚至未來展望)的表現。

在有外匯市場的國家,能夠影響匯率的人固然很多,例如外匯供給與需求的真正來源——進出口廠商,但其僅為間接的影響。真正直接決定匯率的是銀行的外匯交易員。他們在銀行間市場(狹義的外匯市場)的外匯買賣價格直接決定匯率。換言之,所有決定或影響匯率的因素是透過外匯交易員的看法而表現在匯率變動上。因此,在研判匯率走勢時,應從外匯交易員的立場出發。

外匯投資的目的有二:一為追求資本利得(即買賣差價), 另一為追求資金收益(即利息)。 絕大多數外匯交易員買賣外匯的目的在追求資本利得。因此,外匯市場上的外匯交易成為一種差價交易(Spread Trading)——買低賣高(Buy Low,Sell High)。此種基本形態下,匯率的「真實價位」在短期間並不重要,匯率會不會再升或再貶,成為關注的焦點。

四、 影響匯率變動的因素

影響匯率變動的基本因素和隨機因素非常多,主要有:

1.顧客市場外匯供需情形:商品貿易、無形貿易、資本移動等所產生的外匯供需。

2.貨幣供給額:此因素影響貨幣購買力、通貨膨脹的預期心理等。

3.利率差距:資金有套利的本能,因此理論上,在有效率的市場

上，即期匯率的變動將會等於兩國間利率的差異，惟方向相反（此為利率平價理論，Theory of Interest Rate Parity），因此高利率的貨幣通常有貶值的可能（或反之）。 惟實務上，當投資人對一國貨幣有信心時，則提高利率（或利率差距擴大）反而會促使資金競相奔向，美元的高利率支持高價位即為一例。

4.政府政策：政府政策，尤其是匯率政策，影響非常大。在採行外匯管理的國家，政府的外匯管理措施與市場干預等常對該國匯率有決定性影響。在採行浮動匯率制度的國家，市場機能雖較能發揮，但政府政策仍有相當程度的影響。

5.心理因素和技術操作：此因素影響匯率極短期走勢最大。

6.國外（國際）因素：匯率是兩國貨幣的交換價格，因此影響它的因素可能發生於國內，亦可能發生於國外。來自國外，而對一國之匯率影響重大者，通常稱為國外壓力。一國之經濟（如進出口貿易）愈依賴他國，則所受國外壓力愈大。此外，自一九八五年九月的 G5以後，國際匯率制度有走向國際協調的趨勢，諮商或協調的影響力量漸大。

影響匯率的因素很多，致使匯率充滿了不確定性，此即為匯率風險。匯率風險在浮動匯率制度下自然存在，有些人不得不與之有關(如進出口廠商)， 有些人是製造外匯部位後才與之有關（外匯投資或投機者）。匯率預測對所有這些被動或主動承擔匯率風險者均影響重大，然影響匯率的因素實在太多，很難完全掌握，尤其是預期心理更難充分掌握。因此，匯率預測帶有一些運氣成分，這也是有些外匯操作(如外幣轉換、期貨等）容易成為投機行為的主要原因。

五、基本分析與技術分析

　　從國際收支、貨幣購買力、通貨供給額、利率差距、政府政策及預期心理等因素來分析匯率走勢的方式，稱為基本分析(Fundamental Analysis)。基本分析是預測匯率最主要和最被廣泛運用的方法，但基本分析需要專業的訓練，包括有關的知識、經驗以及最重要的情報(Information)。此外，還需要靈敏的反應能力，即通常被稱為「感覺」(Feeling)的能力。

　　近幾年來，另外一種預測匯率的方法迅速的占有一席之地。經由事實證明，這種方法具有令人驚異的可靠性與獲利性之後，使用的人愈來愈多，這就是技術分析(Techenical Analysis)。技術分析使用的工具為圖表(Chart)，因此又稱為圖表分析(Chart Analysis)。技術分析不需金融專業知識、豐富經驗與充足的市場情報，它學習不難，對許多人，尤其是非「市場中」人（指未直接參與市場交易之人），特別有價值。

　　技術分析使用於匯率預測上的時間仍短，但在股票與商品期貨市場上，技術分析已被廣泛使用了數十年。這證明技術分析有它的使用價值。

　　大多數的外匯交易員使用技術分析來輔助基本分析。一個有經驗的外匯交易員知道，完全憑藉基本分析，可能遺漏或忽略了某些訊息，而若等待市場一切現象明朗化後才行動，可能就需付出較大代價。技術分析在基本分析與感覺之外，提供一項檢視工具與警覺訊號。換言之，技術分析可用以檢查或證實經由基本分析所致結論之正確性與完整性。技術分析可在操作上提供幫助，例如時機的把握。技術分析並不需要專精的理論與高度的統計技術，學習起來並不困難，對於無法獲得充分情報的投資（機）者而言，幫助很大。除此之外，主要的消息供應系統，如路透社(Reuter)與美聯社(A.P. Dow Johns)都提供圖表服

務(Chart Service)，許多電腦公司亦有圖表套裝軟體(Chart Package)出售，因此，大多數圖表分析所需的畫圖工作已不需要親自為之，預測者只要會使用（分析解釋）圖表即可。

在實際運用上，基本分析與技術分析互相搭配，可使預測工作較為完整。當基本分析指出市場的基本走勢後，技術分析指出最佳時機與可能的目標區域。籠統一點可以說，基本分析偏重長期與基本的走勢預測，而技術分析則偏重短期的操作策略。技術分析將一些抽象的概念和假設，轉變成對目前操作有用的具體指示。

但這並非意謂技術分析是短線操作的法寶。不論何種分析都無此能力，技術分析雖是預測上一項有用的方法和技術，但並非科學。

不論基本分析或技術分析，目的都在價格預測。價格預測只是某些限制條件下的推論，僅能指出未來變化的可能性，並不是絕對準確的。惟價格預測的這項風險（不確定性），　並不致減低預測工作的價值，而是提醒預測工作者更需謹慎。

六、技術分析方法

將價格變化以圖形表示，即為圖表。利用圖表對不確知之匯率走勢做適當的預測，即為技術分析或圖表分析。技術分析是一種市場行為的研究，市場行為是社會行為的一部分。根據行為科學(Behavioural Science) 之研究顯示，社會行為具有相當程度之可預測性 (Predictable)。證諸過去的經驗，技術分析家認為，價格波動經常出現某些固定型態 (Formations或 Patterns)。若價格波動並非是完全隨機性，則這些價格型態將會重演。惟需注意的是，歷史雖會一再重演，但卻不一定會一模一樣。

統計學上，對於各種經濟現象之研究亦證明，經濟現象之時間數

列帶有強烈的系統性——趨勢與循環。在這種情形下，預測價格之上升或下降（趨勢的繼續）較為容易，而預測當前趨勢之終止和下次變動之開始，則較為困難，但卻至為重要。技術分析之重點，即在利用各種型態，及早發現匯率變動之轉折點。

雖然技術分析的結果最好是和基本分析結果併用，但在進行技術分析的過程中，則完全不考慮基本因素。技術分析之基本假設為：所有市場之相關因素，均已反映在價格變化上，因此分析者只要在價格趨勢上努力尋找出價格變化是繼續或是有新的變化。

在技術分析中，最廣泛使用的圖形是條圖（或稱直線圖，Bar Chart 或Vertical Line Chart）、點形圖（Point & Figure Chart，或稱圈叉圖）和移動平均圖（Moving Average Chart）三種。

因為趨勢的確認較為容易，而預測趨勢的終止或下次變動的開始則較為困難，因此，技術分析最重要的是及早發現趨勢的反轉，也就是反轉型態(Reversal Pattern)的出現。有些型態不常出現，但出現後準確性頗高，有些型態較常出現，但準確性較低。不同的圖表家，對同一圖形的發展可能有不同的解釋，因此若能經由多個型態獲得一致之結論，則其準確性更佳。雖然純粹圖表家發現了數十種型態，實際上較常被使用的為：頭肩型、雙重頂（底）、圓頂（底）、反轉旗型、三角型、楔型等❹。

技術分析不是理論，是一種方法和技術，必須靠經驗累積才能有所獲。技術分析使用在股票和商品期貨市場上，用以預測價格變動的歷史甚長，但用在外匯市場上來預測匯率變動的歷史則不過數年。在歐美等國際外匯市場中，技術分析已有很大的影響力,因為不管市場人士對技術分析的評價如何——肯定也好、反對也好，無可否認的是，

---

❹　有關技術分析的圖形及型態，請參考拙著，《外匯風險管理》，第七章。

技術分析家已占有外匯市場上外匯交易員的相當部分，其影響自然不可忽視。尤其是在基本情勢 (Fundamentals) 模糊不清或投機氣氛瀰漫市場之時，市場更成為技術分析家的天下。在國內，由於新臺幣匯率在過去表現了甚濃的政策意味，且中央銀行對外匯操作訂有甚多限制（如外匯部位的限制）， 市場機能未見充分發揮，因此技術分析無用武之地。外匯管制解除，外匯交易自由化後，若中央銀行減少對市場的干預，讓市場機能決定匯率，則技術分析在匯率的預測上就會發揮很大功用了。

中篇

中篇

第五章

外幣存款

第一節 外幣存款的種類

外幣存款（或外匯存款）是以非本國法定通貨為記帳單位所開立的存款帳戶。例如，在我國的話，除新臺幣以外的存款帳戶均為外幣存款，包括：美元、日圓、馬克、港幣、澳幣、加拿大幣、英鎊、瑞士法郎、法國法郎、荷蘭幣、瑞典幣、奧地利幣、比利時法郎、南非幣等。外幣存款有活期與定期之分，活期存款可隨時提取，定期存款需待存款到期才能領取，唯亦可中途解約。定期存款的最低開戶金額一般均較活期存款為高，利率亦較高，期限通常為一、三、六、九個月及一年期，但亦有二、三年期者。

第二節 外幣存款的用途

外幣存款的用途有以下幾方面：

1. 有利息收入。

2. 外幣存款可以在不同的幣別間「轉換」，如美元換成日圓；可以「轉存」，如甲銀行轉存到乙銀行；可以「轉讓」，如A存戶轉讓給B存戶。

3.外幣「定期」存款（包括定期存單）可以做為質押品或擔保品。

4.以外幣存款用來支付外匯（如進口或匯出匯款等所需者）可以節省外匯買賣差價。

5.調整外幣存款結購或結售的「時機」，可以避免或減低匯率損失。此種行為亦可更進而成為風險較大的投機性操作（請參考本章第六節）。

6.外幣存款可為「對沖」(Hedging)工具。換言之，外幣存款帳戶可代替「預購遠期外匯」，成為進口商的重要避險途徑（請參考第十三章第八節）。

由以上外幣存款的諸種用途看來，外幣存款會生息，是一個投資工具；可用來賺取不確定的匯率差價，是一個投機工具；可用來規避匯率風險，是一個避險工具；可用來節省外匯買賣差價或調整外匯結購結售的時機，是一個理財工具；可用來轉存、轉讓或質押等，是一個資金調度的工具。

外幣存款用途很多，金額可大可小，操作上可保守（如定期存款）可積極（如幣別轉換），是一個很好的學習外匯操作的工具。國內許多人即由外幣存款為起點步入外匯操作。

第三節　外幣存款與匯率變動

在外幣存款的諸多用途中，以外匯投資（對外匯投資人）及避險（對進口廠商）兩項用途最為重要，但外匯操作者在學習外匯操作一段時期後，卻很容易把外幣存款當做投機工具。這可從外幣存款與匯率變動之間的關係看出。

外幣存款有活期與定期之分，而定期存款利率較高❶，若以投資

外匯存款利率表

78年2月2日

銀行	幣別期間	美　元	馬　克	港　幣	英　鎊	日　圓	澳　幣
中國商業銀行	活期	2.80	2.30	2.50	3.50	2.00	4.00
	1月	8.70	5.10	8.75	12.05	3.65	14.00
	3月	8.85	5.35	8.75	12.10	3.85	14.50
	6月	8.90	5.55	8.80	12.00	4.05	14.82
	9月	—	—	—	—	—	—
	1年	9.05	5.60	9.00	11.75	4.10	14.95
英商渣打銀行	活期	7.50	2.00	6.37	9.75	1.25	10.50
	1月	8.50	5.00	8.87	12.25	3.50	14.25
	3月	8.62	5.50	8.81	11.31	3.31	14.50
	6月	8.68	5.56	8.87	12.00	3.87	14.75
	9月	8.75	5.62	8.93	11.93	4.00	15.00
	1年	8.87	5.87	9.00	11.93	4.25	15.12
農民銀行	活期	2.50	0.00	0.00	0.00	0.00	0.00
	1月	8.95	5.25	7.75	12.10	3.65	13.05
	3月	9.05	5.35	7.75	12.10	4.00	13.55
	6月	9.20	5.60	7.80	11.90	4.05	13.85
	9月	9.30	—	—	—	—	—
	1年	9.45	5.75	—	—	4.15	—

的立場言，活期的收益遠不如定期，投資應以定期為主，但國內各銀行的外幣存款業務卻都以活期為主，大致估計，活期存款金額約佔全部外幣存款的七成以上。這項比例隨著匯率而變化，當匯率波動劇烈

---

❶　活期存款利率較低或無利率，以七十八年二月二日國內三家指定銀行（二家本國一家外商）的掛牌利率為例，除渣打銀行外，其餘二家銀行的活期與定期存款利率相差極大，大多數銀行亦如此。

時，比例提高，平穩時則下降。

外幣存款的幣別很多，一般說來仍是以美元為主，但當某種雜幣（指美元以外的外幣）的匯率變動劇烈，或預期會變動時，該種雜幣的存款餘額會大幅變動（為增或減則視匯率為升或貶而定）。

不論從存款期限、存款幣別或存款餘額任一方面來看，外幣存款都與利率關係不大，而與匯率關係密切。這種現象不僅短期間是如此，長期趨勢也是如此。這顯示外幣存款戶在利率與匯率兩個影響損益的因素間，以匯率為取捨關鍵。

第四節　外幣存款的風險

投資的基本考慮是安全性、流動性與獲利性。外幣存款的安全性高，流動性亦高（定期存款可中途解約，亦可轉讓或質押），至於獲利性則視匯率與利率而定。外幣存款為短期存款，利率固定，因此外幣存款的最大風險即匯率風險。因為有匯率風險存在，使外幣存款的投資報酬成為不確定（可能虧損）。例如年率 10%的一年期美元定期存款，若一年內美元貶值了 20%，則投資人不但無投資報酬，反而發生 10%的投資虧損。由以上如此簡單的舉例，即可明瞭匯率風險的影響之大，及投資人不得不把「匯率」當做外幣投資的最主要考慮因素。

在國內，因為政府的匯率政策十分明顯，因此匯率預測（對美元）不是十分困難的，但是在國際匯市，匯率預測的困難度要比國內大得甚多，尤其是較長期間的匯率預測。因為無法預計的隨機因素太多，匯率預測的準確度通常十分令人失望。這也是國內外匯投資人需要特別注意的一點。

因為利息收益與投資期間成正比，因此投資期間愈長，利息差額

收益所能承擔之兌換損失亦愈多，而匯率風險卻不一定會增加，因此在匯率預測有實務上困難的情形下，一般短期間的投資比長期間的投資有更大的匯率風險，也更需要重視匯率風險。惟另一方面，匯率變動也可能成為投機機會。因為匯率變動通常是在短期間內迅速發生，因此國際間有很大一筆投機資金就在匯價可能變動的貨幣間轉來轉去（這種完全追逐匯率變動利益而流動的資金稱之為熱錢），謀取短期間的匯兌利益。在這種情形下，資金運作的目的完全是為了「匯差」而非「利差」，是投機而非投資。

第五節　匯率與利率的關係

匯率和利率是決定外幣存款投資損益的兩個因素。匯率和利率之間存有非常密切、可以互相換算的關係，這種換算關係對海外投資者極為重要。

外幣存款以外幣的利率計息，其與本國貨幣之間常存有利率差距。利率差距可用以表示利率較高者能夠承擔的兌換損失，例如一年5％的利率差距即可彌補一年5％的匯兌損失，或者，一年5％的匯兌損失相當於減少了5％的利息收入。

高利率是外幣存款吸引人的重要原因之一，高利率的貨幣可以承擔較多的匯兌損失，而不使外幣投資發生虧損❷。但是，究竟這多出

---

❷ 但這並不表示外幣存款應該選擇高利率的外幣，因為也許高利率正是因為該貨幣有貶值的風險。在匯率變動的歷史裏，我們經常看到一國政府在該國貨幣有貶值壓力時，提高利率以防止資金外流；相反的，當一國貨幣有升值壓力時，則降低利率——甚至實施「負利率」，以阻止資金流入。

來的利率差距可以承擔多少的兌換損失呢？以下簡單的算式，即可計
算出來，其公式為：

$$即期匯率 \times 利率差距 \times \frac{期間}{360} \quad ❸$$

例如，假設投資時的即期匯率為 28，六個月期的美元利率為 9%，新
臺幣利率為 5%，將這些數字套入上列公式，可得結果為 0.56元（28
元 $\times 4\% \times \frac{180}{360}$）。表示在半年的投資期間（存款期間）裏，較高的美
元利率（利率差距為 4%）可以彌補 0.56 元的匯兌損失。換言之，半
年以後，若美元貶值（或新臺幣升值）超過 0.56 元，則兌換損失超過
利息差額收入，投資者投資美元六月期定存較為不利。反之，若新臺
幣升值不到 0.56 元，則利息差額大於兌換損失，美元存款較為有利。
若半年後新臺幣升值恰為 0.56元（即匯率為 28 − 0.56 = 27.44），則兌
換損失與利息差額相等，投資美元與新臺幣二者一樣。這個水準的匯
率（本例為 27.44）稱為兩平點匯率 (Break-even Point of Exchange
Rate)。

　　既然外匯投資行為需要在計算預期報酬率時考慮匯率因素，那麼
僅僅比較各種投資幣別的表面利率（Explicit Interest Rate，或稱名目
利率）是不足以做任何投資決定的。換言之，在做外匯投資的決策時，
需要比較的不是兩種貨幣的表面利率而是包含匯率風險在內的有效利
率（Effective Interest Rate，或稱實質利率）。將匯率風險換算成利率
亦可以簡單算式算出，其公式為：

---

❸　此公式僅為一粗略之換算公式，在利息金額非十分龐大的情形下使用，
　　若利息金額很大，則利息的匯率風險亦需考慮。

$$有效利率 = 表面利率 + \left(\frac{未來即期匯率 - 即期匯率}{即期匯率} \times \frac{360}{期間} \times 100 \right)$$

例如，假設新臺幣利率為 5%，美元利率為 9%，那麼若無匯率風險，以投資美元較為有利。但若投資者預期一年內新臺幣將升值 3 元，那麼投資美元是否仍為有利？在此假設下，以上述公式計算出美元存款之有效利率為：

$$9 + \left(\frac{-3元}{28元} \times \frac{360}{360} \times 100 \right) = -1.71\%$$

顯然，在新臺幣升值 3 元的預期下，投資美元非常不利（利率為負數）。在此公式中，未來之即期匯率是預測的，因此據此計算出的美元有效利率也只是預測數字。換言之，預測的準確程度將影響投資決策。譬如，假設新臺幣未升值 3 元，只升值了 1 元，則投資美元即較為有利。因為在新臺幣升值 1 元的情形下，美元的有效利率為：

$$9 + \left(\frac{-1元}{28元} \times \frac{360}{360} \times 100 \right) = 5.43\%$$

仍較新臺幣利率為高。若美元未貶反升，則投資人不但賺了「利差」（利息差距），同時還賺了「匯差」（匯兌利益）。

第六節　外幣轉換

有一種與熱錢追求匯差情形類似的操作，稱之為「外幣轉換」（或外匯幣別轉換）。熱錢是國際性的投機資金，它們為追求匯差而在各國間進出。外幣轉換則通常是一國內的資金為追求匯差而在各種外幣

間轉換。換言之，熱錢因為進出國境，因此對一國國內金融有擾亂作用，而外幣轉換則為兩種外幣間的轉換。這二者的目的一般都是為了投機匯率（即賺取匯兌利益）。

所謂「外幣轉換」，是存款人由甲種外幣存款轉換成乙種外幣。外幣轉換的做法是存款人同時開立數個（甚至十數個）活期外匯存款帳戶，然後將存款在各個帳戶之間轉來換去。當然，外幣轉換並非任意的憑藉直覺或喜好的進行，否則僅買賣差價及銀行的手續費用，即已成為投資人的一大筆損失了。轉換的原則，理論上十分簡單：「永遠持有強勢貨幣」，亦即將弱勢貨幣轉換為強勢貨幣（所謂強勢貨幣即有升值潛力的貨幣）。例如日幣看漲時，馬上將存款由其他帳戶(如美元）轉到日幣帳戶，假如預期正確（日幣果真上漲），則存款人即能享受匯兌利益（惟上漲幅度必須達到足以彌補買賣差價及手續費用等成本以上的水準）。這種外幣轉換完全重視匯率的變動，利率不受重視。

外幣轉換的目的主要在投機匯率，因此一般被視為投機而非投資行為。外幣轉換若操作成功通常有很大的利潤，但若操作失敗亦會造成很大的損失。外幣轉換操作成功與否的主要憑藉，是預測匯率的能力。預測匯率非簡單容易之事，除需要專業知識外，更需要充足的資訊，而這些並非一般外匯投資人所擅長的。一般外匯投資人在考慮外幣存款這項工具時，仍應以投資為重。

第七節　外匯定期存單

另一種形式的外幣存款是外匯定期存單。定期存單（Certificate of Time Deposit，簡稱CD）是一種憑證，由銀行開給存款人，用以證

明存款人將其資金存放在銀行一段期間。CD 可以用固定利率計息 (Fixed Rate CD)，也可以用浮動利率計息 (Floating Rate CD，簡稱 FRCD)。

七十五年六月十二日中央銀行核准中國、華南、第一、彰化等四家銀行開辦外匯定期存單業務，該項業務開辦以後，由於新臺幣長期升值趨勢十分明朗，投資人在顯然匯兌損失將大於利息差價所得之相對比較不利之處境下，對該項業務興趣缺缺。七十六年七月十五日外匯開放後，一般人已可在五百萬等值美元額度之內，以新臺幣結購外匯，存入外匯存款，由於五百萬的額度頗寬裕，而外匯存款的運用又十分靈活有彈性，因此，銀行辦理外匯存款業務十分熱烈，而外匯定期存單業務則呈現停滯狀態。

國內外匯定期存單業務自開辦後即推展不開,而在外匯開放後，更是完全停滯。國際金融市場上的CD, 則自一九六六年五月美國花旗銀行首次在倫敦發行以來，成長頗為迅速。國際上（歐洲通貨市場）CD的發行期限雖可能長達數年,原是銀行籌措中長期資金的工具,但因次級市場❹十分發達，投資人幾乎可於任何時間脫手變現，加上利息較本國市場定期存款為高又免稅，因此對於短期間有閒餘資金的投資人來說，亦十分具有吸引力。

理論上，外匯投資人可以在國內存外匯存款（或買外匯 CD），也可以匯款至國際金融市場上購買 CD。國際金融市場的深廣度都較國內市場大得多，次級市場又十分活潑，投資環境較國內市場為優。然而，一般個人卻不容易直接進入這個市場內，原因是：

---

❹　次級市場(Secondary Market)是指證券已發行後的買賣市場，又稱為交易市場、流通市場或第二市場；相對者為初級市場(Primary Market)，又稱為發行市場或第一市場。

1. 國際金融市場是一個批發市場，單位交易金額很大。

2. 大多數個人對國際金融環境、市場及工具瞭解有限。

3. 有關資訊不易充分取得。

4. 中介管道不足。

由於以上各種原因，個人直接在國際金融市場上投資的並不普遍，大多數均經由籌組共同基金的方式在國際金融市場上投資。

第八節　歐洲通貨存款

外匯投資人可以在國內存外匯存款，也可以在國外存外匯存款。「國外」指的是其他國家的金融市場，及超越國家的歐洲通貨市場(請參考第三章第三、四節)。

在歐洲通貨市場上存款，稱為歐洲通貨存款。歐洲通貨存款與一般銀行存款最主要的不同是：歐洲通貨存款除通知存款外，皆屬定期性的存款，存款期限可短至一日，可長達五年。所有的存款皆支付利息，利率由銀行與客戶自行約定，利率高低主要視存款當時市場資金供需狀況而定。由於歐洲通貨市場不受市場所在國利率上限規定的限制，以及免提存款準備金、保險費、免扣營業稅等，因此歐洲通貨存款的利率一般較國家市場內所付者為高；同時該市場之利息給付免除稅捐（利息所得稅、印花稅等），因此投資報酬較國內為高。

歐洲通貨存款雖然有高利率與免稅的優惠，但一般個人無法進入此一市場進行外匯投資，因為歐洲通貨市場是一個批發性市場，單位交易金額很大。歐洲通貨存款的來源除一般銀行外，主要的存款個體為大公司、政府機構、國際組織及大富豪等。一般投資人可以共同基金的方式在此市場投資。

第六章

共同基金

第一節　何謂共同基金

　　共同基金 (Mutual Fund) 是一種由專業性的投資機構，如投資銀行、證券公司或投資信託公司等機構，對一般小額投資人募集資金，集合成一共同的基金後，再投資於各種資產或金融工具上的投資方式。對投資人而言，是一種間接投資。

　　共同基金又可稱為相互基金、互助基金或單位信託基金等。投資人經由購買基金公司的股份或持分(Share)，而成為共同基金的部分持有人。基金公司給予投資人的持有證件稱為受益憑證。

第二節　共同基金產生與擴展的原因

　　共同基金產生及產生後迅速擴展的原因為：

　　1.投資人因投資知識不足、經驗不多、時間有限等，以致無法直接投資。

　　2.有關的投資資訊不容易取得，或取得成本太高，或取得不充分等。

　　3.投資人個人資金有限，無法分散投資。

4.投資人個別聘請投資顧問的費用頗不經濟。

以上原因或使得投資人因對市場和工具不瞭解而無法參與市場交易，或因資訊不足而失去機會，或因集中投資而風險太大，或因成本太高，而降低收益。

基於以上的原因由專業投資機構集合小額資金後代為操作的方式產生，即共同基金。共同基金於一九七四年創始於美國，並廣受歡迎，基金的種類愈來愈多，投資的地區愈來愈廣，投資的商品亦不斷創新。目前共同基金的投資方式已風行於國際間。

在國外投資方面，雖然國際金融市場的廣度及深度都較國內市場大得多，次級市場又非常活潑，是非常好的投資地區，然而一般的投資人卻更不容易直接參與，原因除上述幾種以外，還包括國際金融市場的單位交易金額很大。通常直接參與此市場者是各國銀行、政府機構、多國籍公司等。

第三節　共同基金投資方式的利弊

共同基金在先進國家中廣被接受的原因是：

1.小錢變大錢，使錢的效用提高。

2.由專家運用，使錢的收益增加。

3.投資標的分散，使風險降低。

4.基金公司倒閉的很少，安全性高。

5.基金買賣容易，流動性高。

6.基金種類繁多，選擇性大。

傳統上，小額投資人的資金出路多為儲蓄存款，風險固然很低，但收益也很低。近年來，股票市場吸引了眾多的投資人，但股票投資

的風險很大。在高報酬與低風險不能兩全的情形下，購買基金成為折中的方式。

　　投資於共同基金和投資人直接投資不同。基金持有人需要支付基金操作與保管的各項費用（亦即基金經理機構與保管機構的報酬），而買入基金時要付佣金（即基金的銷售費用），賣出基金時又要付手續費（即基金的買回費用）。各項費用約佔全部資金的5%左右。

　　所以，假如投資人自己具備直接投資的能力，例如有專業知識及技術，有充分的資訊，有足夠的資金能分散風險，同時有時間及興趣能親自操作，那麼投資人應該自己操刀。在這種情形下，何必購買共同基金而使成本提高約5%？

　　但是，具備上述條件的投資者實在不多，尤其是海外投資方面。因此，共同基金仍然值得考慮。如果投資人額外的付出（基金公司的費用）能換取加倍的報酬，那麼何樂不為？

第四節　共同基金的種類

　　共同基金的投資市場與投資標的都非常多樣化，市場可能是國家市場，如日本、美國、西德等國家，也可能是國際金融中心或境外市場。投資標的可能是股票、政府公債、公司債、貨幣市場票券、外幣等，也可能是貴金屬、房地產、礦藏等。共同基金的投資通常採用資產組合的方式，使投資風險分散。因為基金的投資非常多樣化，使基金的種類繁多。

　　採用不同的基金分類標準，就會有不同的基金分類，基金有幾十種之多，但同一個基金可以分在好幾類裏面。基本上我們使用基金的「報酬」來做為分類的標準，因為報酬是投資的目的。基金的報酬若

以長期成長為重，屬於成長性基金，若以當期收入為主，屬於收入性基金。「成長」和「收入」是基金的兩種基本型態。

成長型基金著重的是基金的成長，亦即淨值的增加，這種基金以投資股票市場為主。成長型基金因所投資的股票不同又分成積極成長（追求最大增值）、新興成長（挑選新公司投資，追求長期成長）及成長（追求長期成長）等。此外亦可因投資標的不同，分為黃金基金、外幣基金、股票指數基金等，或因投資地區不同而分為國際基金、日本基金、歐洲基金等等。

收入（或收益）型基金著重的是當期收入，因此這種基金以有較高的當期收入的貨幣市場工具，或有穩定的每期收入的長期債券為主。收入型基金因所投資的商品不同，而分成貨幣市場基金、政府公債基金、公司債基金等。

有一些基金同時著重成長與收入，即成為成長收入基金或平衡基金。這種基金同時投資於股票與債券市場，通常報酬較成長型基金低，但較收入型基金高。收入型基金的風險最低，成長型則較高。高報酬即高風險，在共同基金的選擇上也是不能兩全的。

基金公司也會給自己的基金取一個名稱，例如我國第一個國內發行的海外基金即光華證券投資公司所發行的環球基金，其後陸續有建弘泛太基金、中華萬邦基金、國際全球基金等。除國內的四種基金外，國外基金公司來臺推出的基金更多，如怡富、富達、大和、景泰、花旗、豐盛等基金（在其中一種基金下又有好多種，如怡富日本、怡富歐洲大陸、怡富太平洋、怡富美國、怡富澳洲、怡富東方、怡富國際等）。上述這些都是一個基金的名稱，不是分類。基本上，上述基金亦是分成成長、收入及成長收入等類型。

下表為不同基金的分類，及各類基金在不同期間的收益率比較

（計算期間為七十七年六月底以前）。

各種共同基金不同期間收益率排行榜　　　　單位: %

名次	一年收益率排行		三年收益率排行		五年收益率排行	
1.	黃金	94.1	國際	144.1	道瓊工業指數	270.6
2.	國際	37.8	道瓊工業指數	140.9	國際	262.9
3.	道瓊工業指數	32.1	S&P500	122.3	S&P500	241.2
4.	S&P500	25.1	成長型	97.1	成長兼固定收益型	191.8
5.	成長型	18.2	成長兼固定收益型	97.0	成長型	188.3
6.	成長兼固定收益型	18.2	積極成長型	90.0	黃金	186.3
7.	積極成長型	13.5	公司債	57.4	積極成長型	178.7
8.	一般市政公債	6.4	政府公債	49.9	公司債	109.5
9.	公司債	6.2	一般市政公債	48.4	一般市政公債	93.5
10.	政府保證公債	5.4	黃金	27.1	政府公債	89.2

資料來源: 美林證券公司

第五節　如何選擇共同基金

如何選擇共同基金，包括:

1.如何選擇基金公司?

2.如何選擇基金?

共同基金既是由投資人聚集資金後交由一特定機構去運用，那麼投資人對於這個特定機構的選擇就必須特別加以注意,避免所託非人。基金投資人最大的風險是基金公司倒閉，基金公司倒閉的例子不多,

但也不是完全沒有（與銀行一樣會倒閉相同）。 基金投資人投資的目的，當然是希望在能夠承擔的風險範圍裏，獲得最大的報償，為達到此目的，第一步即是選擇一個信譽良好，無倒閉之虞的基金公司。其次，每一個基金公司都有許多不同的基金，投資人如何在許多基金裏挑選呢？

選擇基金的步驟為：

第一步：瞭解自己。瞭解自己的個性、自己能承擔的風險多大、希望的報酬多少、自己對安全性、流動性的要求多高等。根據這些，先把不適合自己的基金去掉，例如個性保守的人就不要選擇積極成長基金，希望有穩定收入的人就應該選擇收入型基金等。愈瞭解自己，愈能確定目的即愈能掌握目標。

第二步：列出基金表現排行榜。在淘汰掉不合適自己的基金以後，剩下來的就是選擇最適合自己的基金。選擇的主要根據是：

　1.基金過去的表現(Performance)。

　2.基金現在的投資組合內容。

　3.基金的收費情形。

雖然基金過去的表現並不能做為對未來的保證，但是基金公司操作的水準、投資策略的正確與否等，可以從基金公司過去的表現上大致瞭解。惟投資人仍必須注意，基金「經理公司過去之績效，並不保證本基金之未來獲利，經理公司及保管機構除盡善良管理人注意義務外，不負責本基金投資之盈虧，亦不保證最低之收益」（上段「」 中之文字是基於政府的規定，所有基金之公開說明書及廣告上都需登載的）。

基金未來能否獲利與該基金選擇的投資組合最有關係，因此投資人可根據自己對整體經濟與金融情勢的看法,挑選最適合的投資組合。

例如投資人若認為日本地區最值得投資，可選擇日本基金，若認為全球各處股市值得投資，可選擇國際基金。此外，還有歐洲基金、美國基金、太平洋基金、澳洲基金等可供選擇。投資人尚可選擇多個基金，形成基金組合，例如同時購買日本、美國與歐洲基金。

　　基金有收費的，有不收費的，有收費高亦有收費低的❶。

　　費用多寡與投資表現好壞沒有絕對關係，投資人在選擇基金時以表現好的公司為優先考慮，但若表現好又收費低，或表現相同但收費較低，自然就更理想了。美國許多著名的財經雜誌如 *Money*、*Forbes* 或 *Fortune* 等，在評估各基金表現時，均將這項費用比率開列，投資人可用為參考。

　　投資人固可自己根據以上幾點標準列出基金排行榜，然後據以選出最好的基金。投資人也可以參考現成的排行榜來加以選擇。前者需要許多的資料，需要專業的知識。後者則十分簡單、方便，適合一般的投資者。

　　有許多財經雜誌都有這方面的排行榜，例如《華爾街日報》、《亞洲華爾街日報》或上述的 *Money* 等。

---

❶　收費與否及收費高低與基金的好壞並沒有絕對關係。收費高的基金並不
　　表示就是收益高的基金，不收費的基金也並非即為表現不好的基金。有
　　的基金收費低但表現好，這是最理想的情形（而且並不是沒有這種情
　　形）。　為什麼呢？因為很多基金公司的銷售是委託經銷商來進行的，因
　　此銷售費用進了經銷商的口袋，但卻需要投資人來承擔。

第七章

證券投資

第一節　股票

一、股票投資的重要性

現代投資的主要對象是金融證券，金融證券的種類繁多，有貨幣市場工具，如銀行定期存單、國庫券等；有資本市場工具，如股票、公司債等。其中以股票最為重要。

投資重視的是報酬與風險。一般說來，股票投資的報酬率較高，但風險也較大。惟若有適當的風險控制，股票投資通常是所有證券投資中最吸引人者。

在外匯投資的諸多方式中，股票投資所佔分量亦最重。外匯投資人除直接匯錢至國外，如日本、美國、澳洲或歐洲各國等地之股市購買股票外，大部分是經由購買基金而間接投資於各地股市。除貴金屬、房地產等特殊標的之基金外，其他以金融證券為投資標的的基金，其股票投資多在 50% 以上。以國內的建弘泛太基金為例，其基金初期的投資組合中除 10% 為銀行存款外，其餘即皆投資於股市，分別是日本股票 60% 至 65%，美國股票 8% 至 10%，加拿大股票 8% 至 10%，澳洲、紐西蘭股票 4% 至 5%，新加坡股票 4% 至 5%。

二、股票投資獲利來源

投資的目的在取得報酬，報酬的方式一般分為兩種：資本利得及每期收益。前者來自買低賣高的差價或資產增值（均為買賣差價），後者來自資產的收益（如房租）或貸出資金的報酬（如利息）。 有些報酬主要來自資本利得，如外幣、貴金屬、期貨等買賣；有些則來自每期收益如銀行定期存單、公司債券或政府債券等投資。有些則來自兩者，如股票、辦公室及停車位的投資等。

股票投資獲利的來源一為資本利得，另一為股利。資本利得因股票買低賣高而來，若無股票買賣即無資本利得，若非買低賣高亦無資本利得。所以，資本利得的獲得與股票價格的變動與買賣時機關係密切。股利來自公司的盈餘，公司的盈餘扣除所得稅、公司債債息及盈餘保留的部分以後，其餘分配予股東，即為股利。股利多寡視公司營運成績而定，公司若虧損、無盈餘或盈餘不多時，都可能沒有股利。

三、股東投資目的

股票分為普通股股票與特別股股票。前者代表普通股股份，後者代表特別股股份。我國公司法第 156 條第 1 項規定：「股份有限公司之資本，應分為股份，每股金額應歸一律，一部分得為特別股❶；其種類由章程定之。」

普通股是股份有限公司的基本股份，普通股股東投資的目的為獲

---

❶ 根據上述公司法第 156 條之規定，股份有限公司之股份一部分「得」為特別股。得與「應」不同，得是可以的意思，應是必須的意思，前者無強制性，後者有強制性；因此，股份有限公司是否發行特別股由公司章程定之。

得公司管理權，資本利得或股利。公司之所有權屬於全體股東，股東得出席股東常會或臨時會，運用投票權選舉公司董監事，透過董監事間接管理公司。對大多數股東而言，獲得公司管理權並非投資股票的目的，大多數股票投資人的目的在於獲得股利或股票買賣差價。尤其是股票買賣差價更為國內股票投資人投資的主要目的。

投資人購買特別股的目的則主要在於股利。由於特別股股東特別重視股利的分配，因此特別股的投資兼具普通股與公司債的性質。一般說來，特別股的報酬在普通股與公司債之間，而風險亦同❷。

特別股之稱為特別，在於它有某些普通股所沒有的權利與限制。權利方面可於公司章程中載明特別股分派股息、紅利及公司剩餘財產的順序、定額或定率。限制方面亦可於公司章程中載明其行使表決權之順序、限制或無表決權❸。

股票投資人因投資目的之不同，而選擇購買普通股或特別股，若投資人以獲得公司管理權為目的，即必須成為大股東；若投資人以獲得每期收益為目的，則必須挑選績優公司；若投資人以獲得股票買賣差價為目的就必須特別重視股票價格的變動。

四、國外股票投資的特別風險

國外股票投資獲利的來源除股票買賣差價及股利以外，尚有匯率

---

❷　公司債是固定收益的證券，特別股雖亦以每期收益為投資目的，但並不固定，其分配仍需視公司有無盈餘而定。又公司債是有固定到期日的證券，其價格波動主要受利率影響，特別股並無固定到期日，價格之波動通常大於債券。基於以上原因，特別股之風險通常大於公司債，但報酬也較高。

❸　見公司法第157條。

差價。此處，投資人需要特別注意美元以外其他外幣匯率差價的變化，例如七十八年開年後短期間內，雖然日本股市大漲，國內幾個投資於日本股市的基金卻均虧損，原因即在於國際間美元大漲（日圓相對美元貶值）， 而國內卻新臺幣對美元升值（經交叉換算後，日圓對新臺幣大跌）， 這項匯率損失不但抵銷掉股票價格的上漲，還使整個投資成為虧損狀態。因此，投資國外股票有很大的風險是匯率風險，這也是國內股票投資所沒有的風險。

自七十五年新臺幣升值情勢明顯以來，大量投機性資金（熱錢）湧入國內股市。在國內基本經濟情勢良好的前提下，大量的資金追逐有限的股票，必使股票價格上漲。於是，這些湧入臺灣賺取新臺幣升值利益的投機性資金，同時亦在臺灣的股票市場享受了資本利得。

由此可知，投資國外投票市場的報酬可能（不一定）大於國內股票投資，但風險亦同樣大於國內股票投資。高報酬同時高風險，是所有外匯投資的共同特性。

五、國外股票投資的主要地區

國際股市方面，美國和日本股市是國人比較熟悉的國外股市。由於國人對美、日兩國之經濟、政治、商業、金融及文化較熟悉的緣故，美日兩國是投資人國外投資的主要地區。美日兩國股票市場是全世界最大的股票市場，市場本身亦接近成為有效率的資本市場 (Efficient Capital Market)❹。因此投資該兩地的國家風險很小，市場風險亦較

---

❹ 所謂有效率的資本市場是指資本市場上各證券的價格能充分反映所有可以獲得之情報，而且新情報發生後，各證券價格能立即或近似立即地加以相應調整。換言之，資本市場如果是有效率的，則市場上各證券之價格應能充分反映所有已公開或未公開的情報，在此情況下，投資者很

國內為低。

除美、日兩地股市以外，亞太其他地區及歐洲地區亦為海外股票投資值得考慮的地區。亞太其他地區如新加坡、韓國、泰國等，因為具有貨幣升值、經濟成長、資金充沛及股市成長等的有利因素，因此為大多數投資專家看好，近年來成為全球最熱門的投資地區。歐洲地區股價長期偏低，尤其是與日本比較，更是猶待開發的低價位。國人在歐洲股市投資的較少，主要是對歐洲的經濟、金融及市場情況較不瞭解的緣故。此外，拉丁美洲如墨西哥、巴西等新興市場亦吸引不少投資人，但高風險仍是此一地區投資最大的特色。

六、國外股票的選擇

由於投資國外股票有時空的距離，因此不易把握時機，再加上頻繁交易的手續費和稅捐負擔很重，因此海外股票投資不適宜短線進出，而以中、長期投資較為適合。

中、長期投資以公司財務結構、獲利情形、經營能力及行業展望都良好的績優股或潛力股為佳。惟雖有上述標準，但投資人限於資料、技術及本身分析判斷的能力，在面對不甚熟悉的國外股市時，多有無從下手的感覺。解決此一難題的方法有兩種：

一、經由證券公司投資。

二、以購買共同基金的方式投資。

難持續地獲得超乎正常之利潤。反之，如果資本市場是無效率的，則市場上各證券之價格將不能充分且迅速的反映所有情報，在此情況下，投資者可因某些情報或內幕消息而獲得超額利潤（請參考林煜宗，《現代投資學》）。

七、 存託憑證(Depositary Receipt, DR)

存託憑證是一種由銀行或信託公司所簽發的可轉讓憑證，證明有一定數額的股票寄存於該機構。憑證之持有人即股票擁有者，保管股票的機構即信託銀行。換言之，存託憑證是存託銀行簽發予股票所有人的一張收據，證明其有一定數額的股票寄存於該機構。此收據可以轉讓，因此可以買賣。

存託憑證是由美國摩根銀行於一九二七年首創，至今摩根銀行仍是全世界最大的存託銀行。投資人若欲購買外國股票將遭遇結匯、委託購買、股票遞送、股息領取等問題（出售時亦同樣有股票遞送、委託出售及結匯等問題）。 換言之，時空的距離造成直接購買外國股票有很多不方便的地方。尤其是可能牽涉到政府的法令規定，如外匯管理等，使直接投資外國股市不一定可行。存託憑證的創立，使投資人可以在其本國國內以本國貨幣購買外國股票，並以本國貨幣領取股息，而股票則交由存託銀行保管。因此，外國投資人若以存託憑證的方式來買賣股票即不需要結匯，不需要運送及保管股票等。存託銀行提供上述服務的報酬可能由股票發行公司來負擔（即受委存託憑證）或由股票投資人來共同負擔（非受委存託憑證）。

存託憑證是外國股票在他國的替代證券，存託憑證的價格必與其所代替的股票在其本國內的價格相當（因為若非如此投資人可以經過在一處買在另一處賣的套利行為賺取差價）。 所謂「相當」是指憑證的價格將大致等於股票的本國價格乘以匯率再加上存託銀行費用。因此，決定存託憑證價格的因素主要為：股票價格與匯率。

在美國境內買賣的外國股票，大多採取存託憑證的方式，此種在美國發行的存託憑證即 ADR(American Depositary Receipts)。如日本

的Sony公司即是第一個日本大企業在美國發行ADR者。

外國公司的股票在臺灣以存託憑證的方式交易，即成為 TDR (Taiwan Depositary Receipts)。臺灣欲投資外國股票的投資人可在直接投資（在自由結匯額度內結匯）與間接投資（購買投資外國股票的共同基金）方式以外，增加一種投資方式。

第二節　債券

一、債券的意義及種類

金融證券中以股票最為重要，其次則為債券。債券是債務人（借款人）向債權人（投資人）舉借款項，承諾在債券到期日支付約定的金額，並且在每年約定的日期支付利息的證券。債務人若是普通公司即為公司債，若是政府或政府機構即為政府債券。債券面值及利率通常是固定的，利率的高低主要取決於市場利率的高低及債務人債信的強弱。

外匯投資中債券是很重要的投資項目之一，尤其是美國政府債券，更為全球廣大投資者喜愛。一般說來，美國政府債券的安全性、流動性很高，獲利性也適中。

二、美國政府債券

美國政府債券種類繁多，有聯邦政府發行者，有州、市等地方政府發行者，其中以聯邦政府發行的國庫券、國庫票據及國庫債券最為重要。

國庫券 (Treasury Bills)、國庫票據 (Treasury Notes) 及國庫債券

(Treasury Bonds)，三者最主要不同處，是到期日的長短。國庫券是一年內到期的短期政府債券，分為三個月、六個月、九個月及一年期數種。國庫券票面上並無利率的記載，但因其按面額以貼現方式發售，因此可由貼現額計算出利率。國庫票據是中期政府債券，到期日超過一年但不超過十年，通常在七年以內。國庫債券是長期的政府債券，到期日通常超過十年但不超過四十年。國庫票據及國庫債券均載明利率，可以轉讓，到期前政府亦得提前償還。

國庫券是貨幣市場工具中很受歡迎的一種交易工具，其次級市場十分活潑。國庫債券是聯邦政府所負債務中分量最大者，國庫票據則近年來發行不多。

三、公司債

公司債為普通公司所發行，用來向一般公眾（投資人）舉借資金。公司債可因為有無擔保品而分為有擔保公司債與無擔保公司債；因為有無記名而分為記名公司債與無記名公司債；因為到期年限長短而分為短期、中期及長期公司債；因為可否提前償還而分為可提前償還及不可提前償還的公司債；因為是否得轉換為公司的普通股而分為可轉換與不可轉換公司債。公司債通常利息固定，可以轉讓。

一般說來，公司債因為債信不如政府債券，因此利息較高。公司債雖報酬較高，但信用風險也較高。公司有倒閉可能，若如此，則公司債投資人將不能如期取回本息。因此，投資公司債最重要的工作是選擇信譽良好的公司。

四、歐洲債券(Euro Bonds)

歐洲債券是指以歐洲通貨(Euro-currency)為單位，並在歐洲通貨

市場買賣的債券（歐洲通貨及歐洲通貨市場請參考第三章）。

歐洲債券的發行者大多是工業先進國家中信用評等極為優良的大公司。此外，歐洲債券均經由多國籍的銀行團保證，因此投資者承擔的信用風險非常小。歐洲債券的利率固定，期限通常由五年至二十年不等。

歐洲通貨市場由於享有境外市場的優厚條件，因此歐洲通貨市場上的借貸雙方均可以獲得較其本國市場條件為優的存放款利率。此外，歐洲通貨市場的單位交易金額很大，是一個批發性的資金市場，不是一般小額投資人的參與市場。一般小額投資人大多透過共同基金等的間接方式參與此市場。

五、浮動利率本票(Floating Rate Note, FRN)

浮動利率本票為一種利率浮動的歐洲債券。

歐洲債券通常期限很長，這麼長時期的固定利率，使借款人與投資人雙方所承擔的利率風險均過高，於是另一種採浮動利率計息的歐洲債券興起並迅速成長，此即為浮動利率本票。浮動利率本票為一種無記名、可自由轉讓、利率浮動、以歐洲通貨為單位，在歐洲通貨市場上發行流通的債券。

浮動利率本票的計息一般是採用倫敦銀行間放款利率 (London Inter-bank Offer Rate, LIBOR 或 LIBO)❺為基礎再予固定加碼，計息基礎通常每六個月調整一次。浮動利率本票大部分有最低利率的規定，提供投資人最低收益率的保障。

歐洲債券與浮動利率本票的計息不扣利息所得稅，到期期限雖

---

❺ LIBOR雖是倫敦主要銀行間的拆放利率，但一般被採用為國際間貸款利率的計算基礎。

長，但因次級市場非常活潑，因此變現性很高。

六、債券投資的獲利來源

債券投資的獲利來源主要為債息，因此債券通常被認為是固定收益證券。共同基金有以成長為主者，有以收入為主者，若以收入為主，則債券是最主要的投資標的。

債券的面值與市價不一定相等，債券市價受市場利率影響常常變動，因此買賣債券亦會產生資本利得（或虧損）。

七、市場利率與債券價格的關係

債券價格與債券利率、到期年限及市場利率的關係十分密切❻。尤其是市場利率，對債券價格有十分重要的影響。

當市場利率上升時，債券的利率即相對較低，債券價格因此下跌；同樣，當市場利率下跌時，債券利率即相對較高，債券價格因此上漲。上述關係簡而言之，即市場利率上升，債券價格下跌(up is down)；市場利率下跌，債券價格上升(down is up)。所以，當市場利率可能上升時，投資或投機者即儘快先行賣空債券，若市場利率果真上升，則債券價格亦會下跌，那麼，投資或投機者再以低價補入債券後，即有資

---

❻ 這幾者之間的關係，經 Barton G. Malkiel 研究後，得到五項結論，稱為債券價格五定理。歸納如下：①市場利率上升，債券價格下跌。反之，市場利率下跌，債券價格上漲；②市場利率與債券利率不等時，債券市價與面值即不相等，且到期期間愈長者，價差愈大；③當到期期限增大時，價格變動百分比增加之幅度逐漸減少；④市場利率下跌（債券價格上漲）所獲之資本利得，大於市場利率上升所致之資本損失；⑤當市場利率變動時，債券利率高的價格變動較債券利率低的為小。

本利得。同樣，當投資或投機人預測市場利率將下跌時，即會儘快先行買入債券，若嗣後市場利率果真下跌，則債券價格會上漲，投資或投機人再以高價賣出債券，產生資本利得。

八、投資國外債券的特別風險

投資國外債券的獲利來源為債券的每期債息與債券買賣的資本利得。債息是投資債券的最主要報酬，但債息是否能按時取得及到期本金是否能如期償付，均與債務人的履約能力有關。因此，違約風險（Default Risk，為信用風險的一種）是債券投資的最主要風險。但若債券投資人謹慎選擇債券的發行者，則違約風險可以減至最低，甚至無風險，例如美國政府債券通常即被認為是無風險債券。

除違約風險外，購買國外債券還有國內債券所沒有的匯率風險，如同其他外匯投資方式，匯率風險是國外債券投資需要特別注意的風險。因此，在選擇國外債券時，除考慮債信外，首先要考慮匯率風險，因為比起國際間幾種主要貨幣的變動幅度（即匯率風險）來，國外債券的利息收益實在就可能微不足道了。

九、國外債券的選擇

面對五花八門的國外債券，尤其是風險較高的公司債，投資人要如何選擇？雖然投資人最安全的選擇是購買外國政府債券，違約風險可減至最低，但政府債券利率較低，投資人可獲得的每期利息較少，換言之，投資報酬較低。投資人若為較高的收益而購買外國公司債，則又須承擔較高的風險。高報酬與低風險總難兩全。

經由購買基金及中介機構提供服務的方式，可以解決很多國外投資的困擾，如時空距離的不便、資訊的不足及投資標的的選擇等。若

投資人想要採取直接投資方式，則參考投資服務機構對債券的分級評等報告是很理想的辦法。最有名的這種服務機構是 Moody's Investor Services，Inc.及Standard & Poor's Corporation兩公司。

第八章

期　貨

第一節　何謂期貨及期貨交易的特性

期貨(Futures)的相對是現貨，通俗言之，現貨是買賣做成立即銀貨兩訖的交易，期貨則是買賣做成後一段時期才銀貨兩訖。具體而言，「期貨」是買賣雙方訂立的一種契約，同意以某種約定的價格，買賣一約定數量或金額的未來某日交割的商品。期貨交易的特性包括：

1.買賣約定的商品：如大豆、玉米、黃金、外匯、聯邦公債(利率)、 德國馬克、股價指數、活豬、糖、咖啡等等。幾乎所有未來價格不確定的商品（即有價格風險者）皆可以成為期貨交易的對象，但若要真正成為期貨交易所內交易的商品，則需要經過美國聯邦商品期貨交易委員會 (Commodity Futures Trading Commission, CFTC) 的審查同意。適合進行期貨交易的商品，必須能規格化且具有市場性。

美國是全世界最大的期貨交易市場，在美國期貨市場上交易的商品有近百種之多，大體來說，可以分成九類，如下表所示：

①穀物、油籽及其製品	玉米、小麥、燕麥、稻米、大豆、大豆油、大豆粉、葵花籽等
②畜產品	活牛、活豬、肥育牛、豬腹協肉、雞、雞蛋等
②畜產品	糖、咖啡、可可、馬鈴薯、橘子汁、牛油、棉花等

④石油製品	原油、燃料油、液化瓦斯、含鉛汽油、不含鉛汽油等
⑤林產	木板、合板等
⑥金屬	金、銀、銅、白金等
⑦利率	歐洲美元、國庫券、國庫債券、公債、銀行定期存單、商業本票等
⑧外幣	德國馬克、瑞士法郎、日圓、英鎊、加拿大元等
⑨指數	紐約證券市場綜合指數、價值線指數、500家企業綜合指數等

在上述詳細分類之外，外幣期貨、利率期貨及指數期貨通稱為金融期貨 (Financial Futures)，其餘通稱為商品期貨 (Commodities Futures)❶。

2.約定在未來某月交割且交割日固定：期貨交易一年中只有幾個固定的交割月份。期貨交易只列出交割月份而不列出交割日（因為交割日已固定在一月中的某日），各商品的交割月份不同，如大豆一年中有七個交割月份，分別是一、三、五、七、八、九、十一月。活豬一年中也有七個交割月份，分別是二、四、六、七、八、十、十二月。

3.有一定標準的契約單位：期貨的契約單位有些以體積計算，有些以重量計算，有些以金額計算。以外幣期貨為例，一契約單位為 25,000英鎊或 125,000馬克或 125,000瑞士法郎或 12,500,000日圓或 100,000加拿大元。玉米的契約單位為 5,000英斗或 1,000英斗。活牛的契約單位為 4萬磅或 2萬磅。

4.報價時訂有價格變動的最小幅度，每一契約訂有最小變動價格

---

❶ 期貨商品指期貨交易的標的物，期貨商品的種類繁多，有農、畜、林、油等實質商品及利率、外幣、指數等金融商品，一般將上述實質商品的期貨交易稱為商品期貨交易，金融商品的期貨交易則稱為金融期貨交易。

及設有每日價格變動的限制：以外幣期貨為例，價格變動的最小幅度除英鎊為 0.05 分外，其餘為 0.01 分，因此能計算出每一契約最低變動價格為 12.50 美元（價格變動最小幅度×契約單位），每日價格變動的限制為 1,250 美元。

5.期貨交易採保證金制度：期貨交易有特殊的保證金制度 (Margin System)。任何人只要開戶並依規定繳交保證金後，就可以進入期貨市場進行期貨交易。保證金制度保障買賣雙方的權益，為買賣雙方均能履行其權利義務的保證。保證金分為原始保證金 (Initial Margin) 和變動保證金 (Variation Margin) 兩種。原始保證金的多寡在各交易所內不同，大致是契約金額的 1%至 10%或每一契約設有固定金額，開戶並繳交原始保證金後，就可進行交易。此後交易所的清算單位 (Clearing Unit) 根據期貨價格的變動，逐日計算未交割契約的盈虧 (Marked to Market, MTM)，並通知客戶補繳或撤回部分保證金，此種以逐日追隨市價的結算方式來調整的保證金，即為變動保證金（或維持保證金）。

6.採取在交易所內公開喊價的成交方式。

7.交易時間、手續費或佣金在各地交易所不同。

8.期貨交易參與者的主要參與動機為避險或投機。但以投機者佔多數，因此使得期貨市場成為投機氣氛濃厚的市場。

9.期貨交易通常並不交割，惟若持有契約直到交割日，則必須履行交割義務。大多數期貨交易者並非以實際買賣期貨商品為目的，所以實際提運商品的情形很少發生，大多數的期貨契約都在交割日以前以反向交易方式（即買方再賣出，或賣方再買入）沖銷掉了。由於這項特性，使期貨交易一般被認為是「契約」的買賣，而非「商品」的買賣。亦因為期貨交易流為契約買賣，助長了投機的風氣。

以下以外幣期貨為例，將期貨特性以簡表方式列出：

外幣期貨特性摘要

① 性質	外幣期貨契約是買賣雙方以約定價格、約定數量、約定交割日簽定的買賣契約。其和遠期外匯契約的不同，在於外幣期貨契約是制式（標準型式）的。
② 外幣種類	有DM、£、¥、SFr、C$等較活躍的，和FF、DFL等較不活躍的幾種貨幣。
③ 單位契約金額	DM, SFr: 125,000 C$: 100,000 FF: 250,000 £: 25,000 ¥: 12,500,000 DFL: 125,000。
④ 期滿月份	3、6、9、12月。
⑤ 交割日	期滿月的第一個週三。
⑥ 報價方式	每一（日幣為100）單位外幣之美元價格，如1英鎊＝1.2美元。
⑦ 價格變動的最小幅度	英鎊為0.05分，餘為0.01分。
⑧ 每契約最小變動價格	12.50元。
⑨ 每日價格變動限制	1,250元。
⑩ 保證金	原始保證金通常為每一契約1,000美元。變動保證金隨未交割契約餘額依市價計算。變動保證金每日計算，交易者需補足或提出變動保證金和原始保證金之差額。
⑪ 佣金	少許。
⑫ 交易直接成本	保證金＋佣金。
⑬ 市場形態	交易所式的有形公開市場。
⑭ 交易方式	交易所內公開喊價。
⑮ 參與者	任何依規定開戶及繳交原始保證金者。
⑯ 參與動機	避險或投機，或二者，以投機佔多數。
⑰ 交易期間	約為8:30AM至2:30或3:00PM。

第二節　期貨市場的發展

遠自十七世紀，英國即有紡織品的商品期貨市場，日本亦有稻穀

的期貨市場。美國則遲至十九世紀初期才開始有期貨市場，落後英、日的期貨交易達一個半世紀之久。

美國的期貨市場形成雖晚，但卻為現代期貨交易制度的創立者，亦是今日國際間最主要的期貨市場。期貨交易是在期貨交易所內進行，因此期貨市場是有形的市場。美國第一個期貨交易所為芝加哥交易所(Chicago Board of Trade, CBOT或CBT)。由於芝加哥在美國內陸商業及運輸上居樞紐地位，因此成為農畜產品、加工原料及工業產品的集散中心。一八四八年芝加哥交易所成立，芝加哥由現貨交易發展到期貨交易，但遲至一八六五年十月芝加哥交易所制定了交易規則後，現代的期貨交易才真正開始。

至今，芝加哥交易所仍是世界上最大的期貨交易所，次為芝加哥商品交易所(Chicago Mercantile Exchange, CME)。目前，全美共有十餘個期貨交易所，多位於紐約、芝加哥兩地，其中主要的幾個交易所及主要交易項目如下表所示：

交 易 所 名 稱	簡 稱	所在地	成立時間	主 要 交 易 項 目
芝加哥交易所	CBOT	芝加哥	1848	聯邦債券（利率）、大豆、玉米
芝加哥商品交易所	CME	芝加哥	1874	500家企業綜合指數、外幣、歐洲美元（利率）
紐約商品交易公司	COMEX	紐 約	1933	黃金、銀、銅
紐約商品交易所	NYMEX	紐 約	1872	原油、含鉛汽油、取暖用油
紐約咖啡、糖及可可交易所	CSCE	紐 約	1882	糖、咖啡、可可
紐約期貨交易所	NYFE	紐 約	1979	紐約證券市場綜合指數、外幣、債券（利率）

① COMEX全名為Commodity Exchange Inc. New York

②NYMEX全名為New York Mercantile Exchange
③CSCE 全名為New York Coffee, Sugar & Cocoa Exchange
④NYFE 全名為New York Futures Exchange

　　期貨市場上熱門的交易商品會隨時代改變,例如一九八〇年時,大豆、玉米的交易即佔40%,金屬佔15%,金融債券(利率期貨)則只佔13.5%;至一九八四年時,則大豆、玉米的交易減少到只佔25%,金屬佔15%,金融債券則上升到30%。從交易項目的排名變化中可以了解整個期貨交易的重心已經轉移到金融期貨,尤其是股價指數的期貨交易進展最快。

　　一九七〇年代固定匯率制度崩潰後,才有金融期貨市場的產生。一九七二年芝加哥商品交易所籌設國際貨幣市場(International Money Market, IMM),是最早的金融期貨市場。至今,IMM仍為世界最大的金融期貨市場。外幣期貨(Currency Futures)最先在金融期貨市場上出現(一九七二年),接著利率期貨(Interest Rate Futures)於一九七五年出現,一九八二年時又有股價指數期貨 (Stock Index Futures) 的出現。金融期貨產生後,成長相當迅速,很快的就成為期貨交易的主角。芝加哥商品交易所及紐約期貨交易所因為有外幣及股價指數期貨而成長快速,反觀執美國期貨交易牛耳的芝加哥交易所則因無上述兩項交易,所佔市場分量(Market Share)有減退跡象。

　　歐洲期貨市場以倫敦、巴黎為主。一九八八年中,瑞士、丹麥、芬蘭、西德等紛紛成立新的金融期貨交易所。亞洲的期貨市場有新加坡、香港、日本等地。日本的債券期貨市場於一九八五年十月成立,如今已是全球最大債券市場。澳洲雪梨亦有歷史悠久的期貨市場。此外,菲律賓、印度、馬來西亞、印尼、泰國及臺灣等亦紛紛成立期貨市場。

　期貨交易的成長與價格風險關係密切。期貨交易會由農產品期貨發端，原因是在生長期間，不論生產者、中間商或使用者均有價格風險，因此這些人都有規避將來價格變動風險的需要。而期貨交易的產生，使生產者能安心生產，使用者能固定成本，中間商亦能確定收益。當匯率、利率變動頻繁與劇烈後，金融期貨即迅速崛起，隨著股票市場的擴大，股價指數期貨成為很好的對沖(Hedging)工具。期貨交易項目因價格風險增加而擴充，期貨交易量亦因價格風險增加而擴大，換言之，整個期貨市場因價格風險增加而快速成長。一九六七年期貨契約量為九百五十餘萬個，一九七〇年為一千三百六十餘萬個，一九八〇年為九千二百餘萬個，一九八四年為一億四千九百餘萬個，一九八七年為二億三千餘萬個，近年則已超過四億個，成長之速可見一斑。

　下表列出全球金融期貨的合約金額，可以看出金融期貨市場的成長以及金融期貨交易中以利率期貨為主的情形。

全球金融期貨與選擇權（註）　　　　　　單位: 10億美元

項目 ＼ 年底	1986	1987	1988	1989	1990	1991
利率期貨	370	488	895	1,201	1,454	2,159
利率選擇權	146	122	279	387	600	1,072
貨幣期貨	10	14	12	16	16	18
貨幣選擇權	39	60	48	50	56	59
股價指數期貨	15	18	28	42	70	77
股價指數選擇權	3	23	38	66	88	132
合計	583	725	1,300	1,762	2,284	3,517

資料來源：BIS報告（取自TIFFE）。

註：National principle amounts outstanding at end-year, in billions of US dollars equivalent.

第三節　期貨清算單位（清算所 Clearing House 或清算公司 Clearing Corporation）

美國的期貨交易所是採會員制的公司組織，成為交易所的會員需經過交易所會員委員會審核通過。申請成為會員者需提出財務資料，接受常識測驗，並有二位以上會員的保證。當資格審核通過後，還需購得交易所的「席位」。

交易所的會員分成兩種，一種是普通會員，另一種是清算會員。普通會員如果通過交易所之清算單位(每一交易所都有一個清算單位，惟有些是附設在所內組織之下，有些是另外成立公司）的審查通過，獲准參加交易所的清算單位，即成為清算會員。因為清算會員的資格審查極嚴，因此大部分交易所會員都僅是普通會員。依據規定，所有期貨交易都需經由清算會員清算。清算單位需要對期貨交易的雙方負責，換言之，清算單位對交易的買方負責成為買方的賣方，同樣也成為賣方的買方。在這種情形下，如果有實際商品提運發生，則清算單位負責執行。透過清算單位，整個期貨交易與提運作業都簡化許多與增加保障。由上可知，清算單位是整個期貨交易的核心。

第四節　期貨經紀商

經紀商(Broker)是一種中介機構，它最主要的功能是促成買賣。期貨經紀商是介於期貨交易所與客戶之間的中介者，是代理客戶買進或賣出訂單並提供一切必要協助的中間人。目前美國的期貨經紀商大致有三種型態：專業經紀商、證券商兼營期貨經紀商及現貨廠商兼營

期貨經紀商等。經紀商的規模有大有小，大者擁有數個交易所的會員資格，小者可能只是一個地方性經紀商。有些經紀商擁有清算會員的資格（亦即清算會員兼營經紀商業務），　也有經紀商本身並無任何會員資格，故其所接受的訂單需要經過其他是交易所會員的經紀商，才能下至交易所內。

經紀商對客戶提供的服務包括：

1.提供市場訊息及諮詢服務。

2.備有合格經紀人為客戶開戶及代客操作。

3.做成最佳交易（最佳交易指交易完成的程序，符合快速、正確，且價格適當等原則）。

4.代理客戶執行買賣義務。

經紀商對客戶與交易所均十分重要。以客戶立場言，客戶期貨交易的成敗與經紀商的好壞關係密切，因此客戶在決定進行期貨交易時，第一步就是選擇一個良好的經紀商。一般說來，能夠取得清算會員資格的經紀商都有一定的高標準，此不失為一個選擇的辦法。以交易所立場言，經紀商必須代客戶向交易所之清算單位負責；換言之，若客戶倒帳，經紀商必須代為賠償（若經紀商倒帳，清算單位仍需對整個交易的完成負責）。　因此交易所之清算單位亦甚注意經紀商的品質，並對經紀商加以管理。

第五節　期貨交易進行之過程

期貨交易有一定的交易程序，在實際開始買賣以前，客戶需先完成下列手續：

1.開戶：開戶是客戶向期貨交易所之會員經紀商開立帳戶。開戶

時客戶需在「風險公開說明書」上簽名，以示了解期貨交易的高風險。開戶後若客戶自行操作，所開者即為一般帳戶，若客戶委由經紀人代為操作，則需另在開戶時與經紀人簽訂委託交易書或授權書，成為授權帳戶。

2.繳交保證金：原始保證金的多寡沒有一定標準，一般說來，視契約標的的價格及波動幅度而定，惟又與經紀商的要求有關。通常金融期貨的保證金較高，商品期貨較低。

在客戶開戶、繳交保證金以後，即可以開始操作（或授權經紀人操作）。典型的期貨交易經過是：

電話通知經紀人或業務代表，告知欲交易內容→經紀人覆誦交易內容，無誤後表示已接下該訂單→交易訂單立即經由電訊傳達至交易所之交易廳，由記錄員記下→交由跑單人傳遞給交易櫃檯上之經紀人→交易廳經紀人在櫃檯內公開喊價→成交後立即記錄→交給跑單人，循先前程序傳回給客戶之經紀人→先以電話通知客戶交易結果，再寄正式書面通知。

整個交易過程通常在 12 分鐘內就完成，若是市價訂單（Market Order，即訂單上未限制價格，而以當時市價為準）則進行得更快，通常不會超過兩分鐘。

第六節　期貨交易的風險

期貨交易的風險大於存外幣存款、購買外匯共同基金或投資外國股票與外國債券等前面介紹過的任何一種外匯投資方式。一般說來，期貨交易是外匯操作中風險最大的一種。期貨交易的風險來自兩方面，一為匯率風險，另一為保證金制度的風險。期貨交易屬於外匯交易，

必帶有匯率風險，勿庸贅言。

　　期貨交易採取特殊的保證金制度，保證金或多或少，但都有「以小博大」的效果。所謂保證金交易，是指期貨操作者只要繳交契約金額的某一比例之保證金，即可買或賣一個契約。在此制度下，若保證金為 10%，則操作者可以買賣保證金十倍的金額。由於財務槓桿原理充分發揮，操作者可能獲得的報酬較諸那些需要百分之百資金的投資方式（如股票、共同基金等）高出許多倍甚或幾十倍，這是期貨最吸引人的地方。但此點也是期貨交易的風險高出其他諸多金融操作許多倍甚至幾十倍的主要原因。

　　通常期貨市場的保證金只是契約金額的 5%，而有些商品甚至低至 1%。換言之，期貨操作者所買賣的商品價值（即契約金額）通常是操作者投資資金（即保證金）的二十倍至數十倍。因此，期貨商品價格的稍微變動，即是保證金金額的巨大變動，而保證金是要追隨期貨商品市價的變動每日計算的，當保證金不足時，操作者需立刻補足，否則可能被斷頭或砍倉（即經紀商代為認賠了結）❷。在此種情況之下，通常期貨商品價格的輕微變動（2%至3%左右，甚至更低），即會造成操作者可能被振殺出局。換言之，假如操作者不是本身資金十分充足，而是想充分利用期貨交易的槓桿作用的話，操作者可以承擔的價格變動風險將十分有限，這對投資來說，是非常不利的。這也是期貨交易風險很高的主要原因。

　　此外，國內期貨交易由於客觀環境的較不健全亦使風險增加。期貨交易在國際上（尤其是美國）原是公平的交易，由於期貨市場屬於

---

❷　通常當客戶保證金不足 25%時，經紀人即會通知客戶補足，若客戶未加補足，而價格又繼續朝向對客戶不利的方向變動時，經紀人即會在保證金不足達 50%時，予以斷頭（或砍倉）。

國際性市場,不容易發生人為炒作,因此一般說來較為公平。但在國內,由於地下期貨交易盛行,以致各種人為欺騙的方式都有,最常見者如虛設公司吞沒保證金❸,公司與客戶對賭❹或經紀人「炒單」❺等。最後的結果都是客戶損失保證金。

在臺灣,期貨交易容易虧損,除了是因為地下期貨交易盛行外,一般期貨操作者大多未受過期貨教育,容易惑於期貨可能的高報酬,而未對期貨的高風險充分了解亦是重要原因。加以資訊的不充分甚或期貨公司提供錯誤的資訊,均使期貨操作的風險增加。此外,有些經紀人未經過資格考試,水準良莠不齊,而不合格的經紀人在期貨公司大量需人的情況下就佔了大多數。期貨操作本來就是「輸多贏少」❻

---

❸ 據高檢處偵查經濟犯罪中心針對地下期貨公司的調查,發現多數地下期貨公司的實際負責人,既非公司登記負責人或股東,在國內又無住所,和銀行亦只有小額金錢往來,公司的經紀人採臨時約僱,軟、硬體等必要設備係按日租用等,顯示國內期貨業者多為虛設之公司或並無長久經營之企圖。

❹ 《亞洲華爾街日報》的一篇報導指出,臺灣的商品期貨交易只有1%(一般說法是 10%)遵循合法途徑進入美國期貨交易所內交易。這表示,臺灣的期貨交易絕大部分是期貨公司與客戶之間的對賭行為。而在臺灣自創的對賭手法中,有許多是正規期貨操作中未曾見過的「見價成交」、「對敲」等,對於美國期貨交易所來說,上述臺灣期貨業的操作方式是不可能發生的。

❺ 所謂「炒單」,是指代客操作的經紀人採當天短線進出的方式,頻繁買賣。經紀人炒單的主要原因是製造業績以增加佣金收入。國內期貨業者經常給予經紀人較低的底薪,再以較高的佣金鼓勵經紀人下單。在這種情形下,客戶的風險會大為提高,原因是:①手續費支出增加,成本提高,②有限的保證金極易在低水準經紀人炒單下虧蝕而遭斷頭。

的金融操作，而臺灣客戶既無高水準經紀人提供服務，又加上被不合格經紀人炒單，自然就需承擔額外的高風險了。

第七節　期貨管理

期貨操作的高風險主要來自其特殊的保證金交易方式（以小博大）。在國內期貨操作的風險高於國際市場，是因為除上述期貨交易本質上的風險以外，在國內的期貨操作者還需承擔極高的客觀環境上的風險（如不法期貨公司或不合格經紀人）。

欲使國內期貨操作的風險降低，最重要的是加強管理。期貨管理包括期貨法規的制定，期貨管理機構的設立，期貨經紀商（期貨公司）的核准標準，以及期貨經紀人的資格審查等各方面。

美國期貨市場雖然成立較晚，但發展出現代的期貨交易制度，同時美國亦有國際上最大的期貨市場。一八四八年第一個期貨交易所在芝加哥成立（即CBOT）。成立之初，芝加哥交易所只是個交易者聚會的場所，直到一八六五年十月芝加哥交易所頒布了交易的規則，並在規則中明定了期貨交易的基本要素，現代的期貨交易才真正的開

---

❻ 期貨交易的保證金制度與期貨市場充滿投機客等特性，使期貨操作者通常「輸多贏少」。根據美國期貨交易委員會(CFTC)的統計，一九八七年的期貨契約中有 80% 是賠錢的。在美國尚且如此，何況是在客觀環境風險很大的臺灣。如果期貨公司不是勝算較大的話，為何願意與客戶對賭？另一方面，期貨交易經常輸多贏少，因此操作者莫不希望「小賠大賺」，但臺灣的期貨操作者通常自有資金很少，因此所能保留的容許價格變動的空間很小，故一方面輸多贏少，一方面很難小賠大賺，綜合起來，臺灣的期貨操作者，大體而言，有 90% 以上是賠錢的。

始[7]。

第一個現代形式的定型化期貨契約,雖早在一八六五年即出現,但直到一九二二年九月美國頒布「穀物期貨法」, 才開始有了有制度的、系統的期貨管理法令規範。在此之前將近六十年的時間,期貨操作沒有較完整的法令依據,沒有統一的主管機關,期貨交易被視為非法交易,期貨業者亦被視為非法行業,情形與臺灣相似。

依據「穀物期貨法」,「穀物期貨管理委員會」成立,隸屬於美國農業部,是第一個期貨市場的實際主管機關。

有關期貨交易的更完整的法律規範是一九三六年的「商品交易法」。同時「商品交易管理局(Commodity Exchange Authority, CEA)」亦是影響以後期貨市場深遠的一個期貨管理機構。該機構嗣後於一九四七年改組,仍隸屬於農業部之下。

七〇年代,金融期貨出現後迅速成為期貨的主流。金融期貨改變了期貨市場以避險為主的原創精神,使期貨市場成為投機氣氛很濃的市場。這種歷史性的改變,引起了美國國會的注意。因為舊的商品交易法已不足以規範新式的金融期貨,而農業部亦不適合管理金融期貨,於是商品交易法在一九七四年修正,將金融期貨列入規範。此外,聯邦商品期貨交易委員會(CFTC)成立,取代農業部成為新的期貨管理機構,隸屬於國會。

美國自現代期貨交易出現,至政府制定法規並設立專責管理機構加以管理,中間有近六十年的法律空白時期。這段時期期貨交易亦常發生人為欺騙(「對賭」或「吃單」等)。此外,在金融期貨出現,而舊法尚未修訂以前,亦常有金融脫序的現象。這一切都顯示期貨管理的重要。

---

[7] 林建山,《期貨市場概說》(經濟部專業人員研究中心講義),pp.14–4。

國內期貨交易大致可分為五個階段。第一個階段為民國六十年以前。該段時期政府視期貨交易為非法，禁止任何期貨操作。第二個階段自民國六十年至七十年。該段時期政府先後允許生產業者及法人可用期貨來固定進口成本或降低價格風險。在該段時期政府除引進美商美林公司為期貨經紀商以外，並曾一度開放期貨經紀商設立。民國六十九年經濟部決定期貨交易的標的僅限於黃豆、玉米、小麥、棉花四項，限由大宗物資進口商辦理，並取締美林公司以外的違規經紀商❽。第三個階段為民國七十一年至七十二年間。其時已有許多地下期貨公司（指未經政府以期貨為營業項目核准者）營業，以買賣外幣及黃金期貨為主。七十二年間多家期貨公司倒閉，客戶保證金被吞沒等各種問題相繼發生，期貨交易予人非常不良的印象，於是期貨公司迅即沒落。第四個階段為民國七十六年外匯開放以後至八十三年初，此期間期貨公司（不合法的）相繼成立，七十八年高峰時達四百家以上。第

---

❽　民國六十年依據財政部核定的「大宗物資國外期貨交易管理辦法」，中信局、中華貿易開發公司及物資局開始為期貨代辦單位，並由中信局邀請美林公司來臺設立分公司，為期貨經紀人。當時規定只有生產事業才可以為期貨交易人，期貨商品限於玉米、黃豆、小麥及棉花等四項大宗物資。民國六十四年，政府修訂前項辦法，放寬期貨交易的種類可不限上述四種，惟應在第一筆交易前經財政部核准。此外，所有期貨交易需委託代辦單位透過合格經紀人辦理。民國六十八年九月，經濟部核准「臺灣康地有限公司」設立，此為第一家本地的期貨公司。此後經濟部又核准寶鑫及經烈兩家公司作為期貨交易經紀人。民國六十九年六月間，除美林公司外，其餘三家本地期貨經紀商由於違反經濟部不得接受自然人開戶的規定被停止營業，因此美林公司成為八十三年四月二十八日以前國內唯一合法營業的期貨公司。

五個階段則是自八十三年四月以後，合法期貨交易開始。

　　儘管國內早在民國六十年以前即已出現期貨交易，但政府的實際管理法規一直到經濟部於民國七十年一月六日公布「重要物資國外期貨交易管理辦法」時才出現。同年三月該部與財政部、中央銀行共同組成「重要物資國外期貨交易管理委員會」。上述辦法中規定期貨交易以經濟部為主管機關，所謂重要物資是指民生必需品的大宗進口物資，包括黃豆、玉米、小麥、大麥及棉花等五種。並指定由中央信託局、臺灣省物資局及中華貿易開發公司為代辦單位。辦法中亦規定國外著名期貨經紀人來臺設立代表人辦事處或期貨公司，需先經經濟部核准。美商美林公司臺北辦事處即為領有期貨經紀人執照的期貨公司。然而自民國七十六年七月一日起，大宗物資開放進口，經濟部將上述唯一的期貨管理法規「暫停實施」。於是期貨操作完全沒有法令規範及主管機關，形成「無法無天」的局面。

　　隨著國民所得增加及外匯開放，地下期貨公司迅速蔓延，由於沒有法令規範和主管機關，期貨交易所引起的問題十分嚴重。因為國內期貨交易金額已大到令國內外人士不可忽視的地步，而期貨交易所引起的問題又層出不窮，終至管理當局正視此一問題。經濟部於七十七年六月開始與康德國際法律事務所洽談管理法規的研擬事宜，於七十八年八月底草擬完成「國外期貨交易法」草案。民國七十九年二月「國外期貨交易法草案」經立法院一讀通過，隨後擱置二年半，直到八十一年六月十六日才二讀通過，十九日旋即三讀通過，七月十日由總統明令公佈。由於延擱甚久，環境有變，原由經濟部草擬之「國外期貨交易法」草案在立法院運作下亦有相當大幅度的變動。其中最顯著的是，期貨交易主管機關由原來的經濟部變更為財政部證券管理委員會。

根據期貨交易主管機關（財政部證管會）之規劃，國內合法的期貨交易將分三個階段開放：第一個階段開放國外期貨商品的買賣（即國人可在國內透過合法的期貨經紀商進行國外期貨商品的買賣）。 該階段已於八十二年一月十日實施。第二階段將開放國內的證券期貨。證管會計畫經由修訂證交法取得開放國內公債及股價指數期貨與選擇權的法源。目前臺灣證券交易所已規劃完成公債與股價指數期貨的交易制度，相關交易電腦系統之軟、硬體亦已積極測試中。由於法源依據之證交法修訂條文仍在立法院等待三讀，因此該階段何時開始實施完全取決於立法效率。第三階段證管會將開放國人進行其他國內期貨商品的買賣。由於此階段需制定期貨交易法並建立期貨交易所，且需視第一、第二階段執行情形以及國內金融發展狀況而定，因此何時開始實施較難估計。

國內合法的期貨交易自八十三年四月二十八日首家專業期貨經紀商大華期貨開業後正式展開。據證管會統計，國內合法的期貨交易（仍在第一階段，只進行國外期貨商品買賣）在第一年的交易情形並不活絡，期貨經紀商亦大都虧損。市場參與者以一般客戶（俗稱散戶）為主，交易動機則是以投機賺取差價為主，法人避險戶寥寥可數。期貨業者表示，九成以上的交易在當日平倉，短線投機的氣氛濃厚。整體看來，國內合法的期貨交易自開始以來，表現的特徵有二：一為「散戶盤」；另一為「投機盤」。最熱門的期貨商品分別為債券期貨、股價指數期貨、外匯期貨等。

第九章

選擇權

第一節　何謂選擇權

選擇權(Options)是一項權利, 這項權利的買方(Buyer)在付出代價(Premium)以後, 獲得一項在一特定期間(Expiration Date)內要求賣方(Writer)依一特定價格(Exercise Price或Strike Price)買入(Call)或賣出(Put)某項標的的權利。選擇權的買賣需以契約(Contract)方式為之, 此即為選擇權交易。

在上述選擇權定義中, 牽涉到以下幾個專有名詞。

1.選擇權買者(Buyer): 即付出代價購入選擇權權利的一方。買者的權利可分為買權(Call Option)或賣權(Put Option)。

2.選擇權賣者 (Writer): 即收取選擇權買方的價金而在選擇權買方執行權利時, 有義務履約的一方。

3.權利金 (Premium): 即選擇權權利的價格, 為選擇權買方購買選擇權的成本, 或選擇權賣方出售選擇權的收益。

4.期滿日(Expiration Date): 選擇權契約有一定的有效期間, 有效期間的最後一天即為期滿日。選擇權依是否可在期滿日前隨時要求履約, 而分為美式或歐式選擇權。美式選擇權(American Options)可以在期滿前隨時要求提早履約。歐式選擇權(European Options)則必須等到

期滿才能要求履約。因為選擇權市場是以美國為主，因此一般所謂選擇權是指美式選擇權。

5.履約價格(Exercise Price)或執行價格(Strike Price)即選擇權的契約價格。為選擇權買方要求履約時或選擇權契約執行時的約定價格。

6.買權或買入選擇權（Call Options，簡稱Calls）：即選擇權買方所購買者為「是否買入」某種標的之權利。

7.賣權或賣出選擇權（Put Options，簡稱Puts）：即選擇權買方所購買者為「是否賣出」某種標的之權利。

第二節　選擇權交易的特性

選擇權交易有如下特性：

1.以可轉讓契約方式為之（因此選擇權契約可以買賣）。 選擇權的買方可以要求賣方履約，亦可將契約再出售 (Resold)，因為選擇權契約再出售的情形很普遍，因此選擇權交易同時為一種投資避險或投機套利的工具。

2.由選擇權買方決定是否執行契約。換言之，選擇權買方亦可放棄該權利。選擇權賣方在買方要求履約時，有必須履約的義務，此與期貨交易等為雙務契約（雙方存在相等的履約權利及義務）是基本的不同，亦為選擇權的最大特性。

3.有標準的（或固定的）交割月份（即期滿月份）。 選擇權與期貨相同，一年中只有幾個固定的交割月份。各項標的的交割月份不同，如外幣選擇權的交割月份為三、六、九、十二月。股票的交割月份最多（因為股票選擇權的操作者最多）， 為避免同時交割的人太多，股票選擇權被分為三組，第一組的交割月為一、四、七、十月，第二組

為二、五、八、十一月，第三組為三、六、九、十二月。

4.有標準的（或固定的）契約單位。此點亦與期貨相同。以外幣選擇權為例，英幣為 12,500鎊，德幣為 62,500馬克，日幣為 6,250,000圓，加拿大幣為 50,000元，瑞士幣為 62,500法郎（外幣選擇權的契約單位恰為期貨的一半）。

5.選擇權交易以交易所式的集中交易為主。所內採取公開喊價的成交方式，交易過程與期貨相同。

6.選擇權的買方只要依規定開戶後，即可購入選擇權。賣方視情形需繳交保證金。選擇權賣方如為未抵銷性的賣者（Uncoverd Writer，即選擇權賣者因賣出選擇權而持有淨部位時）需繳交保證金。保證金亦分原始保證金及變動保證金（或維持保證金）兩種。保證金、佣金及手續費在各地交易所及不同商品間略有差異。

7.選擇權的買賣有一定的報價方式（包括履約價格和權利金均有）。 以外幣選擇權為例的報價方式如下表（本例為簡化只假設一個期滿日）：

	Exercise Price, φ	Call Premium, φ (or Pts)	Put Premium, φ (or Pts)
DM spot rate 38	36	2.70 （270）	0.18 （ 18）
	38	1.22 （122）	0.74 （ 74）
	40	0.43 （ 43）	2.75 （275）
SFr spot rate 46	44	2.86 （286）	0.06 （ 6）
	46	1.34 （134）	0.40 （ 40）
	48	0.84 （ 84）	1.30 （130）
₤ spot rate 150	145	—	1.05 （105）
	150	4.35 （435）	1.55 （155）
	155	1.40 （140）	3.60 （360）

¥ spot rate (100¥) 42			
	40	2.05 (205)	0.38 (38)
	42	0.78 (78)	1.08 (108)
	44	0.34 (34)	—

說明：①表中履約價格與權利金是以美金的「分」或「點」來表示，如表中馬克的即期匯率38即1DM = 0.38US$之意。同樣，馬克的履約價格僅寫36、38、40，表示履約價格為0.36US$(= 1DM), 0.38US$或0.40US$。

②買入權利金2.70分（或270點）表示0.0270US$(= 1DM)。

③賣出權利金0.18分（18點），表示0.0018US$(= 1DM)。

④履約價格報價時的變動間距(Intervals)為馬克2分，瑞士法郎2分，英鎊5分，日圓0.02分（日幣以100圓為單位，故仍以2表示）。

⑤權利金變動的最小幅度(Minimum Premium Charge)為馬克0.01分（每一契約單位則為6.25元 = 0.0001×62,500）、瑞士法郎0.01分（每一契約單位為6.25元）、加拿大幣0.01分（每一契約單位為5元）、英鎊為0.05分（每一契約單位為6.25元）、日圓為0.0001分（每一契約單位為6.25元）。

⑥本例中，如購買一個履約價格為36的買入選擇權（即36 Call）需要付出1,687.50美元的權利金(0.0270×62,500)。如購買一個履約價格為36的賣出選擇權需要付出112.5美元的權利金。

8.選擇權買者的最大損失即為權利金，但可能獲利卻無止限。未抵銷性選擇權賣方(Uncoverd Writer)的最大獲利即為權利金，但可能損失卻無止限。以買入選擇權(Call Options)為例，圖示選擇權買者與未抵銷性選擇權賣者的損益(Profit and Loss)情形如下：

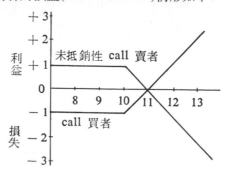

說明：①本例假設選擇權買者以$1（權利金）購買一個$10（履約價格）的股
　　　票買入選擇權(Call)。

　　　②若股票市價低於$10，買者不會要求履約（即放棄權利），買者最大損
　　　失即為$1。

　　　③若股票市價高於$10而達$11，買者要求賣方履約。因買者取得股票的
　　　成本為$11（$1 + $10），與股票市價相等，因此$11為「損益兩平點」。

　　　④若股票市價高於$11，買者要求賣方履約後可以市價出售。買者成本
　　　（$11）與市價二者差額即為買者利益。因股票市價可能無止限，因
　　　此買者可能的利益亦無止限。

　　　⑤同理，未抵銷性賣者的最大利益為$1，損益兩平為$11（∵當股票
　　　市價為$11時，賣者的成本為$10⇒$11 – $1，與履約價格相同），最大
　　　損失則無止限。因為未抵銷性選擇權賣者有這種「獲利有限，損失無
　　　限」的風險，因此必須依規定繳交保證金。

　　　⑥本例為說明及計算簡單起見，未考慮佣金及賣方的保證金成本。

　　9. 選擇權權利有時效性。選擇權契約有期滿日，在期滿日以後，
選擇權契約即無效，通常滿期期間愈長，權利金即愈高，此為權利金
的時間價值(Time Value)。

　　選擇權的最主要特性為：① 具有時效性② 由買方決定是否履約
及③ 買方的損失有限、獲利無限等三方面。以下仍以外幣選擇權為例，
將外幣選擇權特性以簡表方式列出：

外幣選擇權特性摘要

①性質	是一項依協定價格買入或賣出外幣的權利。買者有權選擇履約或不履約，無必須履約的義務。
②外幣種類	DM、SFr、C$、£、¥五種。
③契約單位	DM: 62,500　C$: 50,000　¥: 6,250,000　SFr: 62,500　£: 12,500，為外幣期貨契約單位之半數。

④期滿月份	三、六、九、十二月。
⑤交割日	期滿月的第三個星期三。
⑥期滿日	交割日前的星期六。美式選擇權在最後通知日（星期五）以前任何一天，買者都可要求立即履約。
⑦報價方式	每一（日幣為100）單位外幣之美元價格，如1馬克＝0.42美元。
⑧履約價格之價差	DM、SFr、C$、100¥：2分，£：5分。
⑨權利金變動最小幅度	DM、SFr、C$、100¥：0.01分，£：0.05分。
⑩每契約權利金變動最小金額	DM、SFr、100¥、£：6.25元，C$：5元。
⑪保證金	買方無保證金，賣方(uncovered writer)依規定繳納。
⑫佣金	少許。
⑬市場形態	以交易所式為主，但也有店頭市場（銀行）。
⑭交易方式	交易所內為公開拍賣方式，銀行內為一般電訊方式
⑮參與者	任何依規定開戶者。
⑯參與動機	避險或投機，或二者，以投機佔多數。
⑰交易時間	約為早上8:30至下午2:30。
⑱交易成本	買方：權利金＋佣金 賣方：保證金＋佣金－權利金。

第三節 選擇權的價格

選擇權是一紙可轉讓的契約，契約價格即為履約（或執行）價格，購買（或出售）此契約的代價即為權利金。

選擇權權利金的價格取決於兩個因素，一為其實際價值(Intrinsic Value)，一為其時間價值(Time Value)。實際價值為此一選擇權在立即履約時可以獲得的利益，換言之，即履約價格與市價之差。實際價值有三種情形，分別稱為 In-the-money, Out-of-the-money 及 At-the-money。

假設 x 股票的選擇權報價如下表所示（股票選擇權的期滿月份應有三個，本例為簡化計，只假設一個）：

	履約價格	買入(Call)權利金	賣出(Put)權利金
x股票市價 （收盤價） 93	80	15	—
	90	8	2
	100	3	3
	110	1	10
	120	—	15

此例中，選擇權買者(Buyer)可以 15元的代價（即權利金）獲得以 80元購買 x股票（市價為 93元）的權利。Buyer若立即履約，可以獲得差價 13元(93−80)。Buyer 願意多付 2元(15−13)的原因是因為 Buyer相信股票的價格將上漲超過 2元。很明顯的，這是一個大勢看漲的市場（即Bull Market牛市）❶。

當履約價格低於標的物市價時，Buyer執行其買入選擇權(Calls)即有利可圖，這種選擇權稱為In-the-money（如上例），當履約價格高於標的物市價時，Calls執行即無利可圖，稱為Out-of-the-money。賣出選擇權 (Puts) 的情形與 Calls 相反，當履約價格低於標的物市價時，Buyer執行Puts，無利可圖，稱為Out-of-the-money。當履約價格高於標的物市價時，Puts 執行有利可圖，稱為 In-the-money。而當履約價格與執行價格相同或十分接近時，稱為At-the-money。簡言之，In-the-money的選擇權為立即履約時有利可圖者，At-the-money 為無利亦無損者，Out-of-the-money為有損失者。

---

❶ 因為大勢看漲，所以履約價格較市價為低的選擇權需要付出較高的權利金，但股票究竟能漲到何種價位為未知數，從上例中，可看出 Buyer 認為股價不會漲到120元。

上例中，履約價格80元在Calls中為In-the-money, 在Puts中為Out-of-the-money。履約價格 100元在Calls中為Out-of-the-money，在Puts中為In-the-money。

上例中，80元的Call，其實際價值為 13元（因為該股票市價為 93元），Buyer付出了 15元的權利金，多付的 2元即為該權利金價格中所含的「時間價值」部分。時間價值的高低視時間的長短以及標的物價格的變動情形而定，時間愈長及標的物價格愈可能朝向有利方向變動時，時間價值就愈高。時間價值隨時間消耗，期滿時，時間價值即為零。此時，若實際價值為 In-the-money，Buyer 即會要求履約，若為Out-of-the-money，則Buyer即會放棄。

選擇權權利金由實際價值與時間價值決定。換言之，選擇權標的物的當時市價、市價波動性、履約價格、期滿日以及操作者的預期心理等均將影響權利金價格。略述如下：

1.標的物市價：如為 Calls，權利金隨市價上升而增加，反之亦然。如為 Puts，權利金隨市價上升而減少，反之亦然。

2.市價波動性：市價波動性較大的選擇權標的物，其選擇權權利金價格亦較高。

3.履約價格：如為 Calls，權利金隨履約價格增加而減少，反之亦然。如為 Puts，權利金隨履約價格降低而減少，反之亦然。

4.期滿日：距離期滿日時間愈長，權利金愈高，反之亦然。

5.預期心理：當操作者預期市價朝向對自己有利方向變動時(如市價呈上漲走勢時，對Calls的Buyers有利)， 權利金價格即增加。反之亦然。

第四節　選擇權之標的

　　與期貨商品相同，理論上任何未來價格不確定的東西（即有價格風險者）均可以成為選擇權交易的標的。但實務上能成為交易所內上市的選擇權商品必須具有一定的條件，其中最重要者為：① 能規格化及② 具有市場性。

　　目前選擇權市場上交易的標的主要有以下幾種：

　　1.股票：目前美國約有五百種股票可以買賣選擇權，這些成為選擇權交易標的的股票具有如下條件：在全國性證券交易所上市，買賣股權相當分散，交易量大，公司債信優良，稅後盈餘及買賣股價達一定標準者。

　　2.股價指數：包括S&P500指數、S&P100指數、主要市場指數、價值線指數、紐約證券交易所指數及各產業分類指數等。

　　3.金融證券（利率）：包括13週國庫券、26週國庫券、銀行定期存單、歐洲美元存款、公債及政府擔保債券等。

　　4.外幣：包括馬克、瑞士法郎、英鎊、加拿大幣及日圓等。

　　5.貴金屬：包括黃金、白銀等。

　　6.金融期貨：包括股價指數期貨、利率期貨、外幣期貨等。

　　7.農產品：包括黃豆、玉米、棉花、糖、麵粉、活豬及活牛等。

　　8.能源產品：原油、燃料油、汽油等。

第五節　選擇權市場的發展

選擇權交易出現得很早，遠在古希臘時代，一個小亞細亞西岸的

希臘古城美里塔司(Miletus)即曾發生。一名叫 Thales的哲學家為證明哲學家亦能致富，而巧妙的使用了選擇權的觀念和技術。Thales 因觀察天象而預測來年冬天橄欖將豐收，因此他預付了少許訂金（即權利金），取得全城及附近地區橄欖壓榨機的租用權利，因為缺乏競爭者，所以租用價格（即履約價格）相當低廉。當豐收季節果真來臨，壓榨機同時大量及立即被需要，於是Thales以高價（即選擇權標的之市價）再轉租出去，獲利頗豐。

上例古希臘哲學家所做的，即是購入一個買入選擇權（壓榨機的使用權利）。

十七世紀初，荷蘭發展出十分蓬勃的鬱金香球根選擇權市場，但隨著一六三七年鬱金香球根市場的崩潰,選擇權市場出現大量違約事件，選擇權交易一時間予人非常不良的印象，但即使如此，選擇權交易仍未消失，並在單純的Calls、Puts 以外，發展出差價交易(Spreads)、對敲交易(Straddles) 等較複雜的選擇權交易❷。此外，股票選擇權交易亦出現,荷蘭西印度公司(Dutch West India Company)的股票即成為那時 Calls、Puts及 Straddles的交易標的。

英國（倫敦）遲至十七世紀末才開始出現有組織的證券選擇權交易。在一七三三年選擇權交易曾一度被認為是非法交易。一九三一年金融大恐慌，選擇權交易再度被禁止一段短時期。此後，在第二次世界大戰期間及一九五〇年代末期，選擇權交易均曾被禁止。直到一九五八年，選擇權交易始再小規模的出現。今日美國的選擇權交易即仿

❷　差價交易（Spreads）為買進Call賣出 Call，或買進 Put賣出 Put的交易，目的在賺取權利金的差價。

　　對敲交易(Straddles)為買進 Call及Put，或者賣出 Call及 Put，目的在賺取權利金差價（賣出時），或是履約價格與市價間之差價（買入時）。

自英國倫敦及荷蘭阿姆斯特丹。

　　美國的選擇權交易遲至十八世紀末才產生，落後歐洲達一個半世紀之久，但美國創立了現代的選擇權交易制度並成為最大的選擇權市場。

　　傳統的選擇權交易是選擇權買者(Buyer)與賣者(Writer)之間個別所訂的契約，並無集中交易的場所，與普通習見的外匯交易（即期交易或遠期交易）相同，是以櫃臺交易（或稱店頭交易)(Over-the-Counter，簡稱O-T-C)方式進行。一九七三年四月芝加哥選擇權交易所(Chicago Board Options Exchange, CBOE) 成立，選擇權交易才有了革命性改變。

　　在CBOE內開始現代定型化的選擇權交易。定型化選擇權最大的好處是使選擇權交易的成本（權利金及手續費等）大為降低，因此選擇權交易量迅速增加，並產生次級市場。店頭市場（傳統型）選擇權交易與交易所式（定型化）選擇權交易的主要異同比較如下：

店　頭　市　場	交　易　所
1.Buyer與Writer之間的契約關係。	1.Buyer 和選擇權清算公司（Options Clearing Corporation)之間的契約關係。
2.非定型化契約，買賣雙方以契約方式規定。	2.為定型化契約（包括交割日、契約單位、報價等）。
3.交易標的較少，以利率（尤其是Cap及Collar❸）為主。	3.交易標的種類繁多。

---

❸　店頭市場選擇權的標的以債券（利率）為主，尤其是上限浮動利率本票(Capped FRNs)及上下限浮動利率本票(Collared FRNs)二種。上限浮動利率本票是一種利率設有上限而無下限的債券,如FRNs at LIBOR + 1/4%,

| 4.市場小，交易成本很高。 | 4.市場大，交易成本較低。 |
| 5.無次級市場。 | 5.有次級市場。 |

目前傳統式選擇權交易（店頭市場）在倫敦、紐約及歐洲的若干銀行內仍然存在，這些依顧客個別需要而特別訂製(Tailer Made)的選擇權較有彈性，契約金額、滿期日、履約價格等均不受限制，當然此種選擇權的價格（權利金）亦較高。選擇權的櫃臺交易在世界各地都有，但整體來說，仍以交易所內集中的公開交易為主。美國主要的選擇權交易所為芝加哥選擇權交易所(CBOE)、美國證券交易所(AMEX)、費城證券交易所(PHLX)等。目前澳洲、比利時、加拿大、法國、德國、義大利、荷蘭、新加坡、瑞士、瑞典、英國等地均已成立選擇權交易所。芬蘭、挪威、西班牙即將成立。日本亦在積極研設。

選擇權交易的標的在一九八〇年代中增加了股價指數、期貨、債券（利率）及外幣等數種，其中指數選擇權及期貨選擇權的成長十分快速，但股票選擇權仍為市場主流。

第六節　選擇權交易的過程

店頭市場的選擇權交易與一般外匯交易沒有什麼兩樣。交易所內的選擇權交易過程與期貨交易相同。在實際開始買賣以前，客戶需先完成開戶手續。選擇權賣者需要繳交保證金，保證金金額多寡由交易

Capped at 12%者,表示此FRNs的利率為LIBOR加碼1/4%,但最高為12%。
上下限浮動利率本票是利率變動設有上下限的債券　(故又稱為 Mini-Max FRNs)，如FRNs at LIBOR + 3/16%，Floor8%，Ceiling12%者，表示該FRNs的利率為LIBOR加碼 3/16%，但最低為8%，最高為12%。

所規定。開戶後客戶可自行或委託經紀人操作。成交採取公開喊價方式，整個成交的過程在幾分鐘內即完成。

美國選擇權經紀人需經全國證券商公會(National Association of Security Dealers, NASD) 考試取得執照。經紀人在接受客戶申請開戶時，需向客戶說明可能的報酬率及風險，並有義務瞭解客戶財務狀況，避免可能的違約糾紛。

選擇權成交後，由選擇權清算公司負責清算。美國選擇權清算公司(Options Clearing Corporation, OCC)是採取會員制的公司組織。成為選擇權清算公司的條件很嚴，除必須是選擇權交易所的會員以外，還必須經過資格審查。當審查通過後，需繳交「清算基金(Clearing Fund)」。依據規定選擇權交易最後都經由清算公司清算，清算公司需對買賣雙方負責。換言之，清算公司成為買方的賣方，同樣也成為賣方的買方。因此，清算公司最大的功能即為確保交易雙方權利的行使。

選擇權交易做成後，可能的結果為：①買方執行權利（即要求賣方履約），②買方放棄權利及③買方在選擇權期滿以前將所持契約沖銷。與期貨交易類似，大部分的選擇權交易亦在到期前即已沖銷，因此賣方無需履約。但若有選擇權買者要求履約時，則經紀人會馬上通知清算公司，由清算公司通知賣方履約。因賣方必不只一人，故清算公司採取隨機抽取的方式。若賣方拒絕履約，則沒收其保證金，若有不足，由經紀人負責補足，若仍不足，則清算公司動用清算基金補足。由上可知，選擇權清算公司如同期貨清算單位是選擇權交易的核心。

第七節　選擇權的功用

選擇權交易能提供投資、投機、套利、避險、保險、分散風險及

延長決策時機等多種功能，因此選擇權市場上的參與者有投資者、投機者、避險者、套利者等多種，與期貨市場一樣。

1.投資或投機：以兩種做法舉例，第一種：當投資者（或投機者）看漲時（例如股票或外匯等），可以購入買入選擇權(Call)；當投資（或投機）者看跌時，可以購入賣出選擇權 (Put)。第二種：看漲時賣出 Put，看跌時賣出 Call。第一種做法之下，若投資（機）者預期正確，即可以低價（較市價為低）取得選擇權的標的物（如股票或外匯等）或以高價（較市價為高）賣出選擇權的標的物。若投資者預期錯誤，則最大的損失也只是權利金金額而已。第二種做法下，若投資（機）者預期正確，則選擇權買方會因選擇權履約價格較為不利而放棄執行權利，因此賣方可獲得權利金。但若預期錯誤，則在買方要求履約的情形下，承擔很大的風險。第二種做法因風險太大，因此不適於用為投資方式。

2.規避風險或製造保險：選擇權可用為規避風險的工具。以進口商為例，進口商需在一段時期後支付國外出口商外匯，進口商因有外匯需求而承擔了匯率風險，此時進口商可以買外幣 Call 來規避此匯率風險。進口商付出的權利金即為進口商製造了一個保險❹。

---

❹ 此做法與預購遠期外匯相似。傳統上進出口廠商多以遠期外匯訂約的方式來規避匯率風險。如進口商之預購外匯或出口商之預售外匯。但遠期外匯契約為雙務契約，進出口商有必須履約的義務，因此進出口商雖因遠期外匯訂約而規避了匯率風險，卻亦同樣在匯率走勢有利時，因必須履約而不能享受匯兌利益。選擇權即不會造成此種遺憾。選擇權一方面規避了風險，另一方面又保留了可能獲利的機會。例如，某一進口商以US$1 = NT$28的履約價格購買「外幣買入選擇權(Currency Call)」，同時支付一筆權利金。嗣後，該進口商在不同情形下可以採取不同的做

3.遞延決策時間：投資者可在決策尚未成熟時（如資料不全、情勢不明、資金不足等主客觀條件下），　以投資選擇權的方式來延長決策時間。例如在很多時候，股價漲跌不明，投資者看法分歧，貿然買入或賣出的風險都很大，此時「股票買入選擇權(Stock Call)」或「股票賣出選擇權(Stock Put)」即為較佳的投資方式。

4.分散風險：投資基本原則之一是「不要把所有雞蛋放在一個籃子裏」。上述原則道理淺顯，但實務上，風險分散必須有充足的基金。權利金的價格較權利金標的物的價格低廉許多，故以操作選擇權方式可解決資金不足以用來分散風險的難題。

5.套利：以投資或避險為目的的選擇權操作者，通常是選擇權的買方(Buyers)。一般說來，以投資或避險為目的之操作較為簡單，因為通常只是單純的買入 Calls 或 Puts。那麼誰來承擔風險而賣出選擇權呢？選擇權的賣方又如何規避風險呢？選擇權市場上的投機者與套利者通常同時是市場上的買方及賣方，他們進行兩個以上選擇權的合

法：

1.新臺幣升值，設US\$1=NT\$26時，進口商放棄執行權利，損失權利金。另以市價(NT\$26)購買外匯。

2.新臺幣貶值，設US\$1=NT\$30 時，進口商要求履約，以履約價格 (=NT\$28)取得外匯。

在此例中，進口商最大的損失即權利金金額，但進口商一方面以 NT\$28的價格製造了保險（即固定了價格），同時又保留了匯率朝有利方向變動時（在進口商為本國貨幣升值）的有利機會。

上例中，進口商若改以遠期外匯的方式則不論匯率升貶都必須以契約價格履約，換言之，當匯率朝向有利方向變動時，進口商將不能享受較低的外匯成本。

併操作。較普遍的合併選擇權(Combination Options)的操作方式為：

① 差價交易(Spreads)：指一買一賣的操作，操作者同時為 Buyer 與 Writer。操作者若預期股價（或匯率等）會下跌(Bearish)，可以同時買入 Call和賣出 Call。若預期價格上漲(Bullish)，則同時買入 Put和賣出 Put。Spreads操作的目的在賺取買入（付權利金）與賣出（得權利金）間權利金的差額。Call Spreads（買 Call＋賣 Call）在 Bearish(看跌的）情況下使用，故又稱為 Bear Spreads。Put Spreads（買 Put＋賣 Put）在 Bullish（看漲的）情況下使用，故又稱為 Bull Spreads。

② 對敲交易 (Straddles)：指同時買進 Call 及 Put (Buying Straddles)，或同時賣出 Call及 Put(Writing Straddles)的操作。操作者若預期股價（或匯率等）的變動會超過某一幅度（不論漲或跌），即採用 Buying Straddles 方式；操作者若預期價格的變動不會超過某一幅度（即停留在某一範圍內），則採用 Writing Straddles方式。Writing Straddles的操作風險很大 ❺。

6.做為不確定現金流量風險的避險工具：不論國際貿易或投資行為，都可能有許多不確定的現金流量。前者如出口商可能獲得的訂單，後者如投標。對於這種「或有的」支出或收入，外幣選擇權提供了最佳的配合。這是說，若或有收支未能實現，則選擇權買者亦不需要求履約，若實現，則可與當時市場價格比較後，決定是否要求履約。外幣選擇權的這項功能是其他任何避險工具所無法做到的。

第八節　選擇權交易的風險

---

❺ Spreads與Straddles的操作請參考拙著《外匯風險管理》，pp.202-206，時報出版公司。

　　選擇權市場上的投資者與避險者大多是買方，對選擇權買者(Buyers) 來說，選擇權是風險有限的投資或避險工具，因為其最大損失僅為權利金金額而已，因此不失為一良好的投資與避險工具。尤其是外幣選擇權可用為不確定現金流量的配合措施，是其他任何金融工具所無法做到的。

　　惟做為選擇權市場上的賣方，即需承擔很大的風險。選擇權賣者(Writers) 的風險視其所持部位的情況而定。Writer 若持有未抵銷部位（Uncoverd Position或稱Naked Position裸部位），其風險最大，已進行拋補(Coverd)或軋平(Squared)的部位則風險較小。選擇權賣者需繳存保證金。保證金多寡視風險程度大小而不同。

　　未抵銷性賣者(Uncoverd Writer)指賣者僅進行賣出(Writing)選擇權操作而未同時在市場上買入相等部位的選擇權。Writer 持有未抵銷部位的風險（如下二圖所示）是無限大的。

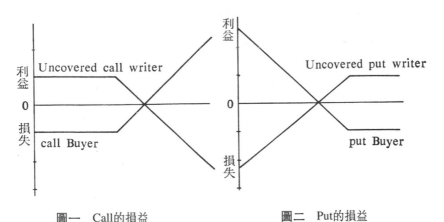

　　　　圖一　Call的損益　　　　　　　　圖二　Put的損益

說明：圖一顯示一個Uncoverd Call Writer其最大利益是固定的(即權利金部分)，
　　　但損失卻無限度。圖二顯示一個Uncoverd Put Writer其最大利益亦是固定
　　　的（權利金），但損失卻可能無止限。

　　由於Uncoverd Writer需承擔很大的風險，故其需繳存的保證金金額較大。保證金金額雖因選擇權標的物的不同而有差異，但基本上保證金不會低於美金二千元，且至少需包括出售選擇權的權利金在內。以外幣選擇權為例，其保證金金額計算如下：在In-the-money及At-the-money的情況下，保證金為權利金的130%外加750美元，但最高不超過權利金加2,500美元。在Out-of-the-money情況下，保證金為權利金的 130% 外加 750 美元再減去虧損數額，但最低不會低於權利金的130%加250美元。

　　選擇權賣者若已進行拋補，則風險及保證金繳存情形視拋補程度而定。賣者如已為完全拋補（即軋平部位）時，則賣者的風險已鎖定，此時除賣者不能任意處置其用來製造保險的標的物（如賣出股票選擇權後，補入之股票，或賣出外幣選擇權後，補入之外幣）外，不需再另外繳存保證金。選擇權賣者若進行不完全的拋補（例如差價交易後產生的差價部位 Spread Position），則保證金多寡仍需視風險情形而定，惟均較未抵銷性賣者為低。

第十章

其他外匯投資方式

第一節　黃　金

一、購買黃金的原因

世界上最喜愛黃金的民族是印度人、法國人和中國人。國人一向愛金，自七十五年十一月黃金開放自由進口以後，臺灣黃金的進口量即居世界第一（如七十七年臺灣進口黃金高達 354.6 公噸，為全球之冠，其中中央銀行又是最大的進口者）。

一般人購買黃金的動機有二：① 保值，② 獲取資本利得。黃金經得起通貨膨脹和戰爭的考驗，黃金又是「動」產，對歷經戰亂時常準備逃難以及有惡性通貨膨脹經驗的中國人來說，特別偏愛黃金是可以理解的。此為黃金的保值功用。黃金如同其他商品，價格是隨時變動的，因此除保值外，買賣差價的追求亦是黃金交易進行的目的。

黃金購買者因為購買黃金動機之不同，可以分為三種型態：

① 以保值為目的者：此種人長期持有相當比例的黃金。

② 以追求資本利得及保值為目的者：此種人視黃金價格走勢，適當的持有某一比例的黃金，一般說來，佔其全部資產的 10% 左右。

③ 以追求買賣差價為目的者：此種人追逐黃金價格的變動如同其

他有價格風險的商品（如外幣、股票等）。 此種追求差價者僅短期持有，偏重投機而非投資。

黃金除工業用途外，是一項既無使用價值又不會生息的物品，因此從黃金的本質來看，黃金除在特別時期（如戰爭或惡性通貨膨脹時）可用於保值，及被某些人用於投機以外，基本上並不是一項很好的投資商品。

二、黃金的形式

黃金有金飾、金幣、條塊及金礦等四種形式，黃金投資可用這四種方式進行，但主要的方式是黃金條塊。

①金飾：主要用於裝飾，除非具有藝術價值（成為藝術品者),否則不適於投資。

②條塊：是主要的黃金投資形式。

③金幣：金幣有純法幣、純紀念金幣與法幣兼紀念幣等三種。純法幣具有法償地位（即發行國政府保證兌償）， 發行量不限，價格隨國際金價變動。投資純法幣與投資金條、金塊的價格風險是一樣的，但純法幣的成本較高（因為購買人需依金價再多付溢價費，溢價費自3%至9%不等，愈小的金幣溢價費愈高）， 因此若非資金太少（金幣的單價較低）， 否則投資純法幣不如金條塊。純紀念金幣，如韓國紀念舉辦奧運（一九八八年）而發行之奧運金幣，發行量有限，價值較不受國際金價行情影響，且常隨時間而增值。法幣兼紀念幣則一方面具有法償地位，一方面又兼紀念性質，同時發行量有限，較具增值性。一般金幣發行都有普通鑄幣與精鑄幣兩種，精鑄幣必定限量發行，普通鑄幣則不一定。精鑄幣因鑄造更精緻、細膩，故具有較高的價值，亦較具增值性。金幣最大的優點是單價低及產品規格化，但用於黃金

投資上則不十分理想，原因有二：① 金幣因有溢價費（鑄模等成本），故價格較金條、金塊為貴，而當金幣再出售時，溢價費通常又不能收回；② 金幣較易磨損，若磨損則只能折價賣出。下表為在臺灣流通的外國金幣：

金幣名稱	發行國別	幣　　別	規格（盎司）	成　　色
楓　　葉	加 拿 大	法　　定	1、1/2、1/4、1/10	9999
鴻　　運	澳　　洲	法　　定	1、1/2、1/4、1/10	9999
鷹　　揚	美　　國	法　　定	1、1/2、1/4、1/10	9167
皇　　家	英　　國	法　　定	1、1/2、1/4、1/10	9167
富 格 林	南　　非	法　　定	1、1/2、1/4、1/10	9167
貓　　熊	中國大陸	法定兼紀念	12、5、1、1/2、1/4、1/10、1/20	9990
金　　龍	中國大陸	法定兼紀念	12、5、1、1/2、1/4、1/10、1/20	9990
十二生肖	新 加 坡	法定兼紀念	12、5、1、1/2、1/4、1/10、1/20	9999
曼　　貓	英　　國	法定兼紀念	1、1/2、1/5、1/10、1/25	9999
國　　家	瑞　　士	法定兼紀念	1、1/2、1/4、1/10	9999
教　　宗	波　　蘭	法定兼紀念	1、1/2、1/4、1/10	9990
奧　　運	韓　　國	紀　　念	1、1/2	9250

④ 金礦：通常指金礦股票。投資金礦股票除需考慮黃金價格走勢外，還必需研究金礦公司的生產情形，財務狀況及營運等，牽涉更多。

以黃金的四種形式來說，金飾（除藝術品外），是用於裝飾，金幣多用於裝飾、賞玩或成為禮品，若用於投資則以精鑄的紀念金幣為主；金礦投資則涉及較廣，若以購買金礦公司股票方式為之，又屬證券投資範圍。黃金投資主要是指黃金條塊的投資，該項投資又有現貨與期貨，實質黃金與紙黃金等多種方式。以下所分析的黃金投資即指

黃金條塊而言。

三、投資黃金的方式

①金條塊：指實質的金條、金塊，採取現貨交易方式，其買賣如同其他商品，一手交錢一手交貨。

②黃金存摺：若依國際慣例，黃金存摺亦是現貨金條塊的買賣，二者不同之處在購買者是否取回黃金實物。若購買者取回黃金，則需負擔黃金的儲藏費用（包括保管費——多交由銀行保管，與保險費）；若購買者不取回黃金實物，而由出售者給予客戶一本記載買進多少黃金的存簿，做為持有黃金的證明，即成為黃金存摺。

黃金存摺在國際上產生的原因，是黃金的儲藏不但麻煩而且風險很高（如被竊）， 因此發展出來黃金存摺這種將儲藏風險轉移給出售者的方式。由於黃金存摺方式的交易，持有人並未持有黃金實物，因此又被稱為「紙黃金」。

黃金存摺不需交付黃金實物的方式，演變出以後的黃金現貨保證金交易、黃金儲蓄等方式。

③黃金現貨保證金交易：因為保證金交易在臺灣未被允許，因此這項交易在臺灣均以其他名義出現，其中最常用的名稱是黃金現貨訂價交易。此外，黃金存摺、黃金儲蓄、紙黃金、黃金槓桿帳戶、黃金融資帳戶等不一而足。總之，在臺灣除黃金條塊、黃金期貨以外的大部分紙黃金交易均是以此種方式進行。

黃金現貨保證金交易是將國際上黃金存摺代表十足黃金的做法，改為只要交付一定比例的保證金（業者改稱訂金或預購金）即可買入一定數量的黃金。通常採取這種交易方式者與期貨操作者一樣，均不實際買賣黃金，而是利用黃金價格的波動來賺取買賣差價。因為投入

資金只是實際商品價值的一小部分（約 8%），因此操作者充分運用了資金的槓桿效用，亦即達到以小博大的效用。惟另一方面，操作者亦需承擔很大的價格風險。

④黃金生息：黃金生息又稱黃金儲蓄、金生金或黃金存款等。本質上黃金（工業用以外）是無生產力的資產，不像現金（可生利息）、土地（可收租金）、 股票（可生股利）等資產。黃金不能生息，儲藏又需成本，此為黃金投資很大的缺點。黃金儲蓄或黃金生息是臺灣黃金業者獨創的方式。業者對投資人黃金存摺中的黃金付予利息，投資人可以整存整付亦可零存整付。在存款上，整存整付是投資人一次存入，到期本息一次領取，用於黃金儲蓄上，則是投資人先行繳納儲存期間的黃金總量或等值現金，期滿後領回黃金本息或等值現金。在存款上零存整付是每月分批存入，到期本息一次領取。在黃金儲蓄上則是投資人與業者約定每月繳存定量的黃金或等值現金，期滿後領回黃金本息或等值現金。存「金」期間一般有三、六、九、十二個月，亦有少數業者提供長達兩年期限者。此外，臺灣的黃金買賣，亦有業者給予購買者提貨單來替代黃金實物，此種方式稱為黃金提貨單，由業者付予一定比例的折扣給購買者。

黃金的現貨投資主要有以上幾種方式，除現貨以外，黃金期貨、黃金選擇權亦是黃金投資的主要方式。

⑤黃金期貨：黃金期貨是期貨交易中以黃金為買賣標的者，本質上是期貨交易的一種（詳情請參考第八章）。 因期貨交易採用保證金交易制度，黃金現貨保證金交易因此與黃金期貨交易在做法上十分類似。不同處在黃金期貨交易是國際性的、規格化的，而黃金現貨保證金交易是本地業者發展出來的，未規格化的。期貨交易因規格化，故有一定的契約單位、滿期日、集中交易場所及保證金清算制度等，而

這些在臺灣現貨保證金交易上都沒有。現貨保證金交易是以黃金現貨市場的價格波動為買賣依據，期貨交易則以期貨市場的價格波動為依歸。正規的（國際性的）期貨交易，操作者除需自行承擔價格風險外，人為欺騙的風險很小，但臺灣的現貨保證金交易則因未合法化，成為地下投資活動，公司的信用如何是操作者需要事先謹慎考慮的。

⑥黃金選擇權：黃金選擇權是選擇權交易中以黃金為標的者，本質上屬於選擇權交易（詳情請參考第九章）。

四、黃金投資管道

黃金投資有國外、國內兩種管道。

黃金投資若經由國外管道,則投資人自可以在自由結匯額度內,以新臺幣結購美金匯至國外購買。國外最大的產金國為南非（產量佔世界產量的二分之一），其次為蘇俄、美國、加拿大、澳大利亞等國。

黃金交易以歐洲和美國為主，國際金價即主要在歐美黃金市場或黃金交易所內決定。世界最大的黃金市場是瑞士蘇黎世黃金市場，成立於一九六八年，以瑞士銀行(Swiss Bank Corporation)，瑞士聯合銀行(Union Bank of Switzerland)及瑞士信貸銀行(Credit Swisse)為三大核心。

倫敦黃金市場成立於一九一九年，為世界上最早自然發展形成的黃金市場，交易以現貨為主。

紐約商品交易公司 (COMEX) 是世界最大的黃金期貨市場，由於黃金期貨交易發展過速,引發一九七九至一九八〇年的黃金投機熱潮。

香港於一九七六年成立黃金現貨市場，一九七九年再成立期貨市場，是亞洲最重要的黃金市場。臺灣的金價即主要參考香港市場的金價行情。

　　新加坡黃金交易所於一九七八年成立，一九八三年重組。一九八四年九月成立新加坡國際貨幣交易所 (Singapore International Monetary Exchange Limited, SIMEX) 即導源於新加坡黃金交易所。SIMEX內除歐洲美元利率期貨交易量佔世界第一位 (一九八八年交易量超過倫敦) 外，黃金期貨亦為交易商品。

　　東京黃金交易所於一九八二年成立，因無大規模國際金商加入，無法活絡。

　　黃金投資若直接在國內進行，則主要管道是官方的中央信託局及民間的貴金屬公司和銀樓等。

　　在國內，黃金原被視為外匯，受管理外匯條例的管制，民間不可自由買賣，銀樓內只能出售裝飾用的金飾，而做為投資用的金條塊只能以黑市交易方式存在。民國七十五年五月管理外匯條例修正，將黃金排除於外匯的範圍之外，十一月更進一步開放黃金由民間自由進口買賣，於是原屬黑市交易的金條塊買賣得以地上化。黃金開放自由進口買賣以後，數家港人投資的銀樓、珠寶公司或貴金屬公司以大資本兼做批發與零售的黃金交易，縮小了黃金買賣的差價，並使用隨國際金價波動時時調整黃金公告價格（牌價）的做法，使黃金交易逐漸走上低買高賣的投資用途與投機方式。

　　七十七年初一家港商公司首先推出黃金現貨訂購交易（即現貨保證金交易），　至此黃金交易的範圍更形擴大。七十七年七月，原黃金買賣（包括金條塊與金幣，飾金除外）需要附加的 5% 營業稅取消，國內黃金買賣的成本遂與國際行情更為接近，成為投資人在國內直接購買的有利因素，在此有利條件下，國內黃金市場更進一步快速發展。

　　國人一向愛金，加以近年來游資充斥，於是黃金交易（保值或投資）成為一項熱門方式。國內黃金交易的方式五花八門，但除金條塊、

金幣等實質黃金的買賣是合法方式以外，最為熱門的黃金現貨保證金交易（黃金現貨訂價交易）與黃金期貨交易等，卻仍無法令的約束與管理，投資者的風險很大。

在所有黃金投資（或投機）方式中，尤其以黃金期貨交易最受投資人喜愛，下單量十分龐大。據全世界最大的黃金期貨交易所——紐約商品交易所(COMEX)主席的估計，臺灣一地一日的黃金期貨下單量（下至交易所內的）約在五千至一萬個合約間，而未下到國際市場的合約估計為下單量的十倍左右。

一般黃金投資若經由民間管道（貴金屬公司或銀樓、珠寶公司等）， 投資人需特別謹慎小心，注意這些「公司」的信用。換言之，通常投資人經由民間管道進行黃金交易所承擔的信用風險很大。黃金交易的官方管道僅有中央信託局與數家代銷金幣的指定銀行。中央信託局有現貨黃金條塊的買賣，可說是唯一的官方管道。目前中信局與幾家主要的民間公司每日均有黃金條塊報價在報紙公告（如附表），部分民間公司更是隨國際金價隨時調整自己公司內的電動牌價。至於中信局以外的其他銀行只是代售金幣而已，稱不上黃金投資管道（況且，財政部雖允許銀行代銷金幣，卻以「鑑定」問題，不接受金幣賣回銀行，使官方的金幣交易只能買不能賣，無法正常均衡的流通）。

除中信局已有黃金條塊買賣外，國內省屬七家行庫（臺灣銀行、華南、第一、彰化、合作金庫、土地銀行及臺灣區中小企銀）亦在積極籌備自行進口金條、金塊買賣，並研究開辦黃金存摺的可行性。

雖然中國人傳統上喜愛黃金，臺灣又是世界上最大的黃金進口國，但主管當局對於黃金交易的心態卻十分保守。主管當局目前只開設黃金條塊及金幣的櫃臺交易，對於設立黃金交易所進行黃金現貨與期貨交易認為尚無必要。

國內現貨黃金條塊每日報價表

公　　司	單　位	售　出　價	買　入　價	售 出 價 換算臺兩	每臺兩實 際買賣價差
中　信　局	1公斤	351,831	347,031	13,194	180
	1/2公斤	176,422	173,756	13,232	
	1/4公斤	88,541	87,208	13,281	
	1/10公斤	35,562	35,029	13,336	
中信貴金屬	1公斤	351,467	347,200	13,180	160
寶　　　煌	1臺兩	13,120	13,020	13,120	100
花　　　旗	1港兩	13,110	13,060	13,134	50
祥　　　發	1港兩	13,170	13,162	13,194	8
宏　　　福	1臺兩	13,210	13,170	13,210	40
匯　　　特	1港兩	13,130	13,080	13,154	70
百　　　年	1港兩	13,140	13,080	13,164	95
元　　　運	1臺兩	13,160	13,110	13,160	50
臺　　　灣	1臺兩	13,110	13,070	13,110	40
臺中―福臨	1港兩	13,020	12,980	13,043	40
高雄―王鼎	1臺兩	13,050	13,020	13,050	30

註：① 以上報價每日更新，另部分銀樓價格隨國際金價隨時調整。

② 實際買賣價差已包括手續費及驗金費。

③ 1公斤 = 26.6667臺兩　1港兩 = 0.9982臺兩。

④ 尚需繳納千分之四印花稅。

⑤ 報價為每日下午4時30分香港金市收盤時報價。

五、黃金投資風險

黃金投資的主要風險為匯率風險、價格風險與信用風險。

國際金價以美元計算，因此黃金投資為外匯投資的一種方式，亦與其他外匯投資方式一樣，具有匯率風險（國內黃金買賣雖以新臺幣

計價，仍同樣含有匯率風險，因為國內以新臺幣表示的金價已隨著匯率變動調整，即國內金價＝國際金價×美元匯率）。

國際金價時時變動，此為黃金投資的價格風險。

除匯率風險與價格風險以外，實質黃金買賣還需負擔一些成本，如：黃金的保管費、保險費、買賣差價、檢驗費（成色鑑定費）、 手續費等。

至於保證金交易（現貨或期貨）雖無保管費、保險費、檢驗費等，但仍有買賣差價及手續費。此外保證金交易因採用以小博大的交易方式，因此操作者的價格風險即數倍大於以十足資金交易的實質黃金買賣者。

黃金交易多在民間進行，投資者與操作者需注意這些民間業者的信用，尤其是黃金現貨訂價交易、黃金期貨保證金交易、黃金儲蓄或黃金提貨單等紙黃金的交易方式需特別謹慎。在主管當局尚未將紙黃金及期金（黃金期貨）交易方式納入管理體系以前，這些方式的黃金投資需承擔一些額外的「信用風險」。

六、 影響金價的因素

價格風險與匯率風險是黃金投資的最大風險。黃金的價格風險是黃金價格的波動風險，從以下附表「黃金價格的波動情況」來看，黃金的價格風險不亞於其匯率風險，有時甚至有過之而無不及。

黃金價格波動情況一覽表　　　　（單位：美元／盎司）

	1979	1980	1981	1982	1983	1984	1985	1986	1987	1988
最　　高	490.00	875.00	600.00	497.50	515.00	410.00	340.00	434.50	502.50	463.00
最　　低	215.00	452.50	387.50	290.00	375.00	297.50	280.00	327.50	354.50	387.00
最大波幅	128%	93%	55%	72%	37%	38%	21%	33%	42%	20%

　　黃金價格的變動主要受供需情況的影響。影響黃金供給的因素有：

　　①生產面：例如產金技術（分為開採及提煉技術）的進步、新金礦的發現等。

　　②經濟面：例如石油價格下跌引致油國拋金，或某些國家因國內經濟因素而拋售黃金（如蘇俄因國內穀物欠收而拋金換取外匯）。

　　③金融面：當金價高漲，引發投資人獲利回吐等。

　　影響黃金需求的因素有：

　　①本質面：起因於黃金的金屬特性。黃金良好的可塑性、延展性、及近零消耗性等使黃金具有一定的工業及醫學上用途。此外，黃金的稀少性又使黃金成為裝飾及珍藏品。

　　②經濟面：傳統上黃金被用來對抗通貨膨脹，在經濟恐慌時具有最佳的保值性。

　　③政治面：在戰亂或政治不安時，黃金成為最佳的逃難資產。

　　④金融面：投機客利用金價波動賺取買賣價差。

　　⑤其他：如我國政府為縮減中美貿易順差而大量自美進口黃金（此舉使臺灣成為一九八八年全球最大的黃金進口國）， 或許多國家（如日本、韓國等）為鑄造紀念金幣而增加進口黃金。

　　歸納起來，影響黃金價格的因素有生產技術、通貨膨脹率、戰爭、投機、石油價格以及其他政治、經濟因素，其中通貨膨脹與戰爭是基本上影響金價的最主要因素，而投機則是短期內影響金價的主要因素。

　　此外，美元匯率與利率走勢亦影響黃金價格。美元價格與黃金價格通常呈互補關係，美元漲則黃金跌。利率是資金成本，利率上漲，黃金的機會成本提高，對黃金價格形成不利因素。

　　由以上黃金供需、美元匯率及利率等各方面來分析，未來金價的

利空因素多於利多因素，因此專家建議黃金投資在投資人的投資組合中不應佔有太大比例。追求黃金差價的短線買賣屬於黃金投機，風險很大。另一方面，在黃金大勢或後市並不看好的情形下，黃金偏好者較應將黃金視為保值工具，長期持有，並以對抗經濟恐慌或戰亂為主要目的。

第二節　國外不動產

一、投資國外不動產之動機

自七十六年七月外匯開放後，外匯投資成為熱門方式。在五花八門的外匯投資方式中，國外房地產投資是共同基金以外最熱門的一個項目。

國人購買國外不動產的動機與其他外匯投資（金融證券投資）有很大的不同。一般說來，國人購買國外不動產的動機是：① 移民需要；② 擴展事業需要。前者是以投資不動產達到移民目的，亦即近年來非常熱門的投資移民；後者則因新臺幣升值，許多生產企業移至海外設廠或購併外國的公司工廠。另有些則為工業升級與分散市場。換言之，純投資者很少。

不動產投資不同於其他金融證券的投資，投資人需要投注的時間與精力、需要的資訊，以及法律、稅制上的專業知識等，都更為專業化，因此亦較不適合於一般外匯投資人（純外匯投資）。

國外不動產投資多是購買外國的土地、住宅、辦公大樓或工廠。早期的投資多集中於美國，尤其是南加州，近年來則擴及到澳洲、紐西蘭及加拿大等地。

二、國外不動產投資管道

國外不動產投資可在國外或國內進行，國人在自由結匯額度內可以直接匯錢至國外，自行購買不動產。否則，亦可在國內透過國外不動產的代理商進行。

國外不動產的形式有很多種，包括土地、獨立房屋、持分式公寓、商場、工業廠房、辦公大樓等，每一種形式的不動產契約均不相同，相關仲介業亦各有專長，因此，直接投資國外不動產應要找對國外的經紀商。美國對於買賣不動產的法律規範十分嚴謹，交易的過程除了應有律師參與外，投資人也可透過「公證行」進行。公證行介於買、賣者之間，但並非仲介公司。公證行代表買賣雙方，即賣方將產權過戶文件交給公證行，買方亦將價款交給公證行，公證行一方面將錢交給賣方，另一方面將產權交給買方。

美國對國外不動產契約的成立、生效及內容均有完整的法律規定。銀行的融資制度也十分健全。這些是投資美國不動產較有利的地方。

近年來國內游資充斥，房地產暴漲，不動產仲介業因此如雨後春筍紛紛興起。一如國內不動產業者的擴展，國外不動產投資的代理商亦紛紛來臺推展業務。這些國外不動產代理商大都以投資顧問公司的方式出現，最主要的業務是代辦投資移民（即投資＋移民）。

國外不動產投資不論是直接在國外進行，或在國內透過代理商進行，均多經由民間管道。政府或公營銀行並無這方面的服務提供。至於外商銀行提供這項業務者亦僅限於少數開辦私人銀行業務者（私人銀行業務請參考第一章第四節）。

三、國外不動產投資風險

根據美國所羅門兄弟公司(Saloman Brothers)的調查研究，以長期投資立場來看，不動產投資的報酬率不但優於股票、債券等金融工具，而且價格風險遠較股票等金融工具為低。不動產價格較不受經濟波動影響，具有保值性，長期持有則不但能保值且多能增值，此外，不動產具有使用價值。換言之，不動產投資經常同時具有資本利得與資產收益。

不動產投資的好處不少，但缺點也很多。不動產投資的不利面有：

① 資金成本通常很大，且流動性很低。

② 不動產市場的資訊較不充分及較不公開。

③ 不動產的買賣手續麻煩，需投注較多的時間精力，致買賣的無形成本提高。

④ 不動產平時需要管理及照顧。

⑤ 不動產買賣涉及的法律層面較深，投資技巧的專業化程度亦較深。

上述不動產投資的不利面在國外不動產投資上更為嚴重，換言之，因為社會文化、政府法規的不熟悉，以及因時空距離擴大所致聯繫上的不方便等，使海外不動產投資的風險加大。最主要的風險為：

1.國家風險：國家風險是因一國之政治、經濟或社會情況發生不利變化而產生。政治方面，海外不動產投資需選擇政情穩定、法治、民主的國家或地區。經濟方面，需考慮通貨膨脹、經濟成長、幣值變動、利率水準等情況。社會方面，需注意人民習性、文化風俗等。

2.信用風險：信用風險來自以下多種方式：

① 不實宣傳：仲介公司以誇大不實的宣傳，造成投資人判斷錯誤。

其中最常見者如精美的圖片（但不是實際投資標的所有）， 未實現的公共投資以及灌水的面積。

②低值高賣：投資人以高價買到尚未開發的荒地，甚至買到沙漠或沼澤。

③一地數賣：賣方一地數賣，甚至賣方並未擁有實際產權。

④契約不符：投資人未詳閱（或看不懂）英文契約書，僅聽信代理人或仲介人之口頭說明，或中文契約書與實際具有法律效力的英文契約書不符。

⑤代理人或仲介人私吞價金：即代理人或仲介人詐欺。

國外不動產投資的風險可能很大，因此預防工作十分重要。國家風險的減低，可參考國家風險的評估（請看第四章第四節）， 選擇國家風險較小的國家或地區。信用風險的減低則可經由以下幾種方式：

1.慎選有信譽的仲介公司或代理人。

2.經由律師簽約及公證行付錢。

3.必須親自查究投資標的，避免「隔山買牛」，一切眼見為真。

下篇

第十一章

國內外金融環境的演變

第一節　國際金融環境的變遷

　　七十六年七月十五日是我國金融史上一個重要的日子，該日政府解除了大部分的外匯管制，一般以「外匯自由化」或「外匯開放」稱之。外匯開放開啟了國人外匯投資或外匯操作的大門，國人理財的天地自此由國內金融市場擴大至國際金融市場，自然不能不對國際金融環境有概略的了解。尤其是國內金融環境長期在管制之下，與國際金融環境有很大的差異，若未加以瞭解即貿然進行對外投資或外匯操作，則所承擔的風險將甚於國內市場。

一、金融自由化、金融證券化、金融創新與金融整合

　　國際金融環境自一九七〇年代即已開始，至一九八〇年代已相當明顯的有了變化，這些變化歸納起來可說是金融自由化 (Deregulation)、金融證券化 (Securitization)、金融創新 (Innovation) 與金融整合 (Integration)。

　　自一九七〇年代以來，通貨膨脹以及匯率和利率的激烈變動，一直是國際經濟和金融上的重大問題。布列敦森林制度 (Bretton Woods

System)崩潰以後, 主要工業國家的匯率變動日趨激烈 (普遍浮動請參考第二章第二節)。追逐匯兌利益而遊走於國際間的鉅額短期資金(通常稱為「熱錢」), 對各國的外匯市場、貨幣市場及金融管理都有影響。石油危機使世界經濟陷入一個長達十年之久的, 前所未有的停滯性通貨膨脹(Staglation)困境。利率水準隨同通貨膨脹迅速上揚, 部分國家 (如美國) 改變其貨幣政策, 重視貨幣供給額的控制, 而將利率交由市場決定, 於是利率變動頻繁起來。

各國雖然表面上都有限制資本移動或管理匯率、利率的金融管制措施, 但銀行操作水準的提高, 投資和借款人知識、技巧的增加, 以及電腦、通訊等科技的進步, 使得各種逃避管制的新金融工具紛紛出現, 尤其是在若干國家不得不部分放寬管制以後, 那些仍然嚴格管制的市場在國際金融活動上就較缺乏競爭性。因此在不公平的競爭環境下, 要求解除管制成為必然的趨勢。各主要工業國家面對如此一個金融局面, 終於紛紛放棄管制。如：一九七四年美國廢止資本外流的管制; 一九七九年英國撤銷外匯管制; 一九八〇年日本修改外匯法等; 形成金融自由化的局面。

金融自由化下, 各國的經濟主體 (企業、個人及政府機構等), 能在本國市場以外的其他市場上籌集或運用資金, 換言之, 其金融活動的範圍已超越了本國國境; 同時金融自由化的國家亦開放本國金融市場予外人活動; 這種國內市場與國際市場不再明顯劃分的局面, 一般稱之為金融整合。金融整合使金融活動走入國際化(Internationalization), 甚至更進一步全球化(Globalization)的時代。

在金融國際化趨勢下, 金融商品的提供者面臨了國內外業者的競爭, 金融商品的消費者亦可在國內外的金融商品中選擇, 於是市場上競爭日益激烈, 消費者亦日漸精明, 金融機構必需改進舊的金融商品

或開發新的金融商品來滿足消費者的需要，於是各種改良過的或全新的金融商品或金融技術不斷推出，形成所謂的金融創新局面。八○年代以來，創新的新工具中最重要的幾種是：浮動利率本票(FRNs)，浮動利率的銀行可轉讓定期存單(FRCDs)，證券包銷業務(Note Issuance Facili-ties, NIFs)，循環使用的證券包銷業務 (Revoling Underwriting Facilities, RUF)，貨幣市場共同基金 (Money Market Mutual Fund) 以及交換(Swaps)、期貨(Futures)、選擇權(Options)和遠期利（匯）率協定(Forward Rate Agreement, FRA)等。

　　金融創新的目的有些是為了便於籌集資本或降低成本，有些是為了轉嫁或避除風險，有些是為了逃避政府的有關管制。近年來在金融創新局面下，新出現的金融工具多得不勝枚舉。以目前主要工業國金融自由化的程度，金融機構的操作水準以及電腦通訊技術的進步而言，幾乎任何一種特殊資金的需求方式，都可能創造出一種新式的金融工具或發展出一種新式的金融技術來。這在「交換」和「選擇權」上尤其明顯。因此，金融創新局面是年輕多變的，一種新式的金融商品或金融技術是否能廣被接受或持續下去仍待考驗。

　　除金融自由化、金融整合與金融創新外，八○年代以來，國際金融市場上最明顯的改變為金融證券化。一些信用優良的跨國大公司如IBM，或是超國際組織如世界銀行等，紛紛在資本市場上以發行證券的方式來籌取資金，捨棄了傳統上銀行聯貸的方式。國際上借貸關係之由傳統以銀行借貸為主的方式，轉變為在貨幣或資本市場上發行各種證券的方式，即為金融證券化的現象。而繼債務證券化後，金融資產亦日趨證券化。

　　因為證券形式的各種債權、債務憑證可以轉讓，因此投資人不必等到債券到期，才能收回資金，債券持有人亦可以在到期前將債券出

售，於是長期債券可以短期持有，資金的流動性大為增加。這種因為
「證券化」所增加的可交易性與市場性，不但使得債券市場的初級市
場（發行市場）交易量大增，也使得次級市場（交易市場）蓬勃發展
起來。比起傳統銀行借貸之無流動性，以致缺乏交易性和市場性來，
顯然金融工具證券化後，更能配合這個利率與匯率多變的金融時代。

很明顯的，金融證券化、金融自由化、金融創新及金融整合等，
是互相影響，合為一體的。金融證券化使金融工具創新，也使金融市
場趨於整合。在金融市場趨於整合後，金融當局為不失去它國內市場
的競爭力（即本身市場的比較利益），便不能不實施金融自由化，逐
漸解除各項管制。而解除管制後，更有助於金融創新與全球整合。全
球整合增加了金融工具的替代性與金融市場的競爭性，金融機構在如
此一個環境下，為求生存及創造利潤，不得不改進服務、增加效率和
不斷創新。

二、金融環境變遷的影響

上述金融環境的變遷，對於金融市場的各層面都有重大的影響：

⑴金融消費者（借款及投資人）： 借款人由傳統上向銀行借貸的
方式轉變為在金融市場上發行可轉讓的債券。投資人由傳統上將資金
存放於銀行的方式，轉變成在金融市場上購買各種證券。

⑵銀行業：在國際金融環境變遷下，銀行業所受影響最大。傳統
上居於信用中介地位的銀行，受金融證券化的影響，銀行的存放款業
務不但大為減少，且品質大為降低。一些信用良好的大企業能在資金
市場上，以較低的成本取得資金後，銀行若要維持放款的業務量，就
必須冒比較大的風險，將資金貸放給信用較差的一般中小企業，此舉
使得銀行的放款風險提高，呆帳增加，利潤減少。金融證券化、自由

化、國際化與金融創新的結果，不但使銀行面臨來自國內市場和國際市場更大的競爭，也使得銀行面臨和非銀行金融機構間更大的競爭。

⑶非銀行的金融機構：受金融證券化影響，許多證券的中介機構如票券金融公司、信託投資公司、投資顧問公司等機構的業務擴充甚為迅速。而許多商業銀行受法規的限制，不能從事有關的證券業務，因此商業銀行極力爭取，加速金融當局解除管制。

⑷金融主管當局：受國際金融環境演變影響，各有關當局雖逐步放寬管制，實施自由化，惟另一方面，由於金融體系的激烈競爭，銀行資產品質的日益惡化，使金融主管當局意識到問題嚴重。於是各有關當局，在維護金融安定與保障存款大眾的考慮下，對金融機構的結構性安全更為注意，提高金融機構的資本適足比率(Capital Adequacy Ratio)即是。

三、金融環境變遷的結果

適應金融環境的改變，銀行業在觀念、組織、業務型態以及人員、設備等各方面都有了很大的調整。有些成功，也有些失敗。銀行業因應的方式，一般是改為經營投資銀行與私人銀行業務，或改走銀行百貨公司的型式。總而言之，銀行在面對傳統存放款業務逐漸式微，利息收入逐漸減少的情勢時，增加承做一些以手續費收入為主的業務是必然的趨勢。這些業務除包括一些傳統性的不表露在資產負債表上的業務 (Off-Balance-Sheet Business, OBS Business)，如：保證信用狀 (Stand-by L/C)，包銷證券保證 (Under-writing)，票據保證 (Notes Assurance)及貸款保證(Loan Guarantee)等以外，並尋求一些新的金融工具，如：交換 (Swaps)、選擇權 (Options)、期貨 (Futures)、遠期利（匯）率協定(FRA)及證券包銷業務(NIFs)等。所有這些傳統和創新

的 OBS 業務，除為金融機構帶來可觀的利息外收入（即手續費收入）以外，亦逃避了有關當局的限制（資本適足比率）。

金融環境變遷造成的新金融局面，除帶來金融業經營效率的提高、資金更為有效的利用、投資理財避險的方式更具選擇性等正面效果以外，亦隱藏了一些危機。其中最令人擔憂的一點是，這些金融活動的風險性和風險程度是否被正確的認知與衡量。所有的市場參與者是否必須等到付出相當大的代價後，才能獲得教訓（歷史上的例子很多，如德國的Herstatt銀行事件，股市大崩盤事件等）？

第二節　國內外匯開放與外匯投資理財時代來臨

七十六年七月十五日的外匯開放在我國金融史上是一件大事。這一事件雖被稱為「外匯自由化」，但事實上距離國際上所謂的自由化還有相當大的距離。七十六年七月十五日外匯開放的實質意義，是擴大了人民持有運用外匯的自由度，因此開啟了外匯投資理財的時代。

一、國際上自由化的原因

從國際上主要工業國家外匯自由化的過程中，可以發現這些國家的自由化，是因為國內外經濟環境的重大變遷，國內外匯率的動盪不安，或投資人與借款人的逃避管制等原因；再加上近年來電腦、通訊等資訊科技的進步，使得資訊的傳遞和資料的處理，不但迅速而且簡化；銀行操作水準的提高以及業務的競爭等使經營效率提高。於是追求金融比較利益的需求，加上環境的配合，使得解除管制 (Deregulation) 成為國際主要工業國家普遍的現象，這種現象同時帶來了金融

市場的整合與金融工具的創新。

二、國際上自由化的意義

所謂解除管制不僅是解除外匯管制，還包括利率管制、金融業務管制、金融機構設立管制等多方面。一般國家在實施金融自由化的過程中，通常經由幾方面進行：

⑴解除利率管制，推行利率自由化，使利率能充分反映資金供需情況。

⑵解除外匯管制，使資金能自由進出，使匯率能反映一國經濟金融情況。

⑶放寬對金融機構設立的限制，並簡化對金融機構的行政管理，使金融機構經營效率提高。

⑷放寬金融商品的管制，便利金融機構開辦新種業務使金融機構的經營趨於多元化或專業化。

上述金融自由化簡而言之，即是以市場機能（價格機能）取代人為管制。外匯自由化不可能單獨做到，因為外匯只是金融的一部分，只有金融自由化，外匯自由化才能真正實現。

單以外匯自由化而言，亦至少應該包括外匯價格（匯率）與外匯數量（資金移動）兩方面的自由化。國際上沒有任何一個國家是外匯完全自由化，因為完全自由化，代表一國貨幣當局對其國內貨幣金融自主權的放棄，這是任何一個政府所無法忍受的事。因此，國際上各國對外匯管理只有原則自由（例外管制），與原則管制（例外自由）之分，並沒有完全的自由。

世界各國自由化的過程或多或少都帶有被迫性，亦即或多或少都是壓力下的產物(這種情形尤以我國為明顯,德國和日本亦多少如此)，

但是，所有國家之自由化過程都是循序漸進的。國際金融的歷史顯示，當一國的經濟發展至某一程度時，自由化便成為經濟金融發展過程的必然結果，而不是僅用為解決某項金融問題或減輕某種壓力的手段。

三、國內外匯開放的背景與經過

反觀國內外匯開放的背景：隨著國內經濟的快速成長，六十年代以後長期發生的國際貿易出超（僅六十三、六十四年例外），帶來國內外匯存底快速累積及新臺幣供給額擴充壓力，這種壓力在七十六年以後達到空前的地步（七十六年六月底時外匯存底已達 610 億美元，貨幣供給額年增率亦連續數月達 50% 以上）。同時，來自美國的壓力，亦使得我們這個小型開放、又過度依賴美國市場的貿易型經濟，遭受極大的壓力。國內外壓力之大，大到雖然當局數十年來牢不可破的外匯短缺，和外匯逃避的恐懼心理仍然存在，但再也不能「關起門來做皇帝」了。

七十六年三月二十七日行政院長俞國華在行政院會中指示財政部與中央銀行對當時外匯管理措施重新檢討，並指示將在保留外匯體制的原則下，授權主管機關在國際貿易出現大量出超時停止外匯管制。七十六年六月十六日立法院三讀通過「管理外匯條例」修正條文，增列第二十六條之一，明定：「於國際貿易發生長期順差，外匯存底鉅額累積或國際貿易發生重大變化時，行政院得決定停止第六條之一（有關外匯申報）、第七條（有關應結售銀行之外匯）、第十三條（有關可自行提用或自銀行結購之外匯）及第十七條（有關當外匯無需支付時應依規定存入或售還）全部或部分條文的適用」。七十六年六月二十六日修正後，「管理外匯條例」經總統明令公布，七月十五日正式開始實施。此次修正開啟了我國外匯管理上的新紀元，一般輿論多將此次

外匯管理的大幅放寬，稱為外匯開放、外匯自由化或外匯解嚴。

八十年九月七日，中央銀行與財政部再提出「管理外匯條例」修正草案呈報行政院，八十四年七月十二日立法院三讀通過，同年八月二日總統明令公布。該次修正案之主要內容為：

1.增訂第六條之一（外匯申報）， 簡化外匯申報的手續但擴大外匯申報的範圍，使能明確掌握資金動向。

2.增訂第十九條之一（緊急處置權）， 賦予行政院緊急處置權，於非常情況下，行政院得對外匯交易行為作必要的緊急處置，以加強政府對非常時期外匯交易的應變能力。

四、 外匯開放後的外匯制度

七十六年及八十四年兩度修正「管理外匯條例」以後，目前我國外匯制度的基本架構為：

㈠基本上「外匯管理條例」仍為外匯管理的依據，但部分條文停止實施中。由於主要管制的條文都停止實施，因此我國外匯管理的精神實際上已成為「原則自由，例外管理」。 外匯所得者可持有外匯，外匯需求者可在某個額度內自由兌購外匯及自行持有運用。

㈡採行指定銀行制度。在指定銀行制度下，所有金融機構未經核准為指定銀行者，不得經營外匯操作業務。民間所有外匯的收付，需經指定銀行辦理。指定銀行業務之經營需受央行管理，非經央行核准不得開辦新種業務。

㈢資金移動大幅度放寬。凡不涉及新臺幣兌換之外匯收支完全自由。涉及新臺幣兌換（即需結購或結售新臺幣）者則視情況而定：

1.商品與勞務交易：公司行號可完全自由結匯。

2.移轉交易：公司行號之自由結匯額度為二千萬美元。個人之自

由結匯額度為五百萬美元。

3.長期資本直接投資：經有關主管機關核准之投資可依核准金額
結匯，無限制。

4.指定用途信託資金投資國外有價證券：無額度限制。

㈣非居住民帳戶(Nonrecidents account)開放。非居住民帳戶係指
在臺無住所之外國人在臺灣金融機構所開設之新臺幣帳戶，自八十三
年九月十三日起開放，規定為：

1.每筆未逾十萬美元者可自由結匯。

2.外國金融機構不得以匯入款項辦理結售。

五、 外匯開放的實質意義

以上幾點外匯開放以來的規定與做法，顯示此項外匯開放並未開
放外匯銀行自由競爭，並未開放對外匯銀行業務的限制，並未開放新
臺幣自由流動。此次外匯開放的最大意義是允許人民在相當大的範圍
內自由持有運用外匯，尤其是運用於國外方面時。

在這種外匯開放方式下，獲得最大實質效益的是大富豪，及具有
豐富投資銀行與私人銀行業務經驗的外國金融機構，與本國外商銀行。
前者擴大了金融操作的空間，後者賺取服務費用。至於一般升斗小民
則大多只投資一點外匯存款或共同基金，本國金融機構亦大多只開辦
一些外匯存款及代理銷售一些共同基金。大體來說，外匯開放以來，
一般人在外匯的結購上較前有極大的便利（自由結匯額度內），因此，
外匯投資理財的行為雖仍需審慎進行，但外匯投資理財的時代的確來
臨。

第十二章

我國的外匯市場、匯率制度與外匯管理 ●

第一節　我國的外匯市場

外匯市場是金融市場的一部分，從國內金融市場踏入國際金融市場（或反之），必透過國內外匯市場，換言之，國內外匯市場是國內金融市場與國際金融市場的連接市場。在經濟自由化與國際化趨勢下，國內外金融市場會愈來愈緊密相連。

我國的外匯市場自六十八年二月一日正式建立以來，長期在嚴格的外匯管制下，一直是一個封閉的地方性市場。雖然七十六年七月十五日外匯管制有相當程度的放寬，但新臺幣仍不具國際流通性，資金匯入仍受相當嚴格限制，因此我國的外匯市場仍然是屬於一個地方性的國家市場。惟在外匯管制放寬後，廠商及人民運用外匯的空間擴大許多，外匯操作亦愈為靈巧活潑，國內外金融市場的連動程度因此增加許多。

我國的外匯市場分為即期市場、遠期市場與換匯市場三個部分。

● 讀者若有興趣深入瞭解我國的外匯市場與匯率制度，請參考拙著，《我國的外匯市場與匯率制度》增訂四版，金融人員研究訓練中心出版。

一、 即期市場

即期市場是外匯市場中最重要的一環,通常在論及外匯市場時,若非特別言明,所指者即為即期市場。即期市場的交易（即期交易）包括兩個層次,一為銀行與顧客間的交易,另一為銀行相互間的交易。前者通稱為顧客市場交易,後者通稱為銀行間交易或外匯市場交易(狹義的外匯市場即指銀行間市場)。銀行間外匯市場的活動十分重要,因為① 銀行間外匯交易價格決定匯率; ② 中央銀行的匯率政策即在中央銀行對銀行間市場的干預態度上顯示。我國的銀行間市場是一個無形市場,銀行利用電話與其他銀行完成交易。交易時間在每星期一至星期五,為早上九時至下午四時,星期六則為早上九時至中午十二時三十分。交易種類大部分是即期交易,次為換匯交易。交易幣別主要是美元。交易可直接進行亦可透過外匯經紀商進行。我國的銀行間市場與國際上幾個主要的外匯市場如紐約、倫敦等最大的不同處是:①非經紀商導向的市場; ② 地方性的市場; ③ 實質交易佔一半以上; ④ 即期交易佔大部分; ⑤ 中央銀行干預頻繁。

我國外匯市場的參與者包括了廠商、個人、外匯指定銀行、外匯經紀商與中央銀行等。分述如下:

㈠廠商與個人: 廠商與個人進行外匯交易的主要原因包括① 商品與勞務交易（即有形與無形貿易）。② 金融性交易（資本移動）。

有形與無形貿易一向是國內外匯交易的基礎,但外匯開放後,金融性交易（資本移動）佔外匯交易金額的比例已增加許多。

㈡外匯指定銀行: 外匯指定銀行一方面參與顧客市場交易,一方面參與銀行間市場交易,是外匯市場的主角。指定銀行可以辦理的業務包括出、進口結匯業務; 一般匯出、入款業務; 外匯存款業務; 外

幣貸款業務；外幣擔保付款之保證業務以及其他業務（如經核准後可辦理指定用途信託基金業務）等。以上是外匯指定銀行在顧客市場上的業務。銀行間交易亦是許多銀行（尤其是某些外商指定銀行）的主要業務。銀行間交易情形雖與顧客市場交易情形無絕對關係，惟一般說來，通常在顧客市場上交易量較大的銀行（如一般所稱的五大銀行——臺銀、中國、華南、第一、彰化），在銀行間市場上的交易量亦較大。本國銀行的外匯業務量佔我國全部外匯業務量的80%以上，而其中五大銀行即佔 60% 左右。最主要的原因是該五家銀行的歷史悠久，分支行遍佈全省各地。外商銀行除花旗、美商、第一勸業、大通、荷蘭、匯豐等幾家以外，大部分的業務規模都不大，大多數的外商銀行業務量均不到市場規模的 1%。

本國與外商指定銀行的業務比較如下：

① 本國銀行（尤其是五家主要銀行）分支行較多。外商銀行通常只有臺北分行（少數有高雄分行、臺中分行、臺南分行、新竹分行、桃園分行等）。

② 全部本國銀行的外匯業務量約為全部外商銀行的四倍。

③ 本國銀行的外匯業務以進出口結匯業務及一般匯款業務為主，亦即偏重一般商業銀行業務。外商銀行有些以商業銀行業務為主，有些以投資銀行業務為主，有些以私人銀行業務為主。

④ 本國銀行之顧客以中小企業為主。外商銀行則多數以大企業為主。

⑤ 外商銀行多主動提供客戶（大企業）良好迅捷的諮詢服務。本國銀行對一般中小企業無此服務。

⑥ 本國銀行多為公營，在經營行為上需考慮政策需要。外商銀行的經營則是市場行為（益本行為）。

⑦本國銀行經由拆放和換匯交易通常為外商銀行新臺幣資金的最大供給者。

⑧外商銀行因聯行關係,在外幣(尤其是某些交易量較少的外幣)的取得和運用上通常較本國銀行為有利。

⑨一般來說,本國銀行囿於體制及經驗,外匯操作較為僵化。外商銀行具有較新的觀念及較進步的技巧,對我國外匯市場的發展及整體金融環境的進步頗有幫助。

不論進出口廠商或一般投資大眾,對本國與外商指定銀行的特性及業務型態均應有所瞭解。本國與外商銀行各有所長與所短,廠商或投資者在往來時應加以比較與選擇。

㈢外匯經紀商:外匯經紀商是七十八年四月三日以後,由外匯交易中心改組而成。外匯交易中心是中央銀行指定外匯業務量最大的五家外匯銀行,於六十七年十二月七日成立的。成立主要目的是仲介銀行間的交易。外匯交易中心除仲介銀行間交易外,尚有其他的重要工作如:

①計算中心匯率(美元對新臺幣)。

②計算除美元以外其他十三種掛牌外幣的買賣匯率,供銀行與顧客參考。

③計算遠期參考匯率供銀行與顧客參考。

④計算實質有效匯率指數❷。

---

❷ 所謂有效匯率(Effective Exchange Rate)是指某一特定國家(或地區)之貨幣,以「其他主要國家(或地區)」的貨幣表示的價值。若用指數型態表示,即是「有效匯率指數」。 通常「其他主要國家」是指該國之主要貿易對手國。有效匯率指數主要有三種:① 輸出加權匯率指數 (The Export-weighted Index);② 輸入加權匯率指數 (The Import-Weighted

⑤蒐集、統計並提供國內外外匯市場的有關資料。

⑥會商有關外匯交易的各項處理手續。

⑦會商其他有關共同業務事項以及舉辦交易員聯誼會等。

七十八年四月三日中央銀行進一步實施外匯自由化措施，廢除中心匯率制度，並改組外匯交易中心為外匯經紀商（在未合法成立前暫稱外匯經紀商籌備小組）。外匯交易中心自六十七年成立後一直無合法地位，改組為外匯經紀商後，將為合法成立的民營公司。外匯經紀商主要從事外匯交易中介業務，同時擔負中央銀行指定之資料搜集與提供市場資訊等工作。

七十九年二月二十一日外匯經紀商籌備小組再改組為「臺北外匯市場發展基金會」（簡稱基金會）。中央銀行經與財政部、經濟部等相關主管機關多次洽商後，於八十二年八月十一日發佈實施「外匯經紀商許可要點」，同年九月二十二日中央銀行許可「臺北外匯經紀股份有限公司」經營外匯居間業務。該公司已於八十三年七月二十七日正式營業，成為我國首家外匯經紀商。基金會在我國產生專業外匯經紀商

Index）；③雙邊貿易加權匯率指數(The Bilateral Trade Index)。

有效匯率（或名目有效匯率）若再以國內外物價之相對變動情形加以調整，即為實質有效匯率。目前國內編製有效匯率之機構有外匯交易中心（七十八年四月三日後改稱為外匯經紀商籌備小組）、《經濟日報》、《工商時報》、　中央銀行經濟研究處及經建會等。前三者之指數每日在報上公佈。

在完全理想的情況下（即基期，貨幣籃權數及物價資料等之選擇充分具有代表性且正確無誤），實質有效匯率指數若為 100，顯示此時（計算期）該國匯率屬於合理或均衡水準，如指數高於 100，表示該國貨幣高估，應予貶值；反之，則為低估，應予升值。

後功成身退，不再居間外匯業務，歸建為單純之研究發展機構。

㈣中央銀行：依據中央銀行法，中央銀行經營之目標為：⑴促進金融穩定；⑵健全銀行業務；⑶維護對內及對外幣值之穩定；⑷於上列目標範圍內，協助經濟之發展。

外匯業務方面，中央銀行持有外匯準備，並統籌調度外匯。中央銀行得視對外收支情況，調節外匯供需，以維持有秩序之外匯市場。中央銀行為達成上述目的，辦理下述外匯業務：⑴外匯調度及收支計畫之擬訂；⑵指定銀行辦理外匯業務並督導之；⑶外匯之結購與結售；⑷民間對外匯出、匯入款項之審核；⑸民營事業國外借款經指定銀行之保證、管理及其清償、稽催之監督；⑹外國貨幣票據及有價證券之買賣；⑺外匯收支之核算、統計、分析與報告；⑻其他有關外匯業務事項。

在上述目標與經辦業務下，中央銀行在外匯市場上居於強勢地位，中央銀行一方面是外匯市場的監督管理者，另一方面又是外匯市場上的買賣者或干預者❸。

二、遠期市場

遠期外匯買賣是指先訂約決定通貨與通貨間的買賣價格，而於將來約定的時日或期間內完成交割的交易。進出口貿易由洽談至訂約，以至交貨完成到結算為止，需要一段時間，在這段時間如果匯率發生變化，進出口商就可能產生損失（匯率風險）。匯率風險愈大，對進出口貿易的影響愈鉅，廠商規避風險的最主要方法，是在計算成本或收益以決定貿易是否有利時，就能固定匯率。而遠期外匯交易即在提供

---

❸　一國貨幣當局（通常是中央銀行）在外匯市場上進行本國貨幣和外匯的買賣，稱為干預(Intervention)。

這種功能。

民國六十八年二月一日，政府為實施機動匯率制度而正式建立外匯市場。機動匯率必然會使進出口廠商暴露在較大的匯率風險之下，政府為使廠商的匯率風險能有效規避，故在六十七年八月十一日開辦美元遠期外匯業務，做為建立外匯市場的準備工作。

遠期外匯市場建立後，市場功能及重要性均不顯著，主要原因為：

1.匯率風險小，避險需要不大：七十五年以前，新臺幣匯率十分穩定（對每一美元在 36 元至 40 元之間），匯率風險小，廠商避險需要不大，因此遠期外匯交易十分清淡，遠期市場規模一直很小。

2.遠期匯率不合理：由於政府的匯率政策明顯，市場容易產生單向（指升或者貶的看法相當一致）的預期，因此遠期交易多呈單向進行。因單向交易使銀行除對中央銀行拋補外，相互間拋補十分困難，因此銀行間遠期市場幾乎不存在。再因新臺幣非國際性貨幣，銀行亦無法在國際市場上進行拋補。外匯銀行因拋補困難，因此在訂價上偏重供需因素（而非如國際市場上，遠期外匯匯率是依據利率差距訂定的），使得遠期外匯的價格（遠期匯率）偏離資金成本。在不合理的遠期匯率下，真正要避險的進出口廠商需承擔很高的避險成本。

七十五年以後，新臺幣變動雖較為劇烈，致遠期交易提供的避險需要增加，惟因政府的匯率政策太過明朗，使新臺幣匯率的預測相當容易，造成遠期市場上投機盛行（此投機是指基於匯率預測而採行的遠期操作，目的在賺取匯兌利益。其交易基礎仍為實質交易而非買空賣空）。同時，因為新臺幣升值方向明確，因此市場上表現大量買匯（即出口商賣出遠期外匯）的單向交易。

在七十六年七月十五日以前，遠期市場上投機之風雖已盛行，但因遠期交易仍嚴格限於實質交易，故市場規模仍然有限。七十六年七

月十五日以後，中央銀行對遠期交易的種種限制全部取消，可以說遠期外匯市場自由化做得最徹底、最完全。

然而，遠期市場演變的結果卻十分令人遺憾。在自由化以前，雖然遠期市場並不健全合理，但市場仍是存在的。而自由化以後，表面上（即法制上）遠期市場完全解除了管制，卻實際上幾乎不存在（關閉）。

遠期市場的這一轉變，遭因於中央銀行對銀行外匯部位的解釋改變。「外匯部位」是銀行經營外匯業務的最大風險來源（例如 Hestatt銀行的倒閉，即因過度持有外匯部位），因此中央銀行對銀行的外匯部位加以管理是必要的。各國中央銀行經常為管理風險而對銀行可持有的外匯部位加以限制。我國中央銀行亦限制指定銀行的外匯部位，不得逾賣超三百萬美元（後提高為六百萬美元）。 然而我國的這項有關外匯部位的規定卻大不同於國際上一般的外匯部位管理，原因為：

1.國際慣例的部位管理，所管者為「風險」(Exposure)；而我國的部位管理，所管者卻為現金兌換。

2.國際慣例的部位管理，是雙向的（即不論長部位或短部位均同）；而我國卻是單向的（只管短部位）。此後，七十八年四月三日起又增加了長部位的管理（二千萬至五千萬美元），長短部位的額度(limit)仍然非常懸殊。

在以上的規定之下，指定銀行無法買入遠期外匯（因為指定銀行買入後，為避險需至即期市場拋售，如此一來很容易即逾賣超額度），遠期市場只好停擺了。

中央銀行以上獨特的部位管理，是中央銀行獨特的匯率政策的一部分。外匯自由化後，中央銀行一方面徹底開放了遠期市場，使遠期交易不再限於實質基礎,另一方面卻仍然提供一個明朗的匯率期望值，

於是遠期外匯市場上原已存在的投機之風，因金融性交易的加入，而更加一發不可收拾。這數量龐大的遠期交易的拋售（指定銀行買入遠期外匯後將至即期市場上拋售），對即期市場產生巨大的壓力，使中央銀行穩定匯率（或「小幅」升值）的匯率操作十分困難。中央銀行為求有效控制外匯市場和匯率，採取了各種方法，改變對外匯部位的解釋即為其中一例。

遠期外匯市場是傳統上進出口廠商最主要的避險場所，換言之，遠期交易應是廠商最重要的避險工具。當年，國內進出口廠商一方面失去這一主要的與重要的避險工具，另方面又面對日益加大的匯率風險，在如此不良的環境下，外匯操作的能力顯得更為重要，但同時開放遠期外匯市場的呼聲日益增加，需求日趨迫切。

八十年十一月一日遠期外匯市場終於又重新開放，但僅限於進出口等實質交易。八十三年三月十四日，中央銀行再開放運輸、產物保險業可進行遠期外匯交易；同年六月三日再開放三角貿易可以承作；八十四年一月十六日再開放股利、佣金及技術報酬金等可以承作；八十四年七月六日中央銀行開放銀行可以辦理無本金交割之新臺幣遠期外匯業務(NDF)，此項開放突破了新臺幣遠期外匯業務限於實質交易的限制，當新臺幣匯率波幅擴大時，市場交易十分活絡。有鑑於遠期外匯開放範圍已十分廣泛，中央銀行於八十五年一月四日將可辦理遠期外匯的項目改以「負面表列」方式開放，即除① 個人勞務收支，② 移轉收支，③ 個人或公司行號等利用自由結匯額度所從事之投資理財活動等三項外匯收支不得辦理遠期外匯交易外，其餘各項外匯收支凡有實際需要者，均可辦理遠期外匯交易（指到期實際需要交割的遠匯交易，與上述無本金交割的遠匯不同）。

三、換匯市場

在民國七十二年一月十四日漢華銀行與摩根銀行成交第一筆一百萬美元的換匯交易後，我國的換匯市場誕生。換匯市場在我國外匯市場中是極為特殊的，例如：

1.換匯市場是順應需要而自然成立及發展的。與即期市場及遠期市場之由政府設立是根本上的不同。

2.換匯市場的參與者只有指定銀行。換言之，換匯市場是一個銀行間市場，尚無顧客市場❹。

3.換匯交易的功能在資金的交換，非外匯的買賣。基本上，換匯交易屬於貨幣交換交易(Currency Swap)，而非外匯交易❺。

4.換匯市場上沒有人為（中央銀行）干預或管制。

5.換匯交易的價格完全由市場決定，是價格機能（或市場機能）最健全者。

換匯市場自成立以來，除七十六年七月十五日至七十六年十月一日這一段很短的時期，受中央銀行修改外匯部位計算方式的影響幾乎停擺以外，一直是我國外匯市場中最健全最能發揮市場機能者。

換匯市場成立後，對不同外匯銀行有不同程度的影響及意義。在

---

❹ 惟此點並不表示指定銀行與顧客不能進行換匯交易。指定銀行與顧客可以進行換匯交易，惟在主客觀方面仍有若干困難：主觀方面是顧客對換匯交易的瞭解很少；客觀方面是中央銀行有關的各項規定，如對銀行外匯部位及國外負債餘額的限制，對顧客匯入、匯出款項（尤其是匯入款項）的限制等。

❺ 讀者若有興趣深入瞭解金融交換(Financial Swap)，請參考拙著，《金融交換實務》，三民書局出版。

本國指定銀行方面，一般而言，換匯交易除增加本國銀行新臺幣資金運用的途徑與外匯來源外，對本國銀行的業務型態影響並不大。本國銀行在換匯市場上通常居於新臺幣資金提供者地位（即Buy and Sell ❻），至於因換匯而取得之外匯（多為美元），則因新臺幣之升、貶趨勢而做不同處理。在七十二年至七十四年間，新臺幣大致呈貶值趨勢，本國銀行取得美元後，多用於存放國外同業，償還國外借款、減少國外透支等，促成國外負債減少或國外資產增加。在七十五年以後，則多用於國內外幣放款或進出口墊款，成為外匯營運資金的重要來源之一。

換匯交易對外商銀行之業務型態則影響甚大。本國銀行若不經由換匯方式仍可輕易經由其他途徑取得外匯資金；但外商銀行則由於種種限制，無法隨意取得新臺幣資金，此點亦使得外商銀行的新臺幣資金成本較貴。在換匯市場成立後，因為換匯市場較有效率，換匯期間不受限制，換匯價格合理等各項優點，使得換匯方式成為外商銀行取得新臺幣資金的最主要方式之一。外商銀行取得新臺幣資金以後，多用於新臺幣放款、短期票券投資或償還拆借等，其中以放款為主。

以我國換匯市場的實際承做與影響來看，銀行進行換匯交易的動機主要在於資金的互通有無，這對全體銀行來說是具有正面效益的。

我國中央銀行未參與換匯市場。理論上換匯交易亦可為中央銀行的金融工具，可用於干預匯率、調節貨幣供給額、或為某種特殊目的提供資金。實務上，換匯交易多為中央銀行用來調節貨幣供給額，如德國即是。

四、外匯市場資訊

一般投資者或廠商知道我國外匯市場交易情形的最方便途徑，是

---

❻　Buy and Sell表示買入即期賣出遠期的換匯交易。

閱讀報上的外匯金融行情報導。惟遺憾的是，讀者從報上所得資訊是前一個營業日之外匯資訊，在時效上稍微落後。即使如此，報紙的外匯金融報導，仍為一般人最主要的資訊來源，外匯投資者或對外匯市場有興趣的人士均應懂得利用此一資訊管道。在匯率變動幅度較大時，時效變得非常重要，讀者可從路透社或美聯社的電傳視訊器(Monitor)上隨時瞭解最新的市場動態，若無此設備，則可打電話訊問外匯經紀商或各指定銀行外匯交易室中的人員。

以下以《工商時報》八十五年四月五日的「外匯市場交易行情」為例，解釋各項數字所代表的意義（四月五日的外匯市場交易行情是在四月六日的報上刊登）。

外匯市場資訊（如表一至四）基本上分成五大部分如下：銀行間外匯交易行情、銀行對顧客外匯交易行情、銀行即期與遠期美元參考匯價、新臺幣實質有效匯率指數以及外匯存款參考利率等。分述如下：

1.銀行間外匯交易行情（見表一）： 這一部分十分重要。包括即期交易的金額、銀行間成交最高、最低與最多的匯率，以及銀行開盤、收盤匯率等，以八十五年四月五日為例，銀行間成交最高價（美元）為 27.2200，最低為 27.1760，而開盤為 27.2200，收盤為 27.1920，顯示當日盤中新臺幣呈微幅升值走勢。至於成交量最多的匯率為 27.2000。

2.銀行對顧客外匯交易行情（見表二）： 該表是以臺灣銀行為代表列出該行 23 種掛牌外幣的該日對顧客買賣價格（買賣價格分成外匯價格與現金價格兩種）。該日美元外匯的買賣差價是1角，美元現金買賣差價則高達5角5分。

3.銀行即期與遠期美元參考匯價（見表三）： 該表以中國商銀等六家銀行為代表，列出即期與 10、30、60、90、120 及 180 天期的美

元匯價。該表可清楚看出，各家銀行的匯價是有差別的，表示在自由化時代並無統一的價格，因此，買賣外匯時應先詢價比較（多數銀行已可用電話語音查詢或至少可用人工查詢）。

4.新臺幣實質有效匯率指數（見表一）：分為本報（即《工商時報》）指數與外匯發展基金會指數二種。指數的功用在提供對於新臺幣真實價位應居何種水準的一種看法。理論上，指數超過 100，表示匯率已經高估，應貶值；低於 100 則表示匯率已經低估，應升值。以基金會的雙邊指數為例，該指數為 100.11（接近均衡）， 表示若以進出口雙邊貿易比重為權數考慮，新臺幣的均衡匯率應為 27.2219（27.192×100.11÷100）。換言之，新臺幣稍微高估了，應該貶值才對。此項資料的重要性並不一定，全視貨幣當局與外匯交易員等是不是重視這項參考數字。

5.外匯存款參考利率表（見表四）： 則提供數家銀行（包括本國及外商）的當日外匯存款利率行情，以供參考比較。

表一 外匯市場交易行情

外匯交易行情	開 盤	最 高	最 低	收 盤	成交最多	筆數	億美元
	27.2200	27.2200	27.1760	27.1920	27.2100	241	4.305
4月5日	權 數		外 匯 發 展 基 金 會			工 商 時 報	
實質有效	（平 均）出 口		—			88.71	
匯率指數	雙 邊 貿 易		100.11			88.11	

表二 銀行對客戶外匯交易價

匯價單位: 新臺幣／外幣

臺 灣 銀 行 參 考 匯 價					
幣 別	買		入	賣		出
	即 期	現 金		即 期	現 金
美 元	27.1700	26.8700		27.2700	27.4200
港 幣	3.4900	3.4400		3.5500	3.5800

馬　　克	18.3000	17.9400	18.5000	18.6800
澳　　幣	21.1800	21.1000	21.4500	21.7000
奧地利幣	2.5900	2.4000	2.6300	2.6300
比 法 郎	0.8700	0.8000	0.9100	0.8900
加拿大幣	19.9700	19.8600	20.1700	20.3800
法國法郎	5.3600	5.2400	5.4600	5.4600
荷　蘭　幣	16.3700	15.4800	16.5700	16.5600
英　　鎊	41.4300	41.2100	41.8300	42.3800
新加坡幣	19.3000	18.6200	19.500	19.5000
日　　圓	0.2517	0.2460	0.2557	0.2563
瑞　典　幣	4.0500	3.6900	4.1500	4.1000
瑞士法郎	22.6900	22.1400	22.9700	22.9900
南　非　幣	6.5900	—	6.7700	—
馬　　幣	10.6600	10.2600	10.8500	10.8500
義　里　拉	0.0170	0.0164	0.0180	0.0182
歐洲通貨	34.1100	—	34.4100	—
紐　　幣	18.4900	18.0300	18.6900	19.1500
印　尼　幣	—	0.0114	—	0.0124
菲　　幣	—	1.0200	—	1.1000
泰　　銖	1.0705	1.0200	1.0906	1.1200
西班牙幣	0.2148	—	0.2252	—

本日遠期信用狀美金利率: 年息 8.30%

表三　銀行即期與遠期美元參考匯價

85/4/5　　　　　　　　　　　　　　　　　　　　　　單位: 新臺幣／美元

銀行名稱	即期		10天		30天		60天		90天		120天		180天	
	買入	賣出	買入	賣出	買入	賣出	買入	賣出	買入	賣出	買入	賣出	買入	賣出
中國商銀	27.16	27.26	—	—	27.15	27.32	27.16	27.34	27.14	27.37	27.14	27.37	27.14	27.42
合作金庫	27.17	27.27	27.13	27.25	27.13	27.28	27.13	27.29	27.13	27.30	27.14	27.30	27.15	27.36
彰化銀行	27.16	27.26	—	—	27.16	27.31	27.17	27.32	27.17	27.33	27.18	27.34	27.20	27.36
臺灣企銀	27.14	27.24	—	—	27.13	27.28	27.14	27.34	27.15	27.35	27.16	27.36	27.19	27.44
臺灣銀行	27.17	27.27	27.16	27.29	27.17	27.32	27.17	27.35	27.17	27.37	27.20	27.41	27.24	27.47
第一商銀	27.16	27.26	27.16	27.27	27.16	27.29	27.17	27.30	27.18	27.31	27.19	27.33	27.21	27.35

表四　外匯存款參考利率表

利率單位: 年息%

銀行別	幣別	期　　　　　　　間					
		活期	一個月	三個月	六個月	九個月	一年
臺灣中小企銀	美　　元	2.25	4.700	4.700	4.700	4.700	4.750
	日　　圓	0.10	0.300	0.400	0.400	0.400	0.500
	馬　　克	2.00	2.800	2.600	2.600	2.600	2.600
	英　　鎊	2.50	5.600	5.500	5.400	5.300	5.300
	港　　幣	1.50	4.400	4.500	4.600	4.600	4.800
	澳　　幣	2.00	6.500	6.600	6.700	6.700	6.700
	瑞士法郎	1.00	1.000	1.000	1.000	1.000	1.000
澳洲國民銀行	美　　元	3.00	5.000	4.800	4.800	4.800	4.800
	日　　圓	—	0.250	0.250	0.250	0.250	0.250
	馬　　克	—	2.750	2.750	2.650	2.650	2.650
	英　　鎊	3.00	5.750	5.625	5.625	5.500	5.500
	港　　幣	—	5.375	5.500	5.750	5.750	6.000
	澳　　幣	3.50	6.850	6.800	6.800	6.800	6.800
	瑞士法郎	—	2.250	2.250	2.250	2.250	2.250
瑞聯銀行	美　　元	3.88	4.563	4.563	4.625	—	4.813
	日　　圓	—	—	—	—	—	—
	馬　　克	2.38	2.500	2.500	2.500	—	2.563
	英　　鎊	4.38	5.125	5.188	5.250	—	5.500
	澳　　幣	5.63	6.563	6.625	6.750	—	7.063
	瑞士法郎	0.63	0.875	0.875	0.938	—	1.063

第二節　我國的匯率制度

　　六十七年七月十日政府宣佈修改匯率制度——放棄固定匯率制度改採機動匯率制度。為達此目的, 六十八年二月一日成立外匯市場。此後, 官方在各種場合, 各種時機一再重申: 我國已實施機動匯率制

度,新臺幣匯率係由市場決定。

一、 改制原因

固定匯率有助於國際間貿易與投資活動的順利進行,對我國經濟的發展頗有貢獻。但固定匯率的維持,需仰賴國內外穩定的經濟情勢。一九三〇年代的全球性經濟危機,使得盛行一百多年的金本位制度崩潰,國際貨幣制度轉變為一種可調整的固定匯率制度(布列敦森林制度)。一九六〇年代後期,美元大量外流終致一九七一年八月十五日美國停止以美元兌換黃金,布列敦森林制度亦難以維持。一九七三年二月十二日美元第二次貶值後,普遍浮動局面終於形成。

在美元第一次貶值時,其他主要貨幣相對美元則紛紛升值,如日圓升值 16.88%,馬克升值 13.576% 等。但新臺幣匯率維持不變,仍是 40(NT$):1(US$)。這種情況下,新臺幣呈低估局面,出口暢旺,外匯準備增加,通貨膨脹壓力沈重。美元第二次貶值時,新臺幣必須相對升值已不能避免。為避免過分影響出口,政府採取了小幅升值,將新臺幣由 40:1 調整為 38:1,然而與國際上其他主要貨幣的升幅比較起來,新臺幣低估的局面反而更形嚴重。出超擴大(六十三、六十四年例外),外匯存底累積、貨幣供給額擴張、物價上升等現象皆一一顯現。

六十七年國際各主要貨幣又呈現大幅波動,且國際貨幣基金於一九七八年四月一日修正基金條款,正式放棄布列敦協議,允許各國自由選擇匯率制度。我國政府遂於七月十日宣佈修改匯率制度,並將新臺幣由 38:1 調整為 36:1。

二、 管理的機動匯率制度

在固定匯率制度時期,匯率是由財政部會同中央銀行擬定後,報

經行政院核定公佈 (稱之為基本匯率或官訂匯率)。在官訂匯率的固定匯率時期,匯率只在六十二年二月十二日及六十七年七月十日調整過,每次調整幅度約 5%。

改制後政府不再公佈匯率,交由「市場」決定。亦即理論上由市場機能來取代已往政府的角色。在此前提下,外匯市場於六十八年二月一日正式建立,開始我國管理的機動匯率制度時期。

所謂管理的機動匯率制度,其特性為: ① 受管制的外匯市場; ② 在中央銀行干預下,有秩序變動的新臺幣匯率。

三、 新臺幣匯率的變動情形

新臺幣匯率早在民國四十八年間即穩定在 40 元 (對1美元) 的水準上,民國六十二年調升為 38 元,六十七年再調升為 36 元。此為固定匯率時期新臺幣僅有的兩次變動 (升值)。 六十八年二月一日外匯市場建立並實施機動匯率制度,然六十八年間新臺幣匯率總共只變動四次,最低為 35.90,最高為 36.10。六十九年間也只變動十七次,最低為 35.93,最高為 36.07。這段期間,雖制度上已為機動匯率,但實際表現卻與固定匯率無異。

民國七十年,國際美元極為強勢,新臺幣因釘住美元的關係,也呈強勢,八月十二日政府將新臺幣匯率由 36.24 元調整為 38 元,這一次發生在機動匯率制度下的政策性貶值,是對「市場機能」的極大諷刺。

新臺幣經七十年八月十二日的政策性貶值到 38 元後,更在政府貶多升少政策下,再邁向 40 元水準。由七十一年第四季開始一直到七十三年上半年為止,新臺幣匯率都在這一水準上。七十三年度八、九月時,新臺幣穩在 39 元水準上月餘,九月以後,由於國內出口衰退,而

國際美元又十分強勁，因此在中央銀行干預下，新臺幣匯率又貶至 40 元水準。

一九八五年九月二十二日 G5 以後，國際美元大跌。國內美元也緩緩下跌。七十五年二月新臺幣緩升至 39 元水準，此後一年間新臺幣匯率連破 39 元（三月間）、38 元與 37 元（八月間）及 36 元（十二月間）四大關。全年綜觀，新臺幣匯率由年初之 39.83 升至年底之 35.50，升幅達 12%。

若從外匯市場建立（六十八年二月）起觀察到七十五年底，新臺幣匯率大致是由 36 元至 38 元，又至 40 元後，回頭到 38 元，再到 36 元。換言之，新臺幣匯率這一段長期間的表現（36 元至 40 元之間）仍是相當穩定的。

民國七十六年，情勢完全改觀。新臺幣在極為沈重的內外壓力之下，加速升值。惟由於中央銀行的干預，新臺幣是以一種和緩的、有秩序的方式升值。七十六年二月份破 35 元，四月份破 34 元，五月份連破 33 及 32 元，七月份破 31 元，十月份破 30 元，十二月份破 29 元。全年綜觀，新臺幣匯率由年初之 35.46 升至年底之 28.55，升幅達 24%，成為新臺幣升值最快速的一年。

嗣後幾年，新臺幣匯率走勢和緩，在升貶互見下，最高曾達 24.5070（81年7月9日）。

第三節　我國的外匯管理

一、外匯管理的目的與重點

政府在不同的經濟發展階段，自會採用不同的外匯管理措施，如

四十年代，我國外匯極度缺乏而又需求孔急，因此政府對外匯做嚴格的管理和分配；民國六十年代開始外貿出超，七十年代出超擴大，於是政府的外匯管理措施逐漸放鬆，直至七十六年七月十五日有所謂的「外匯開放」。

我國外匯管理體制是過去外匯嚴重短缺情況下的產物，這種背景下整個管理方式的精神和做法，在於增加外匯，例如：鼓勵出口、限制進口、不管外匯流入、嚴格管制外匯流出及由中央銀行集中收付外匯等，所有這些措施的目的都在累積外匯。七十年代以後，外匯累積起來了，而在同時（中央銀行吸入外匯存底，放出強力貨幣的同時）貨幣供給額擴張的問題亦趨於嚴重。

隨著經濟金融環境的改變，外匯管理的措施亦有調整。目前外匯管理的目的在平衡國際收支、穩定金融。於此目的下，目前政府外匯管理的重點在：

1.透過指定銀行制度管理外匯市場及維持外匯申報制度。

2.為維持市場秩序仍干預匯率。

3.貿易性外匯供需不加限制。

4.循序開放資本交易。

除「管理外匯條例」為外匯管理的母法外，重要的外匯管理規定或辦法包括：指定銀行辦理外匯業務應注意事項、外匯收支或交易申報辦法等。

二、外匯管理的展望

政府正積極推動「發展臺灣為亞太營運中心計畫」。其中「金融中心」的統籌推動單位經行政院指定為中央銀行。依照金融中心執行方案，外匯管理的精神為「原則自由、例外許可」。規劃的重點則是以「境

外完全自由，境內逐步開放」為原則。具體措施包括六大部分： 1.改善發展金融中心的一般條件； 2.推動建立區域性籌款中心，整體規劃推動外匯市場、境外金融市場及外幣拆款市場的發展； 3.循序發展衍生性商品市場； 4.發展黃金市場； 5.發展保險市場； 6.以循序漸進方式發展資本市場的國際業務。

依據以上「境外完全自由、境內逐步開放」的原則，及以上具體措施的規劃，我國外匯管理將配合著外匯市場、貨幣市場、黃金市場、保險市場及資本市場的自由化與國際化步驟，逐漸地放寬目前所殘餘的對短期性、套利性資金的管理。

在匯率政策方面，目前我國實施機動匯率制度，新臺幣匯率原則上是由外匯市場上的外匯供需所決定。中央銀行基本上尊重市場機能，但對於市場若因季節性、偶發性或心理因素影響，致使匯率過度波動而影響金融穩定時，則隨時採取適度調節措施 (即干預)，使新臺幣匯率維持動態穩定。中央銀行表示，此為各國央行職責所在。

第十三章

國內外匯投資理財與避險現狀

第一節　外匯投資工具

外匯開放使外匯操作成為一種新興的投資、理財方式。在各式各樣的外匯投資工具中，比較為國人接受的是外匯存款與共同基金。此外，外匯保證金交易及國外期貨交易等亦為投機性較強的投資人喜愛。至於另外一種投機性濃厚的金融工具——無本金交割之遠期外匯(NDF)業務，則根據中央銀行規定僅限於國內外法人才可操作。

一、外匯存款

根據中央銀行的規定，外匯存款是所有指定銀行均可辦理的業務。存款利率、期間及其他提存手續等，皆由各銀行自行規定，但不能以支票存款及可轉讓定期存單方式辦理。一般說來，外匯存款的開戶、存提與新臺幣存款相同。各家銀行在利率、起息金額與幣別、期間方面都不盡相同，顧客應先做比較，加以選擇。

(1)開戶：個人或公司均可開立外匯存款戶。個人分為本國人及外國人。本國人開戶需持身分證、印鑑至銀行親自辦理。外國人則持護照、印鑑或簽名，親自辦理。公司開戶需持公司執照、公司印鑑、負責人印鑑等辦理。

⑵存款種類、幣別、期間及起存金額等：存款種類有活存與定存。定期存款一般分為一、三、六、九個月及一年期。國際幾種主要貨幣如美元、英鎊、日圓、馬克、加拿大幣、澳幣、瑞士法郎、港幣等都有辦理。起存金額一般為活存一百美元，定存一千美元以上。上述各項，各家指定銀行可能僅略有不同，亦可能差別極大（尤其是外商銀行的起存金額較高），投資人在存款以前應先向承辦銀行詢問。

⑶存入：得在自由結匯額度內以新臺幣結購外匯存入，並得以出口所得，國外匯入匯款、外幣票據、旅行支票，外幣現鈔或外幣貸款等存入。

⑷提取：得在自由結匯額度內結售成新臺幣（超過時需憑有關文件先申請核准），亦得匯出國外（電匯、信匯、票匯），支付進口貨款，轉存其他外匯存款戶（外幣轉換），轉至其他銀行的外匯存款戶，提領旅行支票、外幣現鈔或償還外幣貸款等。

⑸定存中途解約：比照新臺幣方式辦理。亦即：① 應於七日前通知銀行，或雖未於七日前通知但經銀行同意。② 中途解約存款之利息，按存滿期限別之存款利率八折計算，如存滿三月而未滿六月者，依三月期之利率八折計算。

外匯存款有匯率風險，因此外匯存款的報酬來自兩方面，一為利息，另一為匯兌利益。但亦可能無匯兌利益，反有匯兌損失，因此外匯存款的報酬率可能是負的，換言之，即不但沒有報酬，反而還發生損失。

二、指定用途信託資金投資國外有價證券

指定用途信託資金投資國外有價證券業務，是中央銀行在我國外匯存底累積過多，貨幣供給額攀高，民間游資泛濫之後，所開放的第

一個外匯投資管道。

七十四年十二月二十四日中央銀行核准臺銀、中信局及中國商銀等三家銀行可於七十五年一月一日開辦此項業務，是我國第一次開放民間資本流動，嗣後中央銀行又陸續核准了數十家金融機構辦理此項業務。

本項業務的辦理要點為：

1. 受託單位：有信託業務的金融機構，經中央銀行核准者。

2. 辦理方法：以新臺幣結購外匯辦理。

3. 結購金額限制：無。

4. 信託人：自然人或法人。

5. 投資期間：無限制。

6. 提前解約：可以。

7. 期滿解約：期滿本益以新臺幣償付，不得以外幣支付。

該項業務之原意是受託機構以發行受託憑證之方式吸收資金後，用以投資於信託人指定的國外有價證券，如股票、政府債券、公司債等金融工具上。但該項業務推出後，初期在新臺幣升值趨勢下，進展非常有限，近期則已成為國外共同基金業務，而獲准開辦該項業務的金融機構，則幾乎全成為國外共同基金的代銷機構。換言之，辦理指定用途信託資金投資國外有價證券業務，幾已與購置共同基金無異。

指定用途信託資金投資國外有價證券的最大優點是不論購買或到期償付均無金額限制（指與新臺幣兌換時無金額限制）。

三、共同基金

在國內投資共同基金有三種方式：

1. 直接向國內基金公司購買其發行的外匯基金。

2.直接向國內經央行核准的可辦理指定用途信託資金業務的金融機構購買其代理的國外共同基金。

3.匯錢至國外購買國外共同基金。

上述第1、2種方式因為是在國內直接購買，因此投資人從基金的選擇到購買的手續等，都在國內就近進行，對國內投資人較為方便，而基金發行公司或代理公司為國內之金融機構，感覺上亦較有保障。國內幾家基金公司所發行的外匯基金都曾引起搶購，除因總金額不大容易造成搶購熱潮以外，亦顯示出在民間游資充斥情形下，這種由專家運用資金，可以集小錢成大錢來提高資金效益，以及可分散投資降低風險的投資工具，只要一旦新臺幣持穩，應該是對一般投資大眾最為理想的投資方式。

第三種方式——匯錢至國外購買國外共同基金，多是匯至日本、香港或美國。這種方式的投資大多經由國內投資顧問公司或直接經由國外基金經理公司進行。

目前在國內銷售的外國共同基金有幾百種之多。若以投資標的來看，以股票基金種類最多，其他則為債券、認股權證、股價指數、外幣、貴金屬、貨幣市場工具等。以基金的計價貨幣來看，以美元計價基金最多，其次為日幣。以投資地區來看，東南亞和日本最為投資人喜愛。

由於國外基金種類繁多，因此基金的選擇十分重要，選擇基金第一注重基金的安全，其次是基金的獲利情形。所有外國基金都有匯率風險，因此基金的報酬（或損失）包括兩個部分：一為基金本身的淨值變化，另一為匯率變化。以國內近年來基金獲利情形來看，則虧損的較獲利的為多。

第二節　外匯投機（或避險）工具

匯率風險是浮動匯率制度下的實質風險。換言之，不論行為或不行為，匯率風險都已存在。外匯避險者以外匯操作規避匯率風險，外匯投機者以外匯操作利用匯率風險。同樣的外匯操作可能為外匯避險操作，亦可能為外匯投機操作。兩種外匯操作的分別在於有無實質需要（如進出口貿易或國外投資）為基礎。但僅從表面觀之，投機或避險是無從分辨的。浮動匯率制度演變至今，外匯操作的知識和技巧不斷增進，新的工具與技術不斷出現，利用匯率風險的人（即外匯投機者）愈來愈多。以下介紹幾種國內新興的外匯操作，這些外匯操作可用為避險亦可用為投機，但因為投機的成分較重，因此一般多視為風險很高的投機性操作。除風險高外，這些外匯操作，有些還是不合法的，因此未納入政府管理體系之內，有很高的人為風險。外匯操作因有匯率風險，原本就屬於風險較大的投資（機）行為，而未合法的外匯操作更是險上加險，並且，此種人為風險屬於信用風險，為所有外匯風險中，最嚴重的一種風險（因為信用風險危及本金的安全）。

一、外幣轉換

外幣轉換屬於外匯存款中活期存款的運用，即是由甲種外幣轉換成乙種外幣，轉換的目的為：① 乙種外幣有升值的可能；② 甲種外幣有貶值的可能。前者是積極的為求升值利益，後者是消極的為減少貶值損失。外幣轉換可能是投機，可能是避險。

外幣轉換其實是賣出甲種外幣而同時買入乙種外幣，操作者在未獲得匯兌利益以前，先就需要付出買賣差價及手續費，因此，除非匯

率的變動超過某一範圍，否則轉換操作只為承辦銀行帶來利益。通常外幣轉換偏重短期操作，操作者不重視利率，但外幣轉換是否有利仍應包含利率差距的計算在內。因此，外幣轉換的考慮因素，有匯率、利率、買賣差價、手續費等。此外，因外幣轉換偏重匯率因素，因此匯率預測正確與否是重要的成敗關鍵，這對非以匯率預測為專業的一般投資大眾來說，風險偏高，操作所需的資訊，時間與專業知識亦較多。以外匯投資立場而言，外匯存款仍應以定期存款為主（外幣轉換請參考第五章第六節）。

二、外匯保證金帳戶

「外匯保證金帳戶」是外匯開放以後，由若干外商銀行推出的新種外匯操作（各外商銀行所使用的名稱不盡相同，外匯保證金帳戶使用較多，此外，亦有稱之為「外匯交易帳戶」或「外匯操作帳戶」者）。

外匯保證金帳戶的操作，基本上與外幣轉換相同，是主要以賺取匯兌利益為目的，而在各種不同外幣間進出（轉換或買賣）的投機性操作。外匯保證金帳戶與外幣轉換的不同為：

1.外幣轉換是十足自有資金的運用，而外匯保證金帳戶則運用了財務槓桿效用。換言之，外匯保證金帳戶是一種以小博大的金融操作。

2.外幣轉換是外幣現貨（即期外匯）的買賣，而外匯保證金帳戶則除以外幣現貨的買賣為主以外，還包括外幣期貨及選擇權的買賣。

因為上述兩種特性，操作外匯保證金帳戶的風險較外幣轉換高出許多，是一種風險很大的外匯操作。因為外匯保證金帳戶的操作與期貨十分類似，或者根本就是外幣期貨操作，因此當地下期貨公司的信用風險升高時，有不少期貨操作轉至這些有外匯保證金帳戶的銀行進行。外匯銀行的手續費（吃點數）較高，但信用風險較低。

　　外商銀行開辦的外匯保證金帳戶有私人銀行業務的性質，外商銀行將該種業務的客戶定位在高財產者(High Net Worth Person)，通常銀行與該等客戶有相當良好的溝通，他們明瞭此種業務的高風險，對風險願意承擔並且有能力承擔，因此外商銀行並不隨便接受顧客要求開戶。

　　顧客開戶後，可以選擇自行操作或委託銀行外匯交易員代為操作。若委託銀行代為操作則費用較高，且仍風險自負。不論是何種方式的操作，最大的贏家仍為這些外匯銀行，因為銀行自每筆交易收取1至5點的手續費（通稱為吃點數）。保證金通常為合約金額的 1/10至1/20。換言之，客戶可以操作相當於保證金 10 倍到 20 倍金額的交易金額。因此，操作者的利益或損失能達到一般以十足自有資金操作者的 10 倍至 20 倍，是一項高報酬、高風險的操作方式。各銀行每次最低交易金額自 20 萬美元至 50 萬美元不一，通常都提供夜間交易，有的銀行甚至提供 24小時的服務（惟晚間轉至國外分行繼續操作）。除夜間交易時間長短不同外，各銀行所提供的服務深度亦不相同，有的銀行只提供報價，有的銀行除報價外，還可代為詢價；有的銀行只提供資訊和分析趨勢，有的銀行除此之外，還提供買賣建議。

　　外匯保證金帳戶雖亦是外幣現貨（即期外匯）或期貨的交易，惟通常均不實際交割。換言之，外匯保證金帳戶操作的方式通常都是買進後賣出，或賣出後補進，操作的目的在賺取買賣差價。因為是差價交易，所以實際損益的計算只在於計算差額。差額（已實現的利潤或損失）存入保證金帳戶或由帳戶內扣除。因此保證金的計算及補足(若有損失)十分重要。通常未屆交割日的外匯交易，銀行會以當日紐約市場即期收盤價格計算未實現的損益，若損失超過必需保證金的某個比例（由銀行與客戶約定），則銀行將要求客戶補足保證金，否則當損

失繼續擴大至超過必需保證金的某個比例時（依合約規定）、銀行即可依合約規定替客戶平倉（即砍倉）。

三、期貨

在民國七十八年間臺灣游資充斥，又無適當的、足夠的合法宣洩管道，以致金錢遊戲盛行，投機風氣濃烈，而其中期貨交易可說是代表。高檢處偵查經濟犯罪中心曾針對二百家期貨公司調查，發現期貨交易自國外引進本地，已經嚴重變質。經查多數期貨公司負責人都是借用的人頭，而公司的經紀人及其他軟硬體的必要設備等，多是臨時約僱及按日租用，公司並無長久經營的打算。另據法務部調查局的統計，當時國內總數高達五百家左右的地下期貨公司內，每日流通的保證金就達七十億新臺幣左右，而交易量則達五百億元以上。這麼龐大的期貨交易量，絕大多數都未進入國際期貨交易所內，而流為地下期貨公司與客戶之間的對賭行為。由於地下期貨引起十分嚴重的金融與社會問題，因此納入管理（即合法化）成為十分迫切的需要。「國外期貨交易法」自八十二年一月十日正式施行，開始國內合法的期貨交易時代。目前依據該法可以在國內買賣的國外期貨交易契約，計有國際上 19 個期貨交易所的 98 種契約，可說是琳琅滿目。但另一方面，根據證管會之統計資料顯示，目前國內 16 家期貨經紀商僅有 4 家獲利，亦足見在現行只能買賣國外期貨的法令架構之下，期貨業務經營頗為不易。

國外期貨交易自開放至今，主管機關及投資人都藉由累積相當的經驗。為建立完整的期貨市場，主管機關參考外國立法例，同時審酌國內的主客觀條件，擬具「期貨交易法」，刻於立法院審議中。待立法完成，我國國內的期貨市場即可依法成立。

根據美國期貨交易委員會(CFTC)的分析與統計，期貨交易是種風險極高的投資（機）行為，在一九八七年的期貨交易合約中，有80%是賠錢的。而臺灣期貨操作者的風險更高，該分析家表示，臺灣是「十作期貨九個輸」❶。

期貨操作因將財務槓桿效用充分發揮，因此屬於大賺或大賠的金融行為，風險很高。一般投資者若欲進行期貨操作，應該遵循以下幾點建議：

1.檢討自己的個性是否適合。認識自己是開始投資的第一步。

2.充實自己對期貨的正確認識，尤其是需要瞭解期貨交易本質的

---

❶ 國內一家期貨公司為了解客戶投資期貨發生虧損的原因，特別請該公司經紀人彙集各種客戶虧損的案例，整理出二十一點原因，可供參考：① 缺乏預算充足的自有資金。② 缺乏膽識。③ 缺乏忠心的經紀人。④ 缺乏頭腦精靈又聰明的經紀人。⑤ 容易患得患失，導致操作時舉棋不定。⑥ 缺乏理解正確消息來源的能力。⑦ 缺乏理解市場心理之能力。⑧ 欠缺圖表之參考。⑨ 當價位突然上升或下跌，並對自己不利時，沒有周詳的迎戰計畫。⑩ 對市場和行情的變動沒有全神貫注。⑪ 客戶與經紀人間缺乏默契和信心。⑫ 缺乏何時宜進、何時宜退的判斷能力。⑬ 對市場沒有知己知彼的能力。⑭ 當形態惡劣時，不敢面對現實，儘速認賠平倉。⑮ 過於信任消息來源。⑯ 太過主觀。⑰ 受臨場氣氛影響，而破壞原先計畫好的理智投資策略。⑱ 交易次數太多。⑲ 盲目投資。⑳ 懶於思考，全憑直覺。㉑ 客人與經紀人利益矛盾。

綜合上述原因，投資期貨交易賠錢可說「正常」，而賺錢若非運氣，即是已繳交相當程度的學費。賠錢的原因，可能是因資金不充裕，可能是因投資人個性不適宜期貨交易，可能是因市場資訊不充分，另外一個很重要的原因即是缺少合格的經紀人，而投資人本身的知識、技術與經驗又不足以自行操作。

風險與人為的風險。

3.挑選有正規下單能力的經紀公司。切不要踏入對賭的地下期貨公司。期貨操作的投機風氣很重，主要是因為價格風險原本存在，但期貨操作絕不是賭博行為。最簡單方便的選擇方法，就是挑選擁有CFTC所核發的營業執照者❷。若是擁有清算會員的資格則更佳。

4.慎重選擇經紀人。經紀人的水準與職業操守對投資人影響重大。慎重選擇合格的、能信任的經紀人關係投資成敗。

四、黃金現貨訂價交易

黃金現貨訂價交易即為黃金保證金帳戶。該項投資工具與以上所介紹的外匯保證金帳戶十分類似。外匯保證金帳戶操作的標的是外匯（即期外匯或外幣期貨等），而黃金保證金帳戶操作的標的則是黃金。黃金保證金帳戶與黃金期貨的不同，是前者以黃金現貨的價格行情為依據，而後者是期貨交易的一種，有期貨價格、期貨交易所和期貨交易制度（包括標準契約、標準交割日等）。但二者交易的方式（以保證金方式交易）、技術與風險等皆大致相同。

傳統黃金的投資，是購買實質黃金（金條塊、金飾、金幣等），並收藏在投資人自己手中（包括租用銀行的保險箱）。此種黃金投資不但不能生息，反需要負擔貯藏的費用。由於黃金的特性和本質與其他投資工具不同，實質黃金通常被視為重要的逃難與保值工具，而不是投資工具。但是黃金價格的變動亦是一項可資利用的機會（或風險），換言之，黃金亦可用來低買高賣，賺取買賣差價。如此一來，擁有實質

---

❷ CFTC 在核發執照以前，會調查公司負責人和高級主管操作期貨交易的經驗、社會信用、有無犯罪紀錄、資本額等，基本資本額需在七萬五千美元以上。

黃金就不但不必要，而且麻煩。這也是紙黃金在黃金成為投資（機）工具後盛行的原因。紙黃金的種類很多，其中最主要的就是黃金期貨與現貨保證金帳戶。這兩種黃金交易均是以小博大的操作方式，風險很大。

目前國內的黃金現貨交易分為本地金（9999純金臺兩）與倫敦金(LOCO LONDON) 兩種。本地金之牌價依當日國際主要金市（香港、倫敦、蘇黎士、紐約）之即時報價（美元），並依市場交易黃金條塊之成色（黃金純度）及重量（金衡制）差異，換算（匯率）為臺兩的新臺幣價格（換言之，臺兩的新臺幣價格中包含國際金價、黃金純度、匯率、金衡制及關稅等因素）。倫敦金之牌價為每英兩之美元價。以上牌價以路透社或美聯社之即時報價為計價基準。本地金之匯率採用當日新臺幣匯率。

以下以某公司為例，列表說明黃金保證金帳戶的交易細則（各公司之間不完全相同）：

	9999純金臺兩（本地金）	995倫敦黃金(LOCO LONDON)
1.合約單位	10臺兩	100盎斯
2.單位合約保證金	NT$10,000	NT$100,000
3.報價單位	新臺幣	美元
4.價位跳動	NT$10	US$0.01
5.買進／賣出價位差	NT$40（一般情況）	US$0.5（一般情況）
6.交易時間	夏令時間 9:30am 至次日 2:25am（週一至週五）冬令時間 9:30am至次日 3:25am（週一至週五）週六 9:30am至12:00 pm	同左
7.手續費	每兩買進賣出各付NT$5	每一合約無論平倉或隔夜均為NT$1,000
8.倉息（利息）	買進:每兩每日須付NT$2 賣出:每兩每日可收NT$1	買進：每合約每日須付NT$250 賣出：每合約每日可收NT$150

9.成交	依交易當時公司掛牌買進或賣出價，經櫃臺確認後即成交	客戶或其委託人先透過公司職員向盤房詢價後，依公司報價確認後即成交
10.下單限制	不得超過2,000臺兩	不得超過2,000盎斯
(同一時間同一價位，不論敲單/掛單)		

11.保證金　①客戶買賣或委託買賣新單時，保證金必須全部足夠，若不足，須先補足。

②客戶須自行留意市場價格變動，如保證金不足，須主動補足。

③客戶保證金餘額如達必要保證金之50%時，須自行補足全額，若未在通知補繳時限內補足，且餘額達必要保證金之25%時，公司得依市價為客戶平倉。一切損失由客戶自行負責，不得異議。

12.其他　①若市場價位波動劇烈，公司依市場需要，可將買進／賣出差價幅度調整，客戶不得異議。

②公司得根據國際現貨市場之變動更改必需保證金金額、倉息等，公佈後立即生效。

③客戶委託公司之一切買賣交易，公司均根據客戶所填寫之買賣單據為準，如因客戶填寫錯誤以致成交之買賣合約發生問題，則一切後果由客戶自行承擔。

　　黃金現貨訂價交易與黃金期貨交易相同，是一種風險很高（大賺大賠）的操作方式，其風險來自以下幾方面：

　1.黃金價格的變動

　2.匯率的變動

　3.高交易成本❸

---

❸　交易成本中包括有形的，如：手續費、買賣差價（包括兩方面，一為黃金的買進與賣出差價，及匯率折算時的外匯買價與賣價不相同）、倉息（即利息買入時，公司向客戶收取的利息較高，賣出時公司付予客戶的利息則較低）等，以及無形的，如：黃金價格變動頻繁，利率亦捉摸不

4.保證金交易的方式

5.未納入管理體系（地下交易）

第三節　新種外匯理財工具

八〇年代的國際金融環境有很大的改變，金融自由化、金融整合、金融創新與金融證券化等構成一個嶄新、多變的八〇年代金融局面。在這個局面中，金融交換、期貨與選擇權等是重要的新工具與新技術。在國內，除期貨操作有投資人眾參與外，金融交換與選擇權則一般僅為銀行用來做為投資、理財與避險的工具，普通投資大眾仍對其十分陌生，實際運用的很少，亦只有少數幾家外商銀行對客戶提供此類外匯業務。

一、金融交換

金融交換(Financial Swap)即金融工具的交換。金融交換可指一種金融工具，亦可指一種金融技術。「交換」能成功，是因為各交換參與者皆能因交換而獲利，此即交換的原因與目的。所謂獲利是指借貸的成本較低、資產運用的收益較高，或是財務風險較低等。換言之，金融交換可做為投資、理財或是避險的工具。

用來交換的金融工具可以是不同的貨幣，例如美元交換成日圓，此為貨幣交換(Currency Swap)。可以是計息方式不同的同種貨幣，例如變動利率計息的日圓交換成固定利率計息的日圓，此為利率交換(Interest Rate Swap 或 Coupon Swap)。也可以是貨幣與計息方式皆不相同的金融工具，例如浮動利率計息的美元債務交換成固定利率計息

定，均需密切注意，且保證金需計算與提補等。

的日圓債務，此為貨幣利率交換(Currency Interest Rate Swap 或 Currency Coupon Swap)。交換進行的場所可以是貨幣市場、資本市場或外匯市場。可能在一個市場上，也可能在好幾個市場上同時進行，這些市場可能在一國之內，也可能跨越好幾國。

交換的金融工具若是資產，例如美元資產交換成日圓資產，則成為資產交換。若是負債，例如固定利率債務交換成浮動利率債務，則成為負債交換。

交換市場上的交換以負債交換為主，同時，利率交換佔交換交易的80%左右。交換雖可因為交換的目的、交換的方式等而有各種分類，如直接交換或間接交換（方式），或如投資交換、財務交換或避險交換（目的）。但基本上，交換的種類是貨幣交換與利率交換。

此外，在外匯市場上有一種交換，一般稱之為換匯。換匯基本上屬於貨幣交換，但在外匯市場上將所交換的兩種貨幣的交換關係，視為其中一種貨幣（通常為非本國貨幣）的買賣關係，例如一個Buy and Sell（買即期賣遠期）的美元換匯交易，本質上為美元與新臺幣的貨幣交換。在國內銀行間的換匯市場上（請參考第十二章第一節），通常本國銀行將多餘的新臺幣交換成美元使用，是一種資產交換，而外商銀行自國外借入美元交換成新臺幣使用，是一種負債交換。通常上述本國銀行的交換行為，是為更有效的運用資金（新臺幣），而外商銀行的交換是為減低資金（新臺幣）的取得成本。本國銀行在換匯後取得之美元可用於投資、存款或放款，外商銀行在換匯後取得之新臺幣亦然。上述本國銀行與外商銀行間的換匯，除能增加資金使用效益或減低取得成本外，另外一項很重要的好處是，沒有匯率風險。

國內除銀行間的換匯交易屬於金融交換的一種，尚熱烈進行以外，其他方式與層面的金融交換非常少見。最主要的原因，是國人對

金融交換十分陌生。

　　事實上，金融交換是一種十分重要與有用的投資與避險工具(或技術)。投資人（或一般公司）可利用利率交換使財務收支配合，規避利率風險。投資人亦可利用貨幣交換將一種貨幣轉換成另外一種貨幣，一方面增加資金使用的效益，另方面又規避了匯率風險。國內有少數銀行，正大力推展金融交換，許多公司或投資人可配合自己的需要加以利用，舉例如下（只是舉例，並不是實際案例）：

　　例一，某公司（如臺電）有浮動利率的債務，而在負債期限內，剛好有固定的收入。此時，臺電公司可找到一家銀行進行利率交換交易。以臺電公司的立場來看，這個利率交換交易的做法，以及交換後的財務狀況如下圖所示：

（舉例臺電公司可使用利率交換，使利息的收支配合，減低利率風險）

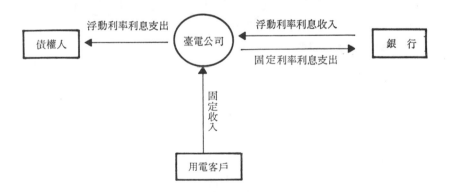

說明：　1.臺電公司進行的利率交換是以固定利率（支出）交換浮動利率（收入）。

　　　　2.臺電公司自用電客戶所得之固定收入用於固定利息支出。

　　　　3.臺電公司自銀行所得之浮動利息收入即用於配合其浮動利率的債務。

　　　　4.在未進行此利率交換以前，臺電公司一方面有固定的收入，另方面有不固定的利息支出，因為二者之間未見得能夠剛好配合，因此有利率

風險。但在進行利率交換以後，臺電公司用固定收入配合固定利息支出，再用浮動利息收入配合浮動利息支出。財務上達平衡狀況，避除了利率風險。

例二，某投資人目前有一筆短期（設三個月）閒餘的新臺幣資金，但三個月後亦有一筆新臺幣債務到期需償還。投資人有好幾種投資策略，例如：存三個月期的新臺幣定期存款，買美元存美元存款（三個月後再賣出）或其他等。前者無匯率風險，後者有匯率風險，投資人認為三月期的美元投資報酬率較高，但不願承擔匯率風險。此時，投資人可進行貨幣交換（或換匯）。以該投資人立場來看，此貨幣交換的方式，以及該投資人的財務狀況，如下二圖所示：

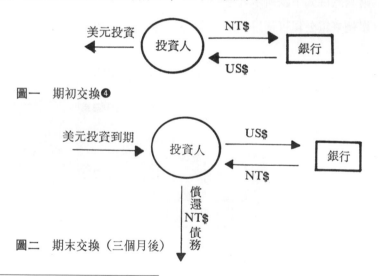

圖一　期初交換❹

圖二　期末交換（三個月後）

---

❹　利率交換不交換本金，只交換利息（而且是利息的差額部分，即利息淨額），故無期初與期末交換之分。貨幣交換（或換匯）則須就兩種不同的貨幣分為期初交換（即原始交換），與到期時再互相換回的期末交換。讀者若有興趣深入瞭解，請參考拙著《金融交換實務》，三民書局出版。

說明：1.投資人的貨幣交換是以新臺幣（支出）交換美元（收入）。

2.投資人取得美元後，可用於短期（三個月）美元投資。

3.三個月後，美元投資到期，投資人取回美元。同時，貨幣交換到期，投資人以美元交換回新臺幣。因此，投資取回的美元用於支付交換到期的美元，而交換取回的新臺幣用於償還到期的新臺幣債務。

4.所有資金的收付都達到平衡狀態，並且，沒有匯率風險。

　　理論上，新臺幣可與其他外幣進行貨幣交換，惟實務上，國內貨幣交換需以其他外幣與外幣之交換（如美元與日圓，英鎊與馬克等）為主。因為：

1.新臺幣非國際貨幣，市場有限。

2.中央銀行的外匯管制，如：匯入款的限制，銀行外債餘額的限制以及外匯部位的規定等，都使新臺幣與其他外幣的交換產生實務上的限制。

二、 選擇權

　　選擇權可以做為投資（機）與避險的工具。國內銀行在國外進行選擇權交易已有多年歷史，但國內銀行提供國內顧客選擇權交易業務則是近年來的事。國內數家外商銀行在外匯開放以後，曾積極辦理的外匯保證金業務，即以即期外匯、外幣期貨或外幣選擇權為交易標的。外商銀行提供外幣選擇權交易給客戶承做後，必須進入國際選擇權市場拋補以規避風險，因此外幣選擇權交易亦必須是國際上幾個主要的貨幣，如馬克、日圓、英鎊、加幣、瑞士法郎等（皆為相對美元）。而新臺幣非國際貨幣，在國際選擇權市場上無交易，因此，新臺幣的選擇權交易很難發展。但近一年來，這項限制亦逐漸有了突破。部分外

商銀行亦開始承做新臺幣的選擇權交易，其中以臺塑公司在七十七年九月與信孚銀行所進行的新臺幣選擇權交易最為有名。

該案例之所以引人注意的原因在於：

1.這是發生在一家有高知名度的公司與一家國內知名投資銀行之間所進行的新臺幣選擇權交易。

2.這是一筆由臺塑公司「出售」(Write)選擇權給信孚銀行的交易。

第 1 點之重要，是因兩個當事者，尤其是臺塑公司的高知名度，使該筆選擇權交易發揮教育和示範的效果。

第 2 點之重要，是因為臺塑公司打破以往由顧客購買選擇權的慣例，而是由該公司出售選擇權給銀行。

向來新臺幣選擇權交易都不多，而且均為銀行賣選擇權給顧客（換言之，顧客是選擇權的買方）。臺塑的這一個出售選擇權的交易因此格外引人注意。該筆交易的詳細內容是：臺塑賣給銀行一筆長達七年的「賣出選擇權(Put Option)」，金額一千萬美元，執行價格為28。換言之，信孚銀行付出一筆權利金以後，有權選擇在七年以後以28(比1美元)的價格賣或不賣一千萬美元給臺塑公司。

該筆交易表面看來，臺塑公司承擔很大的匯率風險。七年以後的新臺幣匯率誰也不知道是多少，但在我國出超經濟的體制下，升值的陰影還是存在。臺塑公司的代價是獲得一筆為數相當可觀的權利金(詳細數字未公布)。換言之，臺塑公司的最大代價是權利金，但匯率風險卻無法估計。

這筆交易的買方信孚銀行，有權在七年後以 28 的價格賣給臺塑公司一千萬美元。信孚銀行可以視新臺幣匯率的情形選擇是否執行權利，付出的代價是一筆可觀的權利金。換言之，信孚銀行最大的損失是權利金，但可能的利益（視匯率情形而定）卻無法估計。

從表面上，很難判斷該筆交易的價值。但進一步探討，則發現該筆交易對雙方都是一筆有利的交易。

以臺塑公司言，臺塑公司並非一個未抵銷的賣方 (Uncovered Writer)，臺塑公司的出口量很大，有龐大的外匯收入，並未因該筆交易而產生一個未拋補的裸部位（淨部位或開放部位）。因此，臺塑公司的匯率風險仍在可計算的範圍內。另一方面，過去的經驗顯示，臺塑公司是一個外匯操作相當成功的企業，經由外匯操作技巧，臺塑公司很可能已固定該筆交易的匯率於某一個水準上。同時，一般相信，臺塑公司的該筆權利金收入必定相當可觀。

再以信孚銀行言，信孚銀行在七年後可使用 28:1 的價格出售美元給臺塑公司，因此信孚銀行帳上產生一個遠期短部位 (Short Position)。這筆遠期交易的真實成本經計算可得：

⑴交易做成當時（七十七年九月）美元利率為 9.5%，臺幣利率為 5%，即期匯率為 28.83，利率差距換算成匯率如下：

$$即期匯率 \times 利率差距 \times \frac{期間}{360}\text{（請參考第五章第五節）}$$
$$= 28.83 \times (9.5\% - 5\%) \times 7$$
$$= 9.08145(NT\$)$$

⑵因美元之利率較高，故遠期匯率應為貼水（換言之，美元較新臺幣多出來的利率差距可承擔部分匯兌損失）， 匯率、利率兩平的兩平點匯率 (Break-even Point of Exchange Rate) 為 28.83 − 9.08145 = 19.74855。

經由以上粗略計算❺，可知信孚銀行在當時的利率水準下，只要

---

❺　以上公式是簡化公式，僅可得一大概數字做為參考。

能以 19.74855 的價格賣出美元，即已經軋平了匯率風險，但信孚銀行卻是以 28 的價格賣出美元，因此若不計入權利金，該筆交易是非常有利的。實際情形當然不會如此有利，因為據推測，信孚銀行付出的權利金應該大致與匯差〔(28 – 19.74855)×1千萬〕相當。

如果信孚銀行所付出的權利金即是其匯差部分所得，那麼，信孚銀行的利潤在那裏？基本上，銀行業務是服務業，銀行扮演仲介角色，提供中介或經紀的服務。銀行在與顧客達成某一交易後，通常均會再達成一個性質相反的交易來軋平前一交易，換言之，銀行只是兩個顧客中間的橋樑而已。以該筆選擇權交易言，信孚銀行可以相對再賣出一個 Put Option，收取權利金。如此一來，信孚銀行真正的利潤來自兩個權利金的差額部分。因為新臺幣對美元的選擇權並不很多，因此信孚銀行可以提供的此一選擇權交易必定大受外銷廠商歡迎，而能獲得很好的價格（即權利金）。

雖然表面上看來，預測七年以後的新臺幣匯率而做成交易，其風險之大不可言喻，但經過進一步分析，可知交易的每一方（臺塑、信孚及信孚相對提供交易機會的廠商）均將因此一交易而獲利。

上述臺塑公司與信孚銀行，是在店頭市場交易（櫃臺交易）的例子。國內無選擇權交易所，所有的選擇權買賣都在店頭市場為之。惟國內投資人透過匯出匯款的管道，亦可進入國外選擇權交易所內進行投資或避險交易。通常投資或避險的方式都是買入選擇權，換言之，成為一個選擇權的 Buyer 而不是如上例臺塑公司一樣，成為一個 Writer，此點需注意。

選擇權如用在投資上，多單獨操作，例如看漲時買入 Calls，看跌時買入 Puts。選擇權用在避險上，多與其他現貨或期貨部位合併操作，例如持有即期外匯（如日圓存款）的投資人，可買入外幣 Puts，來規

避日圓貶值的風險。持有期貨（如股票期貨）的投資人，可買入股價指數 Puts，來規避股票價格下跌的風險。此外，選擇權亦可與選擇權合併操作（即Spreads或Straddles交易），但此種操作的風險較大，不適合投資。

第四節　企業理財與避險——外幣貸款

以上各節所介紹的外匯存款、共同基金、外幣轉換，外匯保證金帳戶、期貨、黃金現貨訂價交易等，主要為個人投資者的投資方式。金融交換與選擇權雖亦可為高財產者(High Net Worth Person)的投資方式，但主要為公司、企業的投資理財或避險方式。本節所欲介紹的外幣貸款則僅能做為公司、企業的理財與避險方式。

一、預售外匯外銷貸款(EPL)

預售外匯外銷貸款，簡稱為EPL(Export Promotion Loan)。EPL是國內外商銀行的特殊業務，其方式是出口廠商可憑有關出口函電、單據或其他相關文件，在貨物實際出口以前，即先將出口外匯出售給承辦的外商銀行（拿到新臺幣），嗣後貨物實際出口時，再在出口押匯款中扣還。央行允許外商銀行而不是全體銀行開辦此項業務的原因是：外商銀行因為銀行法中的某些限制，無法充分的取得新臺幣資金，承做新臺幣放款業務，因此中央銀行允許外商銀行，以從國外引進外匯，並在外匯市場出售的方式，獲得新臺幣。對外商銀行言，因為該種方式取得的新臺幣只能用於出口廠商在貨物實際出口以前所需資金的放款，因此稱為Export Promotion Loan。對出口廠商言，因為是在貨物出口以前即取得貨款，因此稱為預售外匯外銷貸款。至於本國銀行，

則因本身新臺幣資金較為充裕，可以直接以新臺幣方式來承辦外銷貸款，故沒有此項業務。

EPL因為是以貸款「承做時」的即期匯率取得新臺幣，再在貸款「到期時」以出口外匯（外幣）來償還，因此在新臺幣升值時，成為一項避險的工具。近年來，因新臺幣長期升值，EPL成為外商銀行很熱門的一項業務，因為其為外商銀行特許業務，本國銀行不得承做，因此飽受不公平的批評。據中央銀行表示，在新銀行法施行後，外商銀行將可取得國民待遇❻，但亦因此將失去此項特許業務。

外商銀行在承辦EPL業務時，亦有下述限制：

1.總額度的限制：依每家銀行業務量大小而訂。

2.必須以出口外匯償還，不得以新臺幣償還。但出口外匯的方式則未予以限制，即期信用狀 (Sight L/C)，遠期信用狀 (Usance L/C)、託收方式(D/A或D/P)，記帳方式(Open Account, O/A)，甚至匯入匯款(I/R)方式、外匯存款方式等均可。

3.貸款期限最長為六個月，可提前償還。到期不得延長，但可先還再借。

外商銀行在實際承辦EPL時，通常採用下述兩種方式：

1.給予授信總額度：此種方式下，銀行給予貸款戶一個一年的信用額度，在此額度內，不論是EPL，或是其他方式的借貸或墊款行為，如發行商業本票、開發 L/C，或是保證等，客戶均可不用提供任何擔保品即取得貸款。但若超過額度則仍需提供擔保品。

2.個別辦理：對於未獲總額度的廠商，只有個別申貸。通常個別

---

❻ 即目前加諸於外商銀行的許多限制,如吸收存款與承辦放款的限制等,均將取消;而某些特權,如EPL業務,亦將取消,使其位於與本國銀行平等的地位。

申貸的廠商需要提供十足的擔保品，及需提出過去兩年的財務報表與證明出口的文件等。

由於每家外銀均受到總額度的限制，因此不可能無限制的滿足廠商的借款需求。在必須選擇的情形下，大廠商就成了 EPL 的主要承貸者。中小企業可以利用來避險或取得融資資金者並不太多。

在近年來新臺幣升值的情勢下，EPL 成為熱錢流入的重要管道，廠商以 EPL 方式來規避匯率風險，甚或用於匯率投機。由於 EPL 的承貸廠商多為大企業，外匯操作能力甚強，EPL 又可隨借隨還，運用十分靈活，因此這些廠商多視匯率變動情形來承做或償還 EPL，EPL 成為這些大廠商的外匯操作工具之一。此種演變已背離了當初中央銀行允許外商銀行開辦此項業務的目的。

二、遠期信用狀

信用狀(Letter of Credit, L/C)是國際貿易最主要的付款方式。信用狀是指銀行應客戶（指開狀申請人，通常為進口商）之請求，並依其指示，通知並授權指定受益人(通常為出口商)，在其履行約定條件後（通常為依約定方式交運商品)，得開發一定金額以內的匯票或其他憑證，由該行（開狀行）或其指定之代理銀行負責承辦或付款之文書。

信用狀依匯票兌付之期限，可分為即期信用狀(Sight L/C)與遠期信用狀 (Usance L/C)。前者指規定受益人開發即期匯票的信用狀；後者指規定開發遠期匯票(Usance Bills)的信用狀。在遠期匯票未到期以前，受益人如欲貼現或承兌匯票時，須支付貼現利息或承兌費用，通常貼現利息或承兌費用是由賣方負擔，此為賣方遠期信用狀 (Seller's Usance)，惟若信用狀內規定由買方負擔時，即成為買方遠期信用狀 (Buyer's Usance)。對出口商來說，買方遠期信用狀的效果是和即期信

用狀一樣的。

付款方式與匯率風險關係密切,例如在新臺幣有升值可能時,國內出口商應儘早將外幣結售,因此應要求國外進口商開發即期信用狀或買方遠期信用狀,國內進口商則應延後結匯,因此應請求銀行開發遠期信用狀(即賣方遠期信用狀)。

對進口商而言,遠期信用狀是一筆銀行授信(即銀行的貸款行為),進口商可以享受一定期限的延後付款。銀行在實際辦理開狀時,通常將開發遠期信用狀的授信行為併入一般外幣貸款總額度內,亦即由銀行給予授信客戶一個總額度(一年計算)後,客戶即可在該一額度之內循環動用。

對於未獲銀行給予授信總額度的廠商,需個案向承辦銀行申請此項融資,通常銀行除會要求申請客戶提出最近一、兩年的財務報表與證明進口之文件外,尚會要求客戶提供十足的擔保品。

進口商在遠期信用狀未到期前,即可先贖單(即預先提貨),等到期再付款,惟此時因進口商積欠國外出口商的貨款已先由開狀銀行墊付,因此到期時進口商除需償付貸款外,還需支付墊款利息。

進口商的開發遠期信用狀,如同出口商的辦理預售外匯外銷貸款,不僅是一種融資行為,還是一種外匯操作方式。

出口方面的預售外匯外銷貸款能提前結售外匯,規避外匯貶值的風險;進口方面的遠期信用狀能延後支付外匯,享受外匯貶值的利益,兩者均是新臺幣升值情勢下的外匯操作技巧。

三、其他外幣貸款(或墊款)

除預售外匯外銷貸款(出口商用)及遠期信用狀(進口商用)這兩種外幣融資可做為因應匯率變動的重要外匯操作工具以外,其他的

外幣貸款（或墊款）亦同樣可以運用為外匯操作的工具。

其他的外幣貸（墊）款，有出口外幣融資、進口外幣融資與中長期外幣融資等。目前中央銀行對於國內銀行承做外幣貸款，有以下規定：

1.外幣貸款對象以國內顧客為限。

2.外幣貸款不得兌換為新臺幣（但出口後之出口外幣貸款不在此限）。

若不考慮外幣貸（墊）款這種融資行為對於廠商資金週轉的影響，僅就匯率因素來考慮外幣融資行為對於廠商承擔之匯率風險的影響，則基本原則是：

1.進口商不論以何種付款方式進口，結匯時均可申請銀行墊款，墊款可用新臺幣或外幣，如以新臺幣墊款，則嗣後需以新臺幣償還，因此匯率在墊款時既告確定，換言之，此後的匯率變動已不對進口商產生影響；如以外幣墊款，則嗣後以外幣償還，因此結匯的時候又往後延長到償還之時，換言之，此段期間內（即墊款期間）一直承擔著匯率風險。在此種基本道理之下，很明顯的，若新臺幣呈升值趨勢，則進口商即應儘量延後結匯，因此應多利用外幣墊（貸）款。

2.出口商可以申貸外銷貸款，外銷貸款亦分為新臺幣與外幣兩種。此時，廠商需格外注意匯率決定的時點。本國銀行的外銷貸款是新臺幣貸款，以新臺幣利率計息，嗣後自出口商出口押匯後所得的新臺幣款項中扣還。此一方式的貸款，出口商在還款前一直都有匯率風險，換言之，匯率是在實際出口結匯時才告確定。外商銀行的外銷貸款則屬於外幣貸款，以外幣利率計息，嗣後自出口外匯中直接扣還外幣。此一方式的貸款（即 EPL），出口商在借款時即取得新臺幣，而還款時是直接償還外匯，換言之，匯率早在借款時已告確定，嗣後出

口商不再有匯率風險。因此若僅以匯率風險的角度選擇，則新臺幣呈貶值趨勢時，出口商應借新臺幣；新臺幣呈升值趨勢時，則應多利用外幣貸款。

上述外幣貸（墊）款是偏重匯率層面的考慮，唯一種墊款行為除考慮匯率外，尚應考慮利率。例如進口商若因匯率因素而採用遠期信用狀方式，即是以外幣利率計息，若外幣利率較新臺幣為高，那麼即需比較匯率上的利益是否足以彌補利息上的差額。所以，外幣貸款需同時考慮匯率及利率（匯率與利率的關係，請參考第五章第五節）。此外，國內廠商不僅可向國內銀行洽借外幣貸款，亦可向國外（包括本國銀行的國外分行或 OBU）洽借，國人向國外借款無任何限制，但若需兌換為新臺幣時，即需受自由結匯額度的限制。

四、境外貸款

境外貸款是指向本國銀行的國外分行或 OBU(Offshore Banking Unit)貸款。國內銀行的國外分行向國內廠商提供外幣貸款的業務，係由第一銀行首先開辦，稱為離岸貸款。離岸貸款是第一銀行運用其國外分行的關島分行擔任記帳銀行所辦理的外幣貸款。該項貸款因為是在關島分行記帳，不屬於國內銀行的外債，因此不受指定銀行國外負債餘額的限制。

依據第一銀行「各營業單位與關島分行合辦境外貸放業務應注意事項」的規定，離岸貸款的主要方式為：

① 貸放對象為國內外殷實廠商。

② 貸款金額限二十萬美元以上。

③ 貸款利息以每月計收一次為原則。

一銀的離岸貸款實際上並非在關島分行辦理，關島分行只是記帳

單位。至於貸款業務的招攬、接洽及申請均在關島分行以外的國內、外各營業單位辦理。國內各營業單位之申請案件，由該行審查部受理審核；國外分行之申請案件，則由該行國外管理部受理審核。離岸貸款之科目與其他國內外幣貸款相同，包括短期放款，中長期放款以及短期擔保放款等。各營業單位承辦離岸貸款時之貸放利率，應視當時市場該外幣利率情況，及關島分行放款基本利率，由各營業單位與關島分行洽商訂定。

OBU 則是指國內銀行的境外分行（在國內稱為國際金融業務分行，雖然名為境外，但實際上仍位於國內銀行行內）。國內客戶若向國內銀行之OBU貸款，在聯絡上和授信額度上可能較為方便和有利。

第五節　企業理財與避險──外幣保證

自新臺幣升值以來，外幣貸款成為廠商財務處理及外匯操作上的一項重要工具。廠商取得外幣貸款有兩種方式：①向國內銀行洽借；②自國外引進。第一種方式較為簡單亦較為普遍，但國內外匯銀行在承做上受到種種限制，如外債餘額額度的限制、預售外匯外銷貸款額度的限制等。第二種方式雖突破了第一種方式的種種限制，但廠商卻受限於本身的信用，很難直接自國外洽借外匯。向本國銀行的境外分行或國外分行洽借外幣貸款就是介於第一種與第二種之間的外幣貸款方式。此種方式不受國內外幣貸款的有關限制，但廠商卻又因可以直接在國內銀行辦理，而避免了在國外信用不足的問題。除上述境外貸款的方式可以解決廠商國外信用不足的問題外，銀行的外幣保證業務是最主要的解決廠商信用不足的方式。

銀行的外幣保證，一方面可加強廠商信用，使廠商順利自國外借

得資金，另方面銀行可收取保證費用及增加外匯業務，是一種對廠商、銀行雙方皆有利的業務。

銀行辦理外幣保證業務，所採取的主要方式是開發擔保信用狀 (Stand-by L/C) 或保證函 (Letter of Guarantee, L/G)。此外華南銀行開辦的「海外借款、投資保證付款履約」業務及第一銀行開辦的「外幣擔保付款」均為外幣保證業務。

一、擔保信用狀或保證函

保證指「由於被保證人未履約或違約時，由保證人支付一定金額的承諾」❼。保證之當事人有：① 保證人：即保證付款之人，② 受益人：即獲得保證人賠償之人，③ 被保證人：即申請保證之人。保證必須為書面的，可依法執行。保證方式通常為開發擔保信用狀或保證函。

擔保信用狀是一種以保證開狀申請人（客戶）履約為目的的信用狀，因此，開狀銀行只在另一指定的商業交易（如借款償還）未獲履行時，才擔負付款的義務。擔保信用狀的用途如下：① 作為投標的保證，② 作為工程履約或完工的保證，③ 作為借款保證，④ 作為分期付款保證，⑤ 作為轉開保證的保證等。

銀行一旦成為擔保信用狀的開狀銀行，就產生了信用風險。因此銀行通常將保證業務做為授信業務辦理。客戶若是在授信總額度內申請辦理，即不需再提供擔保品，否則客戶需提供十足的擔保品後，銀行才會予以保證。

保證函指由保證人對被保證人違約或未履約，出具負責賠償之文件。

---

❼ 于政長，《外匯貿易辭典》，三民書局。

保證函之意義與擔保信用狀相同。實務上擔保信用狀較常使用，因為受益人可直接根據擔保信用狀條款，開發匯票，請求保證人付款。而保證函則需依據保證函的內容再採取下一步索賠的法律程序，較為麻煩。

二、海外借款、投資的履約保證

海外借款、投資的履約保證是外幣保證的一種。

華南銀行於七十六年十月五日開辦「海外借款、投資保證付款履約」業務，提供華南銀行的信用及外匯業務服務，協助國內公民營企業對外取得融資或從事海外投資。華南銀行該項保證業務是以簽發保證函或擔保信用狀方式辦理。由該行保證其顧客（申請人）履行借款償還或投資合約；若被保證人違約，則該行將負責付款或賠償。

該行該項保證業務頗適合大規模（金額大者）之海外借款與投資案。該項業務要點如下：

1.辦理單位：該行審查部第一科。

2.辦理目的：協助國內公民營企業對外取得融資或從事海外投資。

3.保證對象：凡依法登記，其財務、營業及信用良好之公民營企業。

4.申請條件：企業本身從事海外借款或投資，已擬有確切之資金用途或具體可行之計畫，經投審會核准（指投資案）或經中央銀行核備（指借款案辦理外債登記）者。

5.保證額度：以企業對外借款、投資所需擔保付款或履約金額逐案洽訂。

6.保證期限：視個別借款契約或投資計畫所需保證期限訂定，最

長以不超過十年為原則。

　7.保證費用：

　　⑴保證手續費：以每年為一期，依保證金額按年率 0.6% 至 1% 範圍內，最低為新臺幣一千元計收。

　　⑵郵電費：依規定計收。

　8.擔保品及保證人：

　　⑴擔保品：視申請企業資力、信用、營業情形及保證內容等洽訂。

　　⑵保證人：以徵取經該行核可之保證人兩人以上為原則。

　華南銀行此項保證業務是提供該行之信用，協助申請人取得國外銀行之借款，或提供履約保證，以利申請人在海外之投資順利進行。申請人應先經投審會或中央銀行之核准或核備，否則嗣後外匯兌換為新臺幣時，恐受自由結匯額度之限制。

三、外幣擔保付款

　外幣擔保付款一方面是外幣保證，另方面是外幣貸款。

　第一銀行為因應外匯管制放寬，積極推展「外幣擔保付款」的保證和貸款業務。該業務是顧客在一銀國內總行存入一筆新臺幣後，即可要求該行的境外分行借貸等值的外幣。例如，客戶在國內存入三百萬元後，即可要求該行境外分行依當時即期匯率（設為 30），貸出等值十萬美元。

　該項保證貸款業務的好處，是當新臺幣有升值風險時，客戶不但可獲得外幣融資且可規避新臺幣升值風險。例如上述保證貸款的客戶在還款時，新臺幣若已升值到 28，則償還十萬美元的借款只需使用二百八十萬的新臺幣結匯。

第六節　遠期外匯操作

一、美元遠期外匯

浮動匯率制度下，最重要的避險工具為遠期外匯交易。我國亦以開辦遠期外匯業務為施行機動匯率制度的先決條件。我國遠期外匯市場自成立以來，遠期外匯交易佔顧客市場全部外匯交易之比例為 5% 左右。以我國進出口貿易佔 GNP 比例之大，以及新臺幣非國際貿易之清算貨幣而言，理論上遠期外匯交易應十分重要才對，但我國遠期外匯市場的發展與遠期交易所發揮的避險功能卻十分有限，原因為：

1.匯率風險不大，且匯率預測容易，致使遠期外匯操作的避險功能不彰：

自六十八年至七十四年的七年間，出口廠商預售遠期外匯之交易，平均佔全部銀行買入外匯的 0.95%，進口廠商預購之遠期外匯，則平均佔銀行全部賣出外匯的 7.88%。七十五年以後，則情形相反，出口廠商預售的遠超過進口廠商預購的。這種情形顯示，我國的遠期外匯市場是一個「單向」的市場。至於這個單向市場朝向那個「方向」，則全視匯率的「走向」而定。例如自六十八年至七十四年間，新臺幣匯率大致由 36 元貶至 40 元，顯示進口商的匯率風險較大，因此遠期市場上是銀行賣出大於買入。而七十五年以後，新臺幣轉呈升值走勢，顯示出口商的匯率風險較大，因此遠期市場上即轉呈銀行之買入大於賣出了。這種現象，說明我國進出口廠商在實際進行遠期外匯操作時，通常是「投機匯率」 ❽ 的動機多於「確定價格」的動機。而廠商之所

---

❽　此處所謂匯率投機，是指廠商對未來即期匯率加以「預期」，　以決定是

以捨棄遠期外匯之用以確定價格的基本功能，而走向投機匯率，是因為過去長期以來政府之匯率政策非常明顯，使一般進出口廠商對匯率的預測不覺困難。

2.遠期外匯操作有大戶集中現象：

在我國遠期外匯市場上，前30名廠商之交易量平均佔全部外匯交易量之70%以上。又，《經濟日報》曾對工商業有關外匯操作做過一項調查，結果 12.2% 的受訪者表示經常從事遠期外匯交易，45.4% 表示偶而，42.4% 則表示從未。這兩種結果（統計結果與調查結果）併看，即顯示出在我國貿易上佔大多數的中小企業在遠期外匯市場上卻是少數。

遠期外匯操作在我國因為一方面匯率風險不大，且遠期操作被當做投機匯率的工具，另方面因為主要成為少數大戶的避險或投機工具，因此發展十分有限，重要性亦大打折扣。

一般來說，企業對於遠期外匯之操作態度有下述三種：

1.全部做：這類廠商以遠期外匯匯率來計算成本或收益，換言之，這類遠期操作是以確定價格為目的。

2.選擇性做：這類廠商只在匯率風險甚大無法承擔，或買賣遠期外匯可能對其有利的情況下才做。

3.完全不做：這類廠商所有交易均以即期外匯方式處理。

以上三種遠期策略何者較優，需視情形而定。基本上，遠期外匯提供確定價格的功能，使進出口廠商可以免除匯率風險。但遠期外匯操作的這項基本功能能否發揮，需視以下二項條件而定：

否避險。習慣上很多人將這種動機的操作稱為投機，但此並非買空賣空的真正投機行為。我國的遠期外匯交易，除「無本金交割之新臺幣遠期外匯」外（見後），必須基於實質基礎。

　　1.遠期外匯市場是否健全有效。

　　2.避險成本與匯率風險比較是否合理。

　　我國遠期外匯市場一向未達健全有效狀況，而銀行所訂的遠期匯率又偏離資金成本（利率差距）很遠，以致以確定價格為目的的遠期操作者需承擔不合理的避險成本。

　　選擇性操作策略需要最多的資訊與最高的外匯操作技巧。在匯率風險實際上很低的情況下，則採取即期操作方式，也許是最明智的選擇。例如在七十一年九月一日以後至七十四年底以前，我國在 180天內之匯率變動幅度（將即期匯率與 180天後之即期匯率比較），平均僅為 1.1%左右，而避險成本多大於此匯率風險。若匯率風險小於避險成本，則避險就成為多此一舉的行為了。

　　雖然過去長期以來，遠期外匯操作的避險功能不彰，遠期外匯市場亦十分不健全，但在七十六年七月十五日外匯開放，以及七十八年四月三日外匯交易自由化後，國內外匯市場的國際化、自由化程度向前邁進一大步，相對的政府對廠商的保護層撤除大部分，廠商需自行承擔更多的匯率風險，遠期外匯的避險功能即會愈形重要，廠商亦更應利用遠期外匯操作來規避匯率風險。

　　進出口廠商在實際買賣遠期外匯時，應注意以下幾點：

　　1.即期匯率的未來走勢：亦即對未來即期匯率加以預測，以評估匯率風險與避險成本。

　　2.遠期匯率的訂價：基本上，遠期匯率是根據即期匯率及外國貨幣與本國貨幣之利率差距等因素計算出來的，廠商應能根據上述因素自行計算出遠期匯率，並評估銀行的遠期匯率是否合理，做為與銀行議價的基礎。遠期匯率應基本上與「即期匯率±換匯匯率（換匯匯率根據國內外利率差距計算）」極為接近❾。

3.遠期外匯買賣成本：此項成本高低，視企業個別情況而定。直接成本包括保證金的利息、擔保品的資金成本等。間接成本包括與銀行信用關係的建立，及進行外匯操作所需的時間、心思等。

4.議價技巧：外匯開放後遠期匯率完全由銀行自訂，廠商的議價技巧十分重要。廠商若欲和銀行議價，必須本身先對遠期匯率的訂價方式有所了解，並有充分的資訊，可以自行根據即期匯率與國內外利率差距計算出「成本的」遠期匯率。由於銀行之間的成本不完全相同，因此遠期匯率也有所差異，所以，向多家銀行詢價是必要的，尤其是當廠商與本國銀行之分支行往來時，更是有必要向其他銀行（特別是外商銀行）比價。

5.契約期間：遠期外匯買賣契約期間可視實際需要而定。通常銀行的掛牌期間為 30，60，90，120及 180天期幾種。除掛牌期間外，廠商還可以與銀行商議其他未掛牌的期間。通常掛牌期間的遠期外匯價格較為低廉，其他未掛牌期間的遠期匯率，則會因銀行拋補較為困難而價格亦較高。遠期外匯可以簽訂「固定到期日」或「任選到期日」為交割日。銀行對於簽訂任選到期日之契約，通常是以該任選期間內最不利的匯率來計價，例如出口商簽訂 31-60天之任選期間契約預售外匯時，通常銀行是以 60天之遠期匯率來計價（遠期匯率為貼水時），但若進口商簽訂預購契約時，則銀行又會以 31 天的遠期匯率來計價。因為各銀行的成本與計價方式不盡相同，因此廠商應多向幾家銀行詢價比較。對於不需要以任選到期日方式簽訂之遠期契約，最好避免，若無法避免，則任選期間亦不需過長（實務上有廠商簽訂了 3-180天期之遠期契約，實吃虧很大）。

目前（85年1月4日起）中央銀行規定指定銀行承做新臺幣與外幣

---

❾　遠期外匯的詳細情形請參考拙著，《外匯風險管理》，時報出版公司出版。

間的遠期外匯業務應依以下規定辦理：

㈠除下列三項收支不得辦理遠期外匯外，其餘凡有實際外匯收支需要者，均得辦理遠期外匯交易。

1.個人勞務收支（含旅遊支出）。

2.移轉收支（如捐贈、贍家匯款）。

3.個人或公司行號團體利用自由結匯額度所從事之投資理財活動。

㈡銀行與顧客訂約及交割時，均應審慎查核其商業交易文件或有關主管機關核准文件。

㈢履約保證金：由承做銀行與顧客議訂。

㈣期限：以一年為限，必要時得展期一次。（85年7月1日起取消）

實務上，銀行辦理遠期外匯業務的一般規定如下：

1.承做對象：中央銀行對銀行承做遠期外匯業務的對象並未加以限制，但實務上，一般銀行通常只與和銀行有業務往來，且最近至少一年內無存、放款或外匯往來之不良紀錄者（公司行號或團體個人等）進行遠期交易，以減低違約風險。

2.承做金額：通常銀行簽訂遠期契約的對象已和銀行簽有信用額度 (Line)，在這種情形下，銀行與客戶訂立遠期契約，甚至不收保證金。但若無信用額度，或簽約金額超過額度，則通常需另外審查，且銀行除保證金外，可能要求客戶提供擔保品。以上承做金額包括「新臺幣對各種外幣之遠期外匯買賣」、「美元對各種外幣之遠期外匯買賣」及「美元以外各種外幣間之遠期外匯買賣」等。

3.保證金：保證金之收存標準、方式及退還辦法，由指定銀行酌定。各指定銀行對於保證金之處理並不相同，有些銀行未收保證金。有些銀行收5%至10%的保證金（通常180天以內者收5%，以上者收

10%），保證金得以現金或銀行定期存單經質權設定後繳存。若顧客已提供不動產或其他有價證券經銀行設定抵押權或質權者，或對於信用及往來績效特別良好之申請人，亦可以收取期票方式辦理。申請人到期若無正當理由而不履行契約，即沒收保證金。

4.手續費之收取：由各指定銀行酌定。通常是按訂約金額千分之一計收，最低收取新臺幣 400 元。銀行對於往來信譽良好之廠商通常減收或免收手續費。對於簽訂「任選到期日」之顧客，因銀行避險成本較高，所收手續費通常較「固定到期日」者為高。

5.交割：遠期外匯應憑契約及有關結匯證件履行交割義務。契約為固定到期日者，顧客應於契約書所訂之交割日期辦理交割手續，到期日若遇銀行未營業，可順延至次一營業日。契約為任選到期日者，應於契約期間內辦理交割，若最後交割日遇銀行未營業，不得順延。顧客若未能依契約規定交割，即為違約。申請人如有正當理由可與指定銀行重訂或延展契約，若銀行因此受有損失或發生費用，申請人應合理補償。遠期外匯實際交割金額不同於契約金額時，其寬容比率由指定銀行酌定。通常銀行允許契約金額 10%以內為履約寬容範圍。實務上，在契約金額不十分確定之情況下，銀行多要求顧客以較少金額簽約，到期若有不足數，再以即期外匯補足。

6.違約：顧客違約時，銀行除沒收所繳存之保證金及處分擔保品外，倘發生匯率差價損失及其他一切費用，應由客戶補償。

二、美元對第三貨幣遠期外匯操作

以我國而言，遠期外匯操作當然應該是以新臺幣對其他外幣之遠期操作為最重要，因為新臺幣非國際貨幣，不能用以為外匯交易的清算貨幣，因此不論是進出口貿易或是外匯投資都有匯率風險，亦都需

要有避險工具，而新臺幣的遠期外匯操作，理論上應是我國浮動匯率制度下最重要的避險工具。

我國的國際貿易多以美元為計價貨幣，因此新臺幣對美元的遠期外匯操作是遠期業務的重點。但因為新臺幣對美元的遠期外匯交易在主客觀環境上仍受到限制（如限於實質交易基礎），因此若新臺幣對外幣（美元及美元以外的外幣）的遠期外匯無法進行的話，廠商可以進行美元對美元以外的外幣(如美元對日圓)，或是美元以外的外幣間(如日圓對英鎊）的遠期外匯，以間接方式達到部分避險的目的。以上的遠期交易因為不涉及新臺幣，因此不受中央銀行上述限制的影響。採取以新臺幣以外的貨幣間接承作遠期外匯的方式，雖不如直接以新臺幣對外幣方式承做遠期外匯可以百分之百的避險，但據研究，若操作得當，亦可達到百分之八十左右的避險程度。

所謂間接避險，是另以一種貨幣來代替新臺幣，例如廠商因無法承做新臺幣對美元的遠期外匯，因此以承做日圓對美元的遠期外匯來取代。假如新臺幣與日圓的匯率走勢相同，則廠商可藉日圓遠期外匯的操作來達到避險的部分功能。舉例說明：若出口廠商預期美元貶值，因此想要預售遠期美元。向銀行洽詢結果，銀行因受限於賣超額度及國外負債限額的限制，無法接受。該廠商評估過匯率風險後，另以一個日圓對美元的遠期美元預售（或日圓預購）契約來替代。該廠商預測 180 天後，新臺幣將升值 5% 左右，而日圓亦將升值 5% 左右。180天後，新臺幣僅升值 2%，而日圓升值 5%，因此，該廠商不但成功的規避了匯率風險，並且獲得一筆額外的(3%)匯兌利益（若不考慮保證金利息等操作成本）。

實務上，美元對其他外幣，或其他外幣間的遠期訂約手續及注意事項，與美元（對新臺幣）遠期外匯業務相同。

三、無本金交割之新臺幣遠期外匯業務

中央銀行於八十四年七月六日宣佈開放外匯銀行辦理「無本金交割之新臺幣遠期外匯業務」(Non-delivery NTD Forward, NDF)。上述業務是指遠期合約到期時不交割本金的遠期外匯交易，交易雙方僅計算合約議定匯率與到期日當天即期匯率之間的差額，予以清算收付。該項業務不需具備實質交易基礎（一般的新臺幣遠期外匯買賣依中央銀行規定需有實際外匯收支需要），不需查核商業交易文件或有關主管機關核准文件，亦無契約期限的限制（以上一般遠期外匯業務所有的限制請參考前一）。無本金交割之新臺幣遠期外匯業務實際上已類似在店頭市場上交易的非標準化新臺幣期貨。

NDF自開放以來，交易對象包括國內外的法人機構，由於臺北外匯市場仍屬封閉形的外匯市場，而NDF手續十分簡便，因此成為國內外有心投機新臺幣匯率者的一項工具。臺北、香港、新加坡、東京、紐約、倫敦及雪梨等金融市場都提供該項交易，NDF無疑已成為國內新型金融工具（衍生性金融商品）中最為國際化的一項。

四、新種遠期外匯交易

花旗銀行推出國內市場首見的新種遠期外匯交易方式：「遠期區間匯率契約」(Forward Range Agreement, FRA) 和「遠期參與契約」(Forward Participation Agreement, FPA)，此兩種遠期交易均限於美元和第三貨幣間的交易。

所謂遠期區間匯率契約是以一個遠期匯率的區間 (Range) 來替代傳統的遠期匯率 (Rate)，換言之，客戶與銀行簽訂的遠期契約上，其敲定的並不是一個固定的遠期匯率，而是一個遠期的匯率範圍，契約

到期時,客戶即可在此匯率範圍內選擇一個最有利的價位與銀行交割。FRA等於擴大傳統遠期外匯契約的避險範圍,廠商可以更有彈性的規避掉匯率風險。

　　所謂遠期參與契約是銀行提供客戶進行遠期交易的兩種選擇,一種是履約參與率,一種是成交價格。所謂履約參與率是指客戶履行合約交易金額的百分比,所謂成交價格即指履行合約的交割價格。換言之,當到期匯率不利於客戶時,客戶可以交易金額的一定百分比履行合約交割,這個百分比即是參與率。參與率與成交價格二者只能擇一,且需在訂約時即先行約定,如果客戶選擇參與率,則銀行可以選擇成交價格,如果客戶選擇成交價格,則由銀行選擇參與率。花旗銀行表示,遠期參與契約可提供客戶遠期買賣保障,因此客戶選擇其中一項,另一項便由銀行決定,這種遠期交易方式較傳統遠期外匯交易方式靈活很多,但嚴格說來,此方式更接近一個選擇權交易。

　　上述花旗銀行推出的兩種新式遠期外匯交易,僅限於美元對其他國際主要貨幣間的遠期交易,與新臺幣無關,因此不受到中央銀行有關遠期交易限制(如外匯部位,國外負債餘額等)的影響。該兩項業務分別由花旗東京、香港、新加坡等地分行承做。

第七節　其他外匯投資理財工具

一、可轉換公司債

　　股票與公司債均是外匯投資的主要標的。股票的好處是報酬率較高,但相對風險亦較大。公司債的最大好處是收益固定,且風險較股票為低。可轉換公司債則兼具股票與債券的雙重特性。可轉換公司債是債

券持有人可在持有債券一段時期後將公司債債券轉換成普通股股票的公司債。例如國內第一家發行海外可轉換公司債的永豐餘造紙公司發行十億元的可轉換公司債，條件如下：期限五年，利率為年息 3.1%，發行後二年起，債券持有人可隨時依當時的轉換價格，將債券轉換為中華紙漿的普通股股票。

投資人購買可轉換公司債，除在債券持有期間可以享受固定的收益外，在轉換期間又可隨時轉換為股票，既可避免投資股票的高風險，又可享受股價上漲的好處。新興市場上發行的可轉換公司債對國外投資人甚具吸引力，尤其是尚未開放予外人直接投資證券的新興市場上的可轉換公司債，成為國外投資人進入這些新興市場之證券市場的重要管道。

對公司而言，公司債是一項籌措長期資金的方式。公司債是直接向大眾（法人或個人）募集的資金，資金成本通常較直接向銀行借貸為低。而可轉換公司債因為兼有可以轉換為股票的選擇權，因此利率較一般普通債券更低，對減輕公司的財務負擔有很大的好處。通常可轉換公司債的投資人比較在意發行公司的股價，而不一定完全在意債券的利率。

至於可轉換公司債在次級市場的買賣價格，則視利率的高低、到期日的長短、股票價格的高低、轉換價格的高低及股價的預期等決定。

二、票券發行融通（證券包銷業務）

票券發行融通(Note Issuance Facilities, NIFs)，是一種借款人獲得保證，可以在某一額度內以票券發行方式取得融通資金的融資承諾。借款人（公司企業）取得投資銀行或票券承銷商承諾，可以在一定期間內（通常為 3 至 7 年），在一可循環使用的信用額度內 (Revolving

Credit Line)，發行商業本票，由提供信用額度的銀行或票券承銷商銷售，銀行或承銷商對於未售完的票券須自行買下，或給予貸款，用以彌補借款人發行不足的金額。換言之，NIFs是由銀行業提供企業一個可循環使用的中長期信用額度，企業可以在額度內隨時發行短期票券以取得所需資金。例如統一企業曾於八十三年間透過香港銀行團的競標取得一個為期五年，總金額五千萬美元的NIFs合約，統一公司可依據此合約持續每個月均發行六個月期的短期票券，利率依據LIBOR加碼。

以NIFs方式籌措資金，可隨時借款和還款，資金調度相當靈活。

除NIFs以外，浮動利率票券(FRN)亦是近年來使用逐漸增加的一種資金籌措方式，詳請參考第七章。

三、企業收購或合併

在國外，尤其是歐美國家，企業的收購或合併十分普遍。國內近年來，一方面由於新臺幣升值、工資提高、勞資糾紛與污染問題等，使投資環境有惡化傾向；另方面競爭日趨激烈，企業在壯大後即需要基於國際比較利益的原則，來提高效率與擴展市場，因此走向國際化是自然的。近年來，在大通與信孚等投資銀行的推展下，企業收購或合併是國內企業邁向國際化的主要途徑。

企業收購或合併的風險很大。除一般外匯投資的匯率風險、國家風險及信用風險需特別注意外，企業收購或合併是很專業的商業行為，對於收購或合併的公司狀況、投資行業與市場的調查等需要專案研究。此外對於資金的來源、稅與政府法規的問題等，在在需要專家的協助。

通常投資銀行是最主要的諮詢者，甚或收購或合併計畫的執行者。投資銀行從代為尋找對象，到調查目標、評估計畫到實際談判等，

都能提供專業的服務。此外，通常一項收購或合併案件，所需資金龐大，因此資金的來源亦十分重要，參與案件的投資銀行通常亦提供資金支援，使收購或合併行動能圓滿達成。

四、應收帳款收買業務

應收帳款收買業務 (Factoring) 是出口廠商的一種避險與融資途徑。Factoring在國外十分流行，因為出口廠商出售出口單據後就可以一方面獲得資金(不再承擔匯率風險)，另方面省去記帳、收帳的麻煩，以及被倒帳的風險，但國內則雖有一些銀行推出此業務，但廠商加以利用的十分有限。

應收帳款收買業務是出口廠商將出口後的應收帳款債權出售。收買該出口商的債權者稱為Factor（代理人），Factor通常為金融公司，尤其是附屬於銀行的金融公司。

出口業務的付款方式有許多種，較常使用的有即期信用狀 (Sight L/C)、遠期信用狀(Usance L/C)、承兌交單(D/A)、付款交單(D/P)及記帳方式 (O/A) 等。付款方式十分重要，因為付款方式與匯率風險、資金週轉及付款風險（出口商能否收到貨款）有關。但付款方式的選擇並非完全自由，諸如市場力量（為買方市場或賣方市場）、貿易對手的信用、廠商的資金調度能力、銀行的金融服務，以及政府的規定(如我國直到七十五年八月十六日以後，才允許 O/A出口) 等，均影響付款方式的選擇。D/A 或 O/A方式對出口廠商來說較為不利，因為沒有銀行的信用（L/C方式有），廠商需自行承擔付款風險；此外，D/A或 O/A 都不能在貨物出口後立刻取得貨款,故廠商又有資金週轉的問題。因此，Factoring因應而生。換言之，出口廠商可在貨物出口後，將出口有關單據（提單、發票、匯票等）賣給 Factor。嗣後再由 Factor向

進口商收取貨款。

Factor在向出口廠商收買出口單據之時，通常收取發票金額1.5%至2%的費用（稱為Factorage，代理費用）， 亦即Factor以發票金額扣除代理費用後的淨額交付出口廠商。Factor所收的費用即為Factor代為承擔風險（匯率風險與付款風險）， 代為從事徵信、記帳、收帳等工作，以及代墊資金（即融資行為）的代價，換言之，是廠商所付的保險費、手續費以及利息。

國內Factoring不如國外普遍，除廠商仍不熟悉以外，最主要的原因是服務費用支付的問題。其實，Factoring是一項很好的避險與融資工具。

第八節　其他外匯操作技巧

一、外幣帳戶的運用

外幣（或外匯）帳戶是以外國貨幣為記帳單位的帳戶（不論其型態是外匯或外幣）。可為資產帳戶，亦可為負債帳戶，前者如外幣存款帳戶，後者如外幣貸款帳戶。外幣帳戶在國際外匯風險管理技術中是廣被使用的一種，其重要性不亞於遠期外匯的避險方式。遠期操作尚受限於外部環境（遠期市場），而外幣帳戶的運用適合於各種規模的公司。

外幣帳戶的運用除為一種避險技巧外，還同時能做為一種投資（機）行為，此外，亦是外幣資產負債的重要管理技術。外幣帳戶在運用為避險工具時，亦即資產負債的配合(Matching)。簡言之，這種避險方式是尋求外幣應收與應付帳款的平衡。例如出口商之出口貨款

為外幣的應收帳款，那麼就該尋求一應付帳款來平衡，所以出口商的避險之道為取得一外幣貸款，貸款之幣別、金額與期間且應與出口貨款配合。出口商嗣後即以出口貨款來償還貸款。出口商在取得外幣貸款後即兌換成本國貨幣運用，因此匯率已確定，免除了以後（出口押匯時）的匯率風險。在我國，這種以外幣貸款方式來規避匯率風險的做法，亦早被普遍使用，最常見者即「預售外匯外銷貸款」。同樣的觀念與技術亦可運用於進口商的避險上。

進口商之進口貨款為外幣應付帳款，因此進口商應尋求一個外幣應收帳款來平衡，在國外，進口商普遍的做法是以本國貨幣購買與進口貨款同幣別、同金額的外幣，並存放一段與進口付款時期相同的期間。當進口貨物需結匯時，即可用到期的存款來支付。當進口商以本國貨幣購買外幣時，匯率即告確定，因此免除以後（進口結匯時）的匯率風險。

上述外幣帳戶的運用，都是在實際收付貨款以前即預先固定了匯率，因此，運用外幣帳戶避險的時機，出口是當外幣有貶值風險（或新臺幣有升值風險），進口則是當外幣有升值風險（或新臺幣有貶值風險）時。這也可以說是廣義的提前與延後結匯的一種技巧。

外幣帳戶的運用必會牽涉到另一種貨幣，因此實際運用時除匯率因素外，還需考慮利率因素。通常因為匯率變動所造成的損失遠大於利率差距所產生的利息損失，因此較重視匯率風險，但實際運用時，仍需比較匯率與利率（請參考第五章第五節）。

二、付款方式的選擇

國際貿易所產生的風險除匯率風險外，還有付款風險（出口商能否收到貨款及進口商能否收到貨品）與資金週轉風險等。每一種風險

的程度都與付款方式有關。一種匯率風險較小的付款方式，也許資金週轉或付款的風險較大（反之亦然）。因此付款方式的選擇不能僅考慮匯率風險一個層面。換言之，進出口廠商為減低匯率風險而改變付款方式時，需從多方面考慮。

在各種風險均經小心評估的前提下，調整收付款方式，可以使結匯的時間提前或延後。結匯時點的改變，除涉及匯率風險外，還涉及財務處理，因此，付款方式的選擇，不僅是避險技巧，亦是融資技巧。

假如一廠商已小心評估過各項國際貿易的風險，並且能夠主動選擇付款方式，那麼該廠商可以在衡量過匯率風險與比較過利率成本後，做出最有利的選擇。例如一般而言，新臺幣升值時，進口商會儘量延後結匯，故應選擇遠期信用狀的付款方式。同時，出口商則會儘量提前結匯，故應選擇即期信用狀的付款方式。上述進出口結匯時點的選擇，是從匯率風險上著眼，惟結匯時點之先後還涉及資金週轉，故尚需考慮利率成本。

三、提前與延後結匯

「提前與延後結匯」是避險措施與外匯操作技巧中，非常重要的技巧。上述外幣帳戶的運用或付款方式的選擇，亦是廣義的提前與延後結匯。狹義的提前與延後結匯僅指短期間的，匯率趨勢非常明顯時的，在「延後數日」或「提早數日」之間所做的選擇。

上面提過，提前與延後結匯除涉及匯率風險外，還涉及資金成本，因此需比較匯率與利率。這其中即需要預期匯率。匯率預測是一項艱難的工作，預測的準確性通常令人失望，因此較長時期的提前與延後結匯最主要的目的是在避除匯率風險（即確定匯率，例如外幣帳戶的運用），而不是在投機匯率。狹義的提前與延後結匯，與上述兩種方式

最大的不同,即其主要目的在投機匯率(預測匯率對其有利的情形下),而期間很短,匯率趨勢又十分明顯時,匯率預測相對就較為容易,準確性亦較高。

四、輸出匯率變動保險

上述各種避險措施:遠期外匯、外幣帳戶、付款方式或提前與延後結匯等,通常均不超過一年。一年以上的匯率風險,其避險途徑非常之少,又因為風險太大,這種避險通常需靠政府提供。輸出匯率保險即是由各國官方出口融資或保險機構所提供的一種政策性保險業務。我國亦有中國輸出入銀行在七十六年三月開辦的「中長期輸出匯率保險」。

輸出匯率保險在各國之間有所差異,惟原則上皆是:

(1)將某種性質的匯率風險限制在某一定範圍之內。

(2)權利與義務對等(換言之,匯兌損失固歸保險機構,匯兌利益亦同)。

我國中國輸出入銀行開辦之「中長期輸出匯率變動保險」的範圍,限於一年期以上,以分期付款償付價款方式輸出之機器設備、技術或勞務之出口。換言之,付款期限在一年以下的輸出,以信用狀(L/C)、承兌交單(D/A)或付款交單(D/P)等方式的輸出,一般消費品的輸出,以及金融性外匯交易或一般個人持有外匯者,皆不能利用該保險。

五、議價的觀念和技巧

在實行浮動匯率的主要工業國家,銀行間並無統一掛牌的匯率,各個銀行各自掛出自己的牌價,或分別與客戶議價。

長久以來,我國各銀行間都有一個統一的牌價,做為小額交易的

結匯匯率，只有大額外匯買賣才有可能議價。然而，即使大額交易通常亦只是「比價」（即向一家以上的銀行詢價後加以比較），而非議價（「議」依照字典解釋是商量或表明意見的意思）。七十八年四月三日中心匯率廢止以後，各銀行取消統一掛牌，小額結匯可在一定範圍內議價，大額結匯則完全取消議價範圍限制。因為各銀行之間買賣外匯的價格不同，因此議價的技巧就頗為重要，但相對正確的議價觀念亦更為重要。

　　銀行接到客戶詢價後，若是一般的小客戶，通常就依銀行當天自行掛牌的牌價交易，但如果詢價對象或市場狀況特殊時，則多個別議價。議價時考慮的因素有：

　　1.匯率情形：當時的銀行間市場行情及預期走勢等。

　　2.交易金額：交易金額的大小，一般說來是客戶與銀行能否議價的最主要因素，但金額大小與價格好壞卻不一定呈現正相關，價格好壞亦需視匯率情形而定。

　　3.顧客地位：即顧客與銀行是否已存在或願意發展成為長期的關係，或其他特殊的關係。

　　4.其他：如銀行的外匯部位、業務結構、經營策略及銀行與顧客交易的時間等。

　　此外，一個在美元幣別上較具競爭力的銀行並不表示在其他幣別上亦具有此種競爭力。一個在即期交易上較具競爭力的銀行亦並不表示在遠期交易上具有同等的競爭力。因此，廠商應和一家以上的銀行保持長期友好關係，以充分利用銀行在某種幣別或某種到期日（即期或遠期）上的較佳競爭力。

　　在各家銀行自行掛牌以後，因各家銀行價格不盡相同，自然使顧客產生「比價」的心理，於是逛街(Shopping Around)式的交易行為產

生。廠商若將外匯視為同質的商品，則外匯買賣將在完全競爭之下，廠商自然應該採取「貨比三家不吃虧」的交易方式。但事實上，銀行和廠商的關係並不只是外匯的買賣，還有同時產生的「服務」，而服務並不同質（甚至相差極大）。

價格可以分為有形與無形的兩部分，匯率只是有形的部分，無形的部分最主要的為服務品質，此外，尚包括許多附屬費用與運用上的方便程度等，例如押匯息、手續費、郵電費等費用，以及連繫上的時間，這些服務的費用、數量與效率都還是較容易互相比較的，因為廠商只要經過一段很短時間的交往就可分辨，但服務品質，尤其是專業品質則並非如此（請參考第一章第三節）。高品質服務的最重要條件，是銀行本身的專業水準，然而國內許多銀行（尤其是一些分支行眾多、聯合壟斷的本國銀行）卻十分缺乏專業水準。

廠商和銀行議價時，應瞭解廠商對銀行的要求不僅在於好價格，且應包括價格以外的服務。換言之，廠商和銀行進行的不僅是外匯的買賣，還包括外匯業務的處理。「外匯」本身雖同質，但「外匯業務」卻並不同質。有此認識，則自然應對不同品質的服務付予不同的代價，即應建立「服務有價」的觀念。

在服務有價之觀念建立後，廠商自會捨棄逛街式的議價行為，而趨向注重和銀行建立長期互惠的關係。這種公平、合理、信任的關係，才是長遠的做法。在廠商和銀行尚未建立起長期關係以前，貨比三家的做法仍是難以避免的，惟廠商在嘗試、尋找階段後，即應與合適銀行逐漸建立起互相信任的長期關係。至於廠商因「逛街比價」可獲得之利益為何？自然是好價格（廠商可能因此發現某些銀行之價格甚不合理）。但「逛街」亦必須額外付出一些成本，如人力、時間、電話費等。但「逛街」最大的壞處不在此，而在於可能延誤時機以及與銀行

的關係無法建立。銀行不會對「逛街型」顧客給予額外服務，是可以想到的結果。此外，「逛街」亦有可能使價格趨於不利，因為逛街無異於將供需曝光，市場可能因此改變行情。而逛街所花費的時間亦有可能延誤了最佳的買賣時機。

　　至於非從事國際貿易，和銀行無業務往來之個人（小額結匯和外匯存款），因不可能自銀行獲得充分情報，亦不需和銀行建立長期關係，故當「偶而」需要買賣外匯時，當然可以「逛」一下，「比」一番，以尋求最好的價格，因為「外匯」的本身是同質的。

第十四章

稅　負

第一節　總則

　　任何投資行為中，稅負都是重要的考慮因素。投資是將本求利的行為，而「利」是指純利，即投資人可自行支配的所得。稅負通常是因人而異，因事而異，因地而異，因時而異的。稅負的差異性很大，又很複雜，無法定論，因此通常論及一項投資工具的投資報酬率時，尚未包含稅負。然而，對個別投資者而言，必須是稅後純利才能實際自行支配使用，因此稅負負擔必須在投資之前即先評估，換言之，稅負的考慮應是在投資決策階段即進行，而非等到實際投資報酬獲得以後才予計算。在投資決策階段即應先有稅負規劃，以求合法節稅，反之，若稅負過重，過分消減稅後純利，則投資行為即失去意義。匯率、利率與稅率是為外匯投資報酬的三要素。

　　外匯投資可能是在國內進行，例如在國內銀行存入或購買外幣存款或外匯共同基金的投資方式。亦可能是在國外進行，例如以新臺幣在自由結匯額度內結匯，匯出國外購買股票共同基金或債券等。若在國內進行則以我國稅法的規定為準，若在國外進行，則除遵照我國稅法的規定外，亦需遵守投資國的稅法規定。

　　投資人可能是個人或教育、文化、公益、慈善團體等，亦可能是

公司組織的營利事業。不同身分的投資行為所需承擔的稅負差別很大。

有些國家為某些特殊目的，定有獎勵投資的稅捐減免辦法或規定，對不同種類的投資（例如該國特別需要的生產事業），不同目的的投資（例如鼓勵機器設備的更新、或研究發展）以及不同的投資人(例如華僑或外國人身分)，不同的投資金額(例如某金額以下的定額免稅)或不同的投資期限（例如投資在某期限以上減免稅捐）等，有不同的稅捐減免優待。投資人的投資行為若符合上述稅捐減免規定，則投資報酬即可提高。例如在國內個人外幣存款的利息收入，適用二十七萬元定額免稅的規定，個人投資國外共同基金的投資收益，在目前則可免稅。

外匯投資可投資在金融商品上，亦可投資在實質資產上。前者如共同基金、外幣存款或股票、債券等；後者如不動產或工廠、公司等。不同的投資工具所需承擔的稅負不同，通常金融商品的稅負較實質資產為輕。

外匯投資報酬或來自資本利得（買賣差價），或來自固定收益(利息、債息或股利)。這二者的稅負不同。

有些國家間訂有租稅協定 (Tax Treaty)，彼此給予租稅上的減免。我國因處境特殊，國人可享有的此類租稅優惠很少（僅新加坡），惟若投資人具有其他國家的國籍身分，即需注意是否可利用此種優待。

以上是有關外匯投資稅負的基本要點，提供外匯投資人參考。外匯投資的稅負因投資人身分的不同，投資方式的不同，投資工具的不同，投資地區以及投資時間的不同等，而有相當大的個別差異，投資人必須以個別情況為準。一般外幣存款或外匯共同基金的投資人應該在決定投資以前即先詳細詢問承辦銀行有關的稅負規定，並仔細閱讀相關辦法或公開說明書。至於其他以直接方式進行的國外投資，則應

聘請稅務專家個案評估稅負負擔，並做好事先的稅務規劃。

第二節　國內個人外匯投資的稅負

　　基本上，對於個人投資行為的稅負，視該國的所得稅制而定。一個國家的稅負有採取屬人主義者，有採取屬地主義者，或採取屬人兼屬地主義者。採取屬人主義者，其本國國民之所得不論發生在國內或國外，均課徵所得稅，換言之，其所得稅課徵對象並不以在其國境內發生者為限。採取屬地主義者，其所得稅課徵來源為發生在其國境內之所得（不論投資人為本國人或外國人），反之，對於不在其國境內發生之所得，則不論投資人是否為本國人，均不課徵所得稅。

　　根據我國所得稅法第二條之規定，對個人投資者，我國是採取屬地主義。該條款規定如下：「凡有中華民國來源所得之個人，應就其中華民國來源之所得，依本法規定，課徵綜合所得稅。非中華民國境內居住之個人，而有中華民國來源所得者，除本法另有規定外，其應納稅額，分別就源扣繳。」

　　根據該條款之規定，外匯投資人若是直接在國內從事外匯投資，就會因為所得來源是在國內發生而被課稅；反之，若結匯再匯出國外從事外匯投資，則因所得並非在國內發生，故不用在國內繳所得稅。至於在國外（所得發生國）是否需繳稅，就需視該國稅法之規定而定。此外，國內因鼓勵儲蓄，有二十七萬元利息及股利定額免稅之優惠（獎勵投資條例第23條規定），國內外幣存款亦適用此規定。因此，小額的外幣存款者可享受免稅的優待。至於超過免稅限額的利息收入部分，仍需併入綜合所得中繳稅。

　　又，根據財政部之規定，外匯共同基金之投資人（即基金受益

人),不論其投資方式是購買國內基金公司的外匯共同基金(國內發行的),或是購買經核准辦理外匯信託資金投資國外有價證券業務的金融機構代為銷售的共同基金(國外發行的),其申請買回或轉讓受益憑證之證券交易所得,均免納交易所得稅。

歸納以上之我國的稅法規定,國內個人(或非營利事業之法人)外匯投資者的外匯投資稅負如下:

1.外幣存款的投資人,其存款利息可享受二十七萬(新臺幣)的定額免稅。超過部份併課個人綜合所得稅。至於外幣存款若有匯兌利益則不課稅(當然,若有匯兌損失亦不能減免)。

2.共同基金的投資人(即受益憑證之受益人),在國內稅負全免。

若根據以上稅負而言,如果是小額的(指利息在 27 萬元以內者)外幣存款投資,在國內可以免稅,而若直接匯出國外去存,則不一定免稅。一般而言,直接在國外存款的利率比國內稍高(因為國內銀行在接受國內存款人存款後亦多是再轉存國外,銀行賺取轉存差價),但直接在國外存款的利息,則存款國多需就源扣徵 20%左右的利息所得稅(分離課稅),因此大額(利息超過 27 萬新臺幣者)投資人,即應比較稅負,選擇較為有利者。以此情形而言,通常利息部分逾二十七萬的投資人,應是高所得者,課徵所得稅的稅率亦高,故直接匯錢至國外存款可能較為有利。

目前外幣存款若有匯兌利益是不課稅的,但臺北市國稅局曾在七十八年四月以發公函方式給臺灣稅務局及高雄市稅務局,建議將個人外幣存款的匯兌收益納入課稅範圍。關於此事的後續發展,投資人應密切注意。若匯兌利益亦需課稅,則外幣存款的吸引力將大為減低,外幣存款將失去意義。

目前國內以購買共同基金方式從事個人外匯投資是全部免稅的,

至於嗣後發展值得投資人密切注意。一般而言，幾乎所有國家內，共同基金方式的投資稅負都較輕，這是因為共同基金的基本性質屬於集合小額資金做長期投資，較不屬於投機性資金，此外，各國政府多對共同基金的運用，訂有基金管理辦法等規定或限制，因此亦相對給予一些稅負上的優待。

以上是個人外匯投資者目前在國內從事外匯投資的稅負基本情形。

第三節 國內營利事業外匯投資的稅負

根據我國所得稅法第三條的規定，國內營利事業從事外匯投資的所得，不論其來源為國內或國外均須繳納所得稅。該條款為：「凡在中華民國境內經營之營利事業，應依本法規定，課徵營利事業所得稅。營利事業之總機構在中華民國境內者，應就其中華民國境內外全部營利事業所得，合併課徵營利事業所得稅。但其來自中華民國境外之所得，已依所得來源國稅法規定繳納之所得稅，得由納稅義務人提出來源國稅務機關發給之同一年度納稅憑證，並取得所在地中華民國使領館或其他經中華民國政府認許機構之簽證後，自其全部營利事業所得結算應納稅額中扣抵。扣抵之數，不得超過因加計其國外所得，而依國內適用稅率計算增加之結算應納稅額。營利事業之總機構在中華民國境外，而有中華民國來源所得者，應就其中華民國境內之營利事業所得，依本法規定課徵營利事業所得稅。」

根據以上稅法規定觀之，我國稅法對營利事業是採屬人兼屬地主義。國內營利事業的投資所得，不論是來自國內或國外，均需向政府納稅。歸納如下：

1.國內外幣存款方面：無二十七萬元的定額免稅優待，需併課營利事業所得稅。

2.在國內購買外匯基金：①受益憑證轉讓及買回所生之證券交易所得免納所得稅。但以受益人為非有價證券買賣專業者為限。②基金投資國外有價證券所獲之股利、利息收入及證券交易所得分配予受益人後，受益人所受分配部分應併入營利事業所得申報。上述所得已依所得來源國稅法規定繳納之所得稅，分攤予受益人部分，得扣抵其結算申報應納稅額。③基金存放於國內之準備金所生之收益，分配時應併入營利事業所得申報。

第四節　國外投資的稅負

外匯投資可以在國內進行，亦可在國外進行，已如上述。個人在國內從事外匯投資的稅負應依國內稅法規定辦理（請參考本章第二節）。　個人若在國外投資，則投資所得依我國稅法屬地主義的規定，在國內不需繳稅❶。但在國外（投資國）是否需要繳稅，即需依該國

---

❶ 財政部賦稅改革委員會於七十八年三月二十五日通過重大決議，將建議財政部修改我國綜合所得稅基本制度，對我國民眾的國內及國外各種投資所得都應課徵所得稅，不再以中華民國境內所得為限。

如果這項建議獲財政部採納，原本在國內免稅的個人海外投資所得，都將喪失免稅的優待。

根據我國綜所稅規定，個人投資的稅負是採屬地主義，換言之，只要有中華民國境內來源的所得，無論納稅人是否在國內居住都必須課稅；但個人在國外投資所得在國內則不扣稅。

自從民國七十六年七月我國外匯開放後，對外投資日益增加，許多投資

稅法規定辦理。同時，依我國稅法的規定，營利事業國外投資收入是
要併課營利事業所得稅的（稅法又規定，營利事業在所得來源國所繳
之稅款在國內可扣抵，但扣抵之數不得超過國內稅捐因此增加之
數）。

國外投資可分為存款、共同基金、股票、債券等金融商品的投資
以及不動產等實質資產的投資，唯一般以金融商品投資為主。投資收
益來自資本利得或固定收益兩方面，前者主要為買賣差價，後者則主
要為利息、債息或股利。

大多數國家對於資本利得是免稅或有稅捐優待的，對於固定收益
則扣繳 20% ～ 30% 的稅款。許多國家相互間訂有租稅優惠的租稅協
定，若是在此等國家投資，可享有稅負減免。大多數國家對不同身分，
如為個人投資或法人投資,本國人投資或外國人投資的稅負規定不同，

人以個人名義在國外投資以規避稅負，因此賦改會建議財政部對綜所稅
改採「屬地兼屬人主義」， 在國內居住者，其境內外所得皆需課稅，但
非居住者只就境內所得課稅。至於居住者與非居住者的認定，並非以國
籍為原則，根據現制，上述二者差別如下：
在國內有住所者即為居住者，或者在國內無住所但一年內在國內居留合
計超過 183 天者也認定為居住者。反之，在國內無住所且在國內一年中
居留未滿 183 天者即為非居住者。惟上述有無住所的定義不明確，在稽
徵實務上易生困擾，因此賦改會決定建議財政部，將居住者的認定標準，
一律定為在國內一年內居留期間滿 183 天者，換言之，只要一年中國內
居留期間未滿 183 天即為非居住者。有無住所不再做為認定的標準。此
外， 由於居留期間長短本身做為認定標準太過武斷，賦改會附帶決議，
在國內設有戶籍者，亦可做為居住者的條件之一。
至於非居住者的課稅稅率，如為依華僑投資條例申請核准者，一律為
20%，如為非經核准者，現行為 35%，賦改會建議改為 25%。

因此，具有不同身分、或雙重國籍的投資人應加以比較。總之，稅負應在投資進行之前即先請教專家，加以規劃，勿待投資收益取得之後才予注意。

一般而言，較常進行的國外投資之稅負如下：

1.存款：通常利息部分需扣繳20%～30%的利息所得稅（就源扣繳）。一般來說，外國人在美國的銀行存款利息免稅，私人借貸的利息所得則需扣繳30%稅款。

2.股票：通常資本利得（股票的買賣差價）多不扣稅，股利部分則課徵30%左右稅款。

3.共同基金：通常基金轉讓及買回所生之證券交易所得（資本利得）多不扣稅，至於基金投資所獲之股利或利息分配予受益人部分，則視所得來自股利或利息，而有不同的稅負。

4.債券：多數國家對債券利息是採取就源分離扣繳，稅率在20%～30%間。美國對債券利息原亦課徵30%稅款（有租稅協定者可減免），但一九八四年七月以後，因美國實施減稅方案，對於公開發行之債券的利息免稅。

以上是直接在國外投資的稅負基本情形。

管理外匯條例

中華民國五十九年十二月廿四日總統令公布
中華民國六十七年十二月二十日總統令修正公布
中華民國七十五年五月十四日總統令修正公布
中華民國七十六年六月廿六日總統令修正公布
中華民國八十四年八月二日總統令修正公布

第 一 條　為平衡國際收支，穩定金融，實施外匯管理，特制定本條例。

第 二 條　本條例所稱外匯，指外國貨幣、票據及有價證券。

　　　　　前項外國有價證券之種類，由掌理外匯業務機關核定之。

第 三 條　管理外匯之行政主管機關為財政部，掌理外匯業務機關為中央銀行。

第 四 條　管理外匯之行政主管機關辦理左列事項：

　　一、政府及公營事業外幣債權、債務之監督與管理；其與外國政府或國際組織有條約或協定者，從其條約或協定之規定。

　　二、國庫對外債務之保證、管理及其清償之稽催。

　　三、軍政機關進口外匯、匯出款項與借款之審核及發證。

　　四、與中央銀行或國際貿易主管機關有關外匯事項之聯繫及配合。

　　五、依本條例規定，應處罰鍰之裁決及執行。

　　六、其他有關外匯行政事項。

第　五　條　掌理外匯業務機關辦理左列事項：

　　　　　　一、外匯調度及收支計劃之擬訂。

　　　　　　二、指定銀行辦理外匯業務，並督導之。

　　　　　　三、調節外匯供需，以維持有秩序之外匯市場。

　　　　　　四、民間對外匯出、匯入款項之審核。

　　　　　　五、民營事業國外借款經指定銀行之保證、管理及清償、稽、催之監督。

　　　　　　六、外國貨幣、票據及有價證券之買賣。

　　　　　　七、外匯收支之核算、統計、分析及報告。

　　　　　　八、其他有關外匯業務事項。

第　六　條　國際貿易主管機關應依前條第一款所稱之外匯調度及其收支計劃，擬訂輸出入計劃。

第六條之一　新臺幣五十萬元以上之等值外匯收支或交易，應依規定申報；其申報辦法由中央銀行定之。

　　　　　　依前項規定申報之事項，有事實足認有不實之虞者，中央銀行得向申報義務人查詢，受查詢者有據實說明之義務。

第　七　條　左列各款外匯，應結售中央銀行或其指定銀行，或存入指定銀行，並得透過該行在外匯市場出售；其辦法由財政部會同中央銀行定之：

　　　　　　一、出口或再出口貨品或基於其他交易行為取得之外匯。

　　　　　　二、航運業、保險業及其他各業人民基於勞務取得之外匯。

　　　　　　三、國外匯入款。

　　　　　　四、在中華民國境內有住、居所之本國人，經政府核准在國外投資之收入。

　　　　　　五、本國企業經政府核准國外投資、融資或技術合作取得之本息、淨利及技術報酬金。

六、其他應存入或結售之外匯。

　　華僑或外國人投資之事業，具有高級科技，可提升工業水準
並促進經濟發展，經專案核准者，得逕以其所得之前項各款
外匯抵付第十三條第一款、第二款及第五款至第八款規定所
需支付之外匯。惟定期結算之餘額，仍應依前項規定辦理；
其辦法由中央銀行定之。

第　八　條　中華民國境內本國人及外國人，除第七條規定應存入或結售
　　　　　　之外匯外，得持有外匯，並得存於中央銀行或其指定銀行；
　　　　　　其為外國貨幣存款者，仍得提取持有；其存款辦法，由財政
　　　　　　部會同中央銀行定之。

第　九　條　出境之本國人及外國人，每人攜帶外幣總值之限額，由財政
　　　　　　部以命令定之。

第　十　條　（刪除）

第　十一　條　旅客或隨交通工具服務之人員，攜帶外幣出入國境者，應報
　　　　　　明海關登記；其有關辦法，由財政部會同中央銀行定之。

第　十二　條　外國票據、有價證券，得攜帶出入國境；其辦法由財政部會
　　　　　　同中央銀行定之。

第　十三　條　左列各款所需支付之外匯，得自第七條規定之存入外匯自行
　　　　　　提用或透過指定銀行在外匯市場購入或向中央銀行或其指
　　　　　　定銀行結購；其辦法由財政部會同中央銀行定之：

一、核准進口貨品價款及費用。

二、航運業、保險業與其他各業人民，基於交易行為，或勞
　　務所需支付之費用及款項。

三、前往國外留學、考察、旅行、就醫、探親、應聘及接洽
　　業務費用。

四、服務於中華民國境內中國機構及企業之本國人或外國

人，贍養其在國外家屬費用。

五、外國人及華僑在中國投資之本息及淨利。

六、經政府核准國外借款之本息及保證費用。

七、外國人及華僑與本國企業技術合作之報酬金。

八、經政府核准向國外投資或貸款。

九、其他必要費用及款項。

第 十四 條　不屬於第七條第一項各款規定，應存入或結售中央銀行或其指定銀行之外匯，為自備外匯，得由持有人申請為前條第一款至第四款、第六款及第七款之用途。

第 十五 條　左列國外輸入貨品，應向財政部申請核明免結匯報運進口：

一、國外援助物資。

二、政府以國外貸款購入之貨品。

三、學校及教育、研究、訓練機關，接受國外捐贈，供教學或研究用途之貨品。

四、慈善機關、團體接受國外捐贈供救濟用途之貨品。

五、出入國境之旅客，及在交通工具服務之人員，隨身攜帶行李或自用貨品。

第 十六 條　國外輸入餽贈品、商業樣品及非賣品，其價值不超過一定限額者，得由海關核准進口；其限額由財政部會同國際貿易主管機關以命令定之。

第 十七 條　經自行提用、購入及核准結匯之外匯，如其原因消滅或變更，致全部或一部之外匯無須支付者，應依照中央銀行規定期限，存入或售還中央銀行或其指定銀行。

第 十八 條　中央銀行應將外匯之買賣、結存、結欠及對外保證責任額，按期彙報財政部。

第 十九 條　（刪除）

第十九條之一　有左列情事之一者，行政院得決定並公告於一定期間內，採取關閉外匯市場、停止或限制全部或部分外匯之支付、命令將全部或部分外匯結售或存入指定銀行、或為其他必要之處置：

一、國內或國外經濟失調，有危及本國經濟穩定之虞。

二、本國國際收支發生嚴重逆差。

前項情事之處置項目及對象，應由行政院訂定外匯管制辦法。

行政院應於前項決定後十日內，送請立法院追認，如立法院不同意時，該決定應即失效。

第一項所稱一定期間，如遇立法院休會時，以二十日為限。

第十九條之二　故意違反行政院依第十九條之一所為之措施者，處新臺幣三百萬元以下罰鍰。

前項規定於立法院對第十九條之一之施行不同意追認時免罰。

第 二十 條　違反第六條之一規定，故意不為申報或申報不實者，處新臺幣三萬元以上六十萬元以下罰鍰；其受查詢而未於限期內提出說明或為虛偽說明者亦同。

違反第七條規定，不將其外匯結售或存入中央銀行或其指定銀行者，依其不結售或不存入外匯，處以按行為時匯率折算金額二倍以下之罰鍰，並由中央銀行追繳其外匯。

第 二十一 條　違反第十七條之規定者，分別依其不存入或不售還外匯，處以按行為時匯率折算金額以下之罰鍰，並由中央銀行追繳其外匯。

第 二十二 條　以非法買賣外匯為常業者，處三年以下有期徒刑、拘役或科或併科與營業總額等值以下之罰金；其外匯及價金沒收

之。

法人之代表人、法人或自然人之代理人、受僱人或其他從業人員，因執行業務，有前項規定之情事者，除處罰其行為人外，對該法人或自然人亦科以該項之罰金。

第 二十三 條　依本條例規定應追繳之外匯，其不以外匯歸還者，科以相當於應追繳外匯金額以下之罰鍰。

第 二十四 條　買賣外匯違反第八條之規定者，其外匯及價金沒入之。

攜帶外幣出境超過依第九條規定所定之限額者，其超過部分沒入之。

攜帶外幣出入國境，不依第十一條規定報明登記者，沒入之；申報不實者，其超過申報部分沒入之。

第 二十五 條　中央銀行對指定辦理外匯業務之銀行違反本條例之規定，得按其情節輕重，停止其一定期間經營全部或一部外匯之業務。

第 二十六 條　依本條例所處之罰鍰，如有抗不繳納者，得移送法院強制執行。

第二十六條之一　本條例於國際貿易發生長期順差、外匯存底鉅額累積或國際經濟發生重大變化時，行政院得決定停止第七條、第十三條及第十七條全部或部分條文之適用。

行政院恢復前項全部或部分條文之適用後十日內，應送請立法院追認，如立法院不同意時，該恢復適用之決定，應即失效。

第 二十七 條　本條例施行細則，由財政部會同中央銀行及國際貿易主管機關擬訂，呈報行政院核定。

第 二十八 條　本條例自公布日施行。

外匯收支及交易申報辦法

中華民國八十四年八月三十日
中央銀行(84)臺央外字第 (伍) 一六三九號令訂定發布全文十條
中華民國八十四年十二月廿七日
中央銀行(84)臺央外字第 (伍) 二五四九號令修正發布第一條及第四條

第 一 條　本辦法依管理外匯條例第六條之一第一項規定訂定之。

第 二 條　中華民國境內辦理新臺幣五十萬元以上等值外匯收支或交易
　　　　　結匯之本國人或外國人（以下簡稱申報義務人），應依本辦法
　　　　　之規定申報。

第 三 條　申報義務人應依據外匯收支或交易有關合約等證明文件，誠
　　　　　實填報「外匯收支或交易申報書」（以下簡稱申報書）（附申
　　　　　報書樣式），　經由中央銀行指定辦理外匯業務之銀行（以下
　　　　　簡稱指定銀行）向中央銀行申報。

第 四 條　左列外匯收支或交易，得於填妥申報書後，逕行辦理結匯：

　　　　　一、出口貨品或提供勞務之外匯收入。

　　　　　二、進口貨品或依我國法令在我國設立或經我國政府認許並
　　　　　　　登記之公司、行號或團體償付勞務貿易費用之外匯支
　　　　　　　出。

　　　　　三、經有關主管機關核准直接投資及證券投資之外匯收入或
　　　　　　　支出。

　　　　　四、依我國法令在我國設立或經我國政府認許並登記之公

　　　　　　司、行號或團體及在我國境內居住、年滿二十歲領有國
　　　　　　民身分證或外僑居留證之個人，一年內累積結購或結售
　　　　　　金額未超過中央銀行所定額度之匯款。

　　　五、未領有外僑居留證之外國自然人或未經我國政府認許之
　　　　　　外國法人，每筆未超過中央銀行所定金額之匯款。但境
　　　　　　外外國金融機構不得以匯入款項辦理結售。

　　　前項第一款及第二款出、進口貨品之外匯以跟單方式收付
　　　者，以銀行開具之出、進口結匯證實書，視同申報書。

第　五　條　前條規定以外之結匯案件，申報義務人得於檢附所填申報書
　　　　　　及有關主管機關核准投資文件或其他相關文件，經由指定銀
　　　　　　行向中央銀行申請核准後，辦理結匯。

第　六　條　指定銀行應輔導申報義務人填報申報書，辦理申報事宜，並
　　　　　　應在申報書上加蓋印戳，證明經輔導申報事實後，將申報書
　　　　　　或中央銀行核准文件、出（進）口結匯證實書及其他規定文
　　　　　　件，隨同外匯交易日報送中央銀行。

第　七　條　依本辦法規定申報之事項，有事實足認有申報不實之虞者，
　　　　　　中央銀行得向申報義務人查詢，受查詢者有據實說明之義
　　　　　　務。

第　八　條　申報義務人故意不為申報、申報不實或受查詢而未於限期內
　　　　　　提出說明或為虛偽說明者，依管理外匯條例第二十條第一項
　　　　　　規定處罰。

第　九　條　指定銀行應確實輔導申報義務人詳實填報，其績效並列為中
　　　　　　央銀行授權指定銀行辦理外匯業務或審核指定銀行申請增
　　　　　　設辦理外匯業務單位之重要參考。

第　十　條　本辦法自發布日施行。

〔補充規定〕

訂定公司、行號、團體及個人每年結匯額度暨外國人每筆結匯金額

中央銀行外匯局　八十四年十二月二十七日
本國指定銀行總行
（請轉知所屬各辦理外匯業務分行）
(84)臺央外字第（伍）二五五四號通函各外商指定銀行
辦理買賣外幣現鈔及旅行支票業務之銀行
（請轉知所屬各辦理本項業務分行）

主旨：訂定公司、行號、團體及個人每年結匯額度暨外國人每筆結匯金額，
自八十五年元月一日起施行，請　查照。

說明：一、依據「外匯收支或交易申報辦法」第四條第一項第四、五款辦理。

二、依我國法令在我國設立或經我國政府認許並登記之公司、行號
或團體及在我國境內居住、年滿二十歲領有國民身分證或外僑
居留證之個人，得於填妥申報書後，逕行辦理結匯之外匯收支
或交易，其一年（自一月一日至十二月三十一日）內累積結購
或結售之匯款額度規定如左：

　　㈠公司及行號為二千萬美元或等值外幣。

　　㈡團體及個人為五百萬美元或等值外幣。

三、未領有外僑居留證之外國自然人或未經我國政府認許之外國法
人得逕憑申報書辦理結匯之每筆結匯金額為未逾十萬美元或

等值外幣。但境外外國金融機構不得以匯入款項辦理結售。

四、本局八十四年八月三十日⑻４臺央外字第（伍）一六四五號函自
八十五年元月一日起廢止。

指定銀行辦理外匯業務應注意事項

中華民國八十四年九月一日中央銀行
(84)臺央外字第（柒）一七二二號函修正發布

一、出口外匯業務：

　(一)出口結匯、託收及應收帳款收買業務：

　　1.憑辦文件：應憑國內顧客提供之交易單據辦理。

　　2.掣發單證：出口所得外匯結售為新臺幣者，應掣發出口結匯證實書；其未結售為新臺幣者，應掣發其他交易憑證。

　　3.列報文件：應於承做之次營業日，將辦理本項業務所掣發之單證，隨交易日報送中央銀行外匯局。

　(二)出口信用狀通知及保兌業務：

　　憑辦文件：應憑國外同業委託之文件辦理。

二、進口外匯業務：

　(一)憑辦文件：開發信用狀、辦理託收、匯票之承兌及結匯，應憑國內顧客提供之交易單據辦理。

　(二)開發信用狀保證金之收取比率：由指定銀行自行決定。

　(三)掣發單證：進口所需外匯以新臺幣結購者，應掣發進口結匯證實書；其未以新臺幣結購者，應掣發其他交易憑證。

　(四)列報文件：應於承做之次營業日，將辦理本項業務所掣發之單證，隨交易日報送中央銀行外匯局。

三、匯出及匯入匯款業務:

(一)匯出匯款業務:

1.憑辦文件: 應憑公司、行號、團體或個人填具有關文件及查驗身分文件或登記證明文件後辦理; 並注意左列事項:

(1)其以新臺幣結購者, 應依「外匯收支或交易申報辦法」辦理。指定銀行應確實輔導申報義務人詳實申報。

(2)未取得內政部核發「中華民國外僑居留證」之外國自然人或未取得我國登記證照之外國法人, 其結購外匯時, 應依左列事項辦理:

①外國自然人於辦理結購時, 應憑相關身分證明親自辦理。

②外國金融機構於辦理結購時, 應授權國內金融機構為申報人。

③其他外國法人於辦理結購時, 應授權其在臺代表或國內代理人為申報人。

2.掣發單證: 匯出款項以新臺幣結購者, 應掣發賣匯水單; 其未以新臺幣結購者, 應掣發其他交易憑證。

3.列報文件: 應於承做之次營業日, 將「外匯收支或交易申報書」、中央銀行核准文件及辦理本項業務所掣發之單證, 隨交易日報送中央銀行外匯局。

(二)匯入匯款業務:

1.憑辦文件: 應憑公司、行號、團體或個人提供之匯入匯款通知書或外幣票據或外幣現鈔及查驗身分文件或登記證明文件後辦理; 並注意左列事項:

(1)其結售為新臺幣者, 應依「外匯收支或交易申報辦法」辦理。指定銀行應確實輔導申報義務人詳實申報。

(2)未取得內政部核發「中華民國外僑居留證」之外國自然人或未取得我國登記證照之外國法人, 其結售外匯時, 應依左列事項

辦理：

①外國自然人於辦理結售時，應憑相關身分證明親自辦理。

②外國法人於辦理結售時，應授權其在臺代表或國內代理人為申報人。

③境外外國金融機構不得以匯入款項辦理結售。

2.掣發單證：匯入款項結售為新臺幣者，應掣發買匯水單；其未結售為新臺幣者，應掣發其他交易憑證。

3.列報文件：應於承做之次營業日，將「外匯收支或交易申報書」、中央銀行核准文件及辦理本項業務所掣發之單證，隨交易日報送中央銀行外匯局。

四、外匯存款業務：

㈠憑辦文件：應憑匯入匯款通知書、外幣貸款、外幣票據、外幣現鈔、新臺幣結購之外匯及存入文件辦理。

㈡掣發單證：存入款項以新臺幣結購存入者，掣發賣匯水單；其未以新臺幣結購存入者，掣發其他交易憑證。自外匯存款提出結售為新臺幣者，掣發買匯水單；其未結售為新臺幣者，掣發其他交易憑證。

㈢承做限制：不得以支票存款及可轉讓定期存單之方式辦理。

㈣結購及結售限制：以新臺幣結購存入外匯存款及自外匯存款提出結售為新臺幣，其結購及結售限制，均應依匯出、入匯款結匯之相關規定辦理。

㈤存款利率：由指定銀行自行訂定公告。

㈥轉存比率：應依中央銀行外匯局於必要時所訂轉存規定辦理。

㈦列報文件：應逐日編製外匯存款日報，並於次營業日將辦理本項業務所掣發之單證隨交易日報送中央銀行外匯局。

五、外幣貸款業務：

㈠承做對象：以國內顧客為限。

㈡憑辦文件：應憑顧客提供與國外交易之文件辦理。

㈢兌換限制：外幣貸款不得兌換為新臺幣，但出口後之出口外幣貸款，不在此限。

㈣列報文件：應於每月十日前，將截至上月底止，承做外幣貸款之餘額，依短期及中長期貸款類別列表報送中央銀行外匯局。

㈤外債登記：於辦理外匯業務時，獲悉民營事業自行向國外洽借中長期外幣貸款者，應促請其依「民營事業中長期外債餘額登記辦法」辦理，並通知中央銀行外匯局。

六、外幣擔保付款之保證業務：

㈠承做對象：以國內顧客為限。

㈡憑辦文件：應憑顧客提供之有關交易文件辦理。

㈢保證債務履行：應由顧客依「外匯收支或交易申報辦法」規定辦理。

㈣列報文件：應於每月十日前，將截至上月底止，承做此項保證之餘額及其保證性質，列表報送中央銀行外匯局。

七、中央銀行指定及委託辦理之其他外匯業務：

應依中央銀行有關規定辦理。

八、各項單證應填載事項：

辦理以上各項外匯業務所應製發之單證，應註明承做日期、客戶名稱、統一編號，並應依左列方式辦理：

㈠與出、進口外匯有關之出、進口結匯證實書及其他交易憑證：應加註交易國別及付款方式（得以代碼表示之，如 SIGHT L/C(1)、USANCE L/C(2)、D/A(3)、D/P(4)，並於其後加「—」符號，列於結匯編號英文字軌前）。

㈡與匯入及匯出匯款有關之買、賣匯水單及其他交易憑證：應加註本局規定之匯款分類名稱及編號、國外匯款人或受款人身分別（政府、公營事業、民間）、匯款地區或受款地區國別及匯款方式（得以代碼

表示之，如電匯(0)、票匯(1)、信匯(2)、現金(3)、旅行支票(4)、其他
(5))。

九、各項單證字軌、號碼之編列：應依中央銀行外匯局核定之英文字軌編
號，字軌後號碼位數以十位為限。

參考書目

主要參考書籍

林煜宗：《現代投資學》

于政長：《外匯、貿易辭典》，三民書局

李麗：《我國外匯市場與匯率制度》，金融人員研究訓練中心

李麗：《外匯風險管理》，時報出版公司

李麗：《金融交換實務》，三民書局

其他參考資料

《經濟日報》、《工商時報》、《聯合報》等各大報

林建山：《期貨市場概說》、經濟部專業人員研究中心講義

索 引

十七劃～二十二劃

其　他

三民大專用書書目 —— 國父遺教

三民大專用書書目 —— 會計・審計・統計

三民大專用書書目──經濟・財政

三民大專用書書目——心理學

心理學	劉 安 彥	著	傑克遜州立大學
心理學	張春興、楊國樞	著	臺灣師大等
怎樣研究心理學	王 書 林	著	
人事心理學	黃 天 中	著	淡 江 大 學
人事心理學	傅 肅 良	著	前中興大學
心理測驗	葉 重 新	著	臺 中 師 院
青年心理學	劉 安 彥 陳 英 豪	著	傑克遜州立大學 省 政 府

三民大專用書書目——美術

廣告學	顏 伯 勤	著	輔 仁 大 學
展示設計	黃世輝、吳瑞楓	著	
基本造形學	林 書 堯	著	臺灣藝術學院
色彩認識論	林 書 堯	著	臺灣藝術學院
造　形（一）	林 銘 泉	著	成 功 大 學
造　形（二）	林 振 陽	著	成 功 大 學
畢業製作	賴 新 喜	著	成 功 大 學
設計圖法	林 振 陽	編	成 功 大 學
廣告設計	管 倖 生	著	成 功 大 學
藝術概論	陳 瓊 花	著	臺 灣 師 大
藝術批評	姚 一 葦	著	國立藝術學院
美術鑑賞	趙 惠 玲	著	臺 灣 師 大
舞蹈欣賞	平 珩	主編	國立藝術學院
戲劇欣賞——讀戲、看戲、談戲	黃 美 序	著	淡 江 大 學
音樂欣賞（增訂新版）	陳樹熙、林谷芳	著	臺灣藝術學院
音　樂	宋 允 鵬	著	
音　樂（上）（下）	韋瀚章、林聲翕	著